Classificações Bibliográficas
Percurso de uma teoria

Classificações Bibliográficas
Percurso de uma teoria

Maria da Graça Simões
2011

CLASSIFICAÇÕES BIBLIOGRÁFICAS
PERCURSO DE UMA TEORIA

AUTORA
Maria da Graça Simões

EDITOR
EDIÇÕES ALMEDINA, S.A.
Rua Fernandes Tomás nºs 76, 78, 80
3000-167 Coimbra
Tel.: 239 851 904 · Fax: 239 851 901
www.almedina.net · editora@almedina.net

DESIGN DE CAPA
FBA.

PRÉ-IMPRESSÃO
AASA

IMPRESSÃO E ACABAMENTO
PAPELMUNDE, SMG, LDA.
V. N. de Famalicão

Setembro, 2011

DEPÓSITO LEGAL
333027/11

Apesar do cuidado e rigor colocados na elaboração da presente obra, devem os diplomas legais dela constantes ser sempre objecto de confirmação com as publicações oficiais.

Toda a reprodução desta obra, por fotocópia ou outro qualquer processo, sem prévia autorização escrita do Editor, é ilícita e passível de procedimento judicial contra o infractor.

BIBLIOTECA NACIONAL DE PORTUGAL – CATALOGAÇÃO NA PUBLICAÇÃO
SIMÕES, Maria da Graça
Classificações bibliográficas : percurso de uma teoria
ISBN 978-972-40-4608-2
CDU 025.4

A ti, Nónó,
pelo teu exemplo de coragem e determinação

Ogni vita è un'enciclopedia, una biblioteca, un inventario d'oggetti, un campionario di stili, dove tutto può essere continuamente rimescolato e riordinato in tutti i modi possibili.

Ítalo Calvino (*Lezioni americane*)

SUMÁRIO

PRÓLOGO	13
INTRODUÇÃO	17

I PARTE

Classificações bibliográficas: fragmentos teóricos

CAPÍTULO I – CLASSIFICAR E INDEXAR	27
1 Classificar e indexar [Definição, objectivos, características]	29
1.1 Classificar [Definição e considerações gerais]	29
1.1.1 Classificar, classificação e arrumação [Considerações críticas]	32
1.1.2 Objectivos e princípios subjacentes ao processo de Classificar	37
1.1.3 Políticas de classificação e seus condicionalismos	47
1.1.4 Procedimentos inerentes à operação de classificar e respectivos instrumentos de apoio	50
1.1.5 Ficheiros de autoridade sistemáticos	58
1.2 Indexar	60
1.2.1 Indexar [Definição e considerações gerais]	60
CAPÍTULO II – CLASSIFICAÇÃO	71
2 Classificação [Definição, objectivos, características e estrutura lógica]	73
2.1 Definição	73
2.2 Objectivos	73
2.3 Características gerais	74
2.4 Estrutura lógica	77
CAPÍTULO III – ORGANIZAÇÃO DO CONHECIMENTO	85
3 Organização do conhecimento [Apontamento histórico]	87
3.1 A organização do conhecimento [Segundo o critério da divisão]	88

CLASSIFICAÇÕES BIBLIOGRÁFICAS: PERCURSO DE UMA TEORIA

3.1.1 Enciclopedismo: definição e caracterização   88
3.1.2 A organização do conhecimento [Percurso histórico]   91
3.2 A organização do conhecimento [Segundo o critério da sistematização]   107
3.2.1 A classificação do conhecimento [Percurso histórico]   108
3.3 Enciclopedismo e classificação do conhecimento: pontos de convergência
e influências nas classificações bibliográficas   125

II PARTE

Classificações bibliográficas: fundamentos e dinâmica estrutural

CAPÍTULO IV – CLASSIFICAÇÕES BIBLIOGRÁFICAS: SISTEMAS PERCURSORES   131
4 Classificações percursoras dos sistemas de classificação
de tipo enciclopédico   133
4.1 As classificações filosóficas e as classificações científicas
[breve síntese]   133
4.2 As classificações utilizadas nos catálogos dos livreiros   135
4.3 Classificações bibliográficas percursoras dos sistemas enciclopédicos   138
4.4 Os grandes sistemas de classificação bibliográfica do século XIX
e inícios do XX [Definição, função, objectivos, composição e tipologia]   142
4.4.1 Definição de sistema de classificação bibliográfica   143
4.4.2 Objectivos e função   144
4.4.3 Composição do sistema [Tabelas principais, tabelas auxiliares,
índice e notação]   145
4.4.4 Tipologia das classificações   148

CAPÍTULO V – CLASSIFICAÇÕES ENUMERATIVAS   155
5 Classificações enumerativas [Fundamentos e características]   157
5.1 Classificação Decimal de Dewey   158
5.1.1 Origem e contextualização histórica   158
5.1.2 Fundamentos e características   161
5.1.3 Composição   164
5.2 Classificação da Biblioteca do Congresso   166
5.2.1 Origem e contextualização histórica   166
5.2.2 Fundamentos e características   168
5.2.3 Composição   170

CAPÍTULO VI – CLASSIFICAÇÕES MISTAS   175
6 Classificações mistas [Fundamentos e características]   177
6.1 Classificação Decimal Universal   177

SUMÁRIO

6.1.1 Origem e contextualização histórica — 178
6.1.2 Definição e função — 181
6.1.3 Fundamentos e características — 182
6.1.4 Composição — 192

CAPÍTULO VII – CLASSIFICAÇÕES FACETADAS — 237
7 Classificações facetadas [Fundamentos e características] — 239
7.1 Classificação Colon — 240
7.1.1 Origem e contextualização histórica — 241
7.1.2 Fundamentos e características — 242
7.1.3 Composição — 246

CONCLUSÃO — 249
REFERÊNCIAS BIBLIOGRÁFICAS — 253

PRÓLOGO

El estudio que nos ofrece la doctora Maria da Graça Simões es la obra de una profesional y docente buena conocedora del área de la organización del conocimiento, y con una trayectoria investigadora previa. Sirvan de muestra sus dos monografías relacionadas con el campo de los lenguajes documentales, *Da abstracçao à complexidade formal: relações conceptuais nos tesauros* (2007) y *CDU: fundamentos e procedimentos* (2008).

En su disertación doctoral, defendida en la Universidad de Salamanca en 2010, ha realizado un profundo análisis de la evolución de la representación del concepto de etnia a lo largo de varias ediciones de la Clasificación Decimal Universal. Nuestra relación académica y personal ha tenido su origen y desarrollo durante los años que la doctora Maria da Graça Simões ha dedicado a la elaboración de su tesis doctoral. Confío, sin embargo, en que la nuestra pueda ser una relación de largo recorrido y que compartamos muchos momentos.

Una clasificación es un conjunto ordenado de conceptos que se presentan distribuidos sistemáticamente en clases conformando una estructura. Las clasificaciones bibliográficas se inspiraron en los principios de clasificación de la lógica y de los sistemas filosóficos. Son los lenguajes documentales de mayor tradición y antigüedad.

Las grandes clasificaciones bibliográficas datan de finales del siglo XIX y comienzos del siglo XX. A mediados de este siglo perdieron terreno con respecto a los sistemas de organización del conocimiento basados en el lenguaje natural, sin embargo, con los desarrollos tecnológicos habidos en la última década de la misma centuria y en la primera del siglo XXI, han resurgido como mecanismos imprescindibles en la organización de los contenidos en sistemas de gestión de la información tradicionales, a la vez que han constituido el fundamento de las denominadas taxonomías, imprescindibles en la representación-organización-recuperación de portales y sedes web.

Las clasificaciones jerárquicas son creaciones sociales para la ordenación y el control de los conceptos. Se construyen de acuerdo con los discursos culturales dominantes de la sociedad de cada momento y, por tanto, son producto de su tiempo, reflejan el pensamiento de una época. Ello implica que a menudo resulten parciales y que al ser sistemas rígidos, complejos para actualizar con la frecuencia necesaria, sus cuadros epistemológicos puedan resultar obsoletos. No obstante, del análisis llevado a cabo por Graça Simões en su disertación doctoral se desprende que no se aprecia ese inmovilismo que se atribuye a las grandes clasificaciones enciclopédicas. Señala la autora, asimismo, en este libro, que las clasificaciones bibliográficas son entidades dinámicas que se ajustan a los paradigmas emergentes del conocimiento y a las necesidades prácticas de su organización.

La presente obra recoge el marco teórico en el que se ubicaba el análisis de la evolución del concepto de etnia. Se trata de un estudio concienzudo y completo que aborda los distintos significados del término clasificar y clasificación y nos introduce con acierto en el estudio de los principales sistemas clasificatorios. El trabajo pone de manifiesto una capacidad de análisis y de sistematización notables.

La autora dedica la primera parte del libro a reflexionar en profundidad sobre los principales conceptos teóricos: indizar y clasificar, clasificación y organización del conocimiento. Concluye la autora que se trata de nociones complementarias.

El término clasificación es polisémico y, además de definir a un determinado sistema clasificatorio, define la operación de clasificar. Clasificar se refiere al acto de organizar el universo del conocimiento en algún orden determinado. Se trata de una actividad fundamental de la mente humana que consiste en el dicotómico proceso de distinguir cosas u objetos que poseen cierta característica de aquellos que no la tienen, y agrupar en una clase cosas u objetos que tienen la propiedad o características en común.

El objetivo del proceso de clasificar es doble:

– Facilitar la descripción del contenido de un documento, ubicándolo en una clase;
– Ordenar los documentos en un fondo documental, de acuerdo con un determinado sistema de clasificación. Este procedimiento permite la agrupación de los documentos sobre un mismo tema o con características similares.

Los sistemas de clasificación se concibieron en un principio como universalizantes, consideran el universo como un todo que dividen en clases y subclases de acuerdo con ciertas características comunes. Siguen una progresión de lo general a lo específico, forman una estructura jerárquica en la que las materias que componen cada nivel se organizan de acuerdo con su afinidad o sus posibles relaciones.

PRÓLOGO

En la segunda parte del libro Graça Simões reflexiona sobre el origen y la evolución de los sistemas clasificatorios, abundando en las características y diferencias entre las principales clasificaciones bibliográficas. El análisis teórico de cada una de ellas se acompaña de ejemplos de aplicación que facilitan la utilización de esta obra como libro de referencia en la docencia universitaria y en las tareas de proceso técnico de las bibliotecas.

Existen diversos criterios para la sistematización de las clasificaciones, siendo los principales su contenido y su estructura. En función del criterio de contenido las clasificaciones pueden ser enciclopédicas o especializadas. Los grandes sistemas clasificatorios tienen vocación universal, se presentan como listas de términos normalizados de todas las ramas del saber. Según el criterio de su estructura las clasificaciones pueden ser enumerativas o monojerárquicas, de facetas o sintéticas y mixtas.

Las clasificaciones unijerárquicas son sistemas que listan todas las materias que se prevén necesarias para tratar la información de un área de conocimiento en particular o bien tratan de abarcar todo el saber. Este carácter lineal exige que en su proceso de elaboración se tengan en cuenta las hipotéticas materias que serán necesarias en el momento de su puesta en uso. Las clasificaciones enumerativas son sistemas esencialmente precoordinados, es decir, prevén posibles materias en el momento de la construcción de sus tablas.

El método tradicional de presentación consiste en la división de las disciplinas o ramas del conocimiento en clases de nivel jerárquico inferior, éstas en subclases, tantas veces como niveles de especificidad se requieran para abarcar los posibles supuestos de clasificación de documentos. El prototipo de clasificación enumerativa es la Library of Congress Classification.

La notación de estos sistemas es jerárquica y expresiva de la estructura del esquema de clasificación. Algunas clasificaciones enumerativas, es el caso de la Decimal Dewey Classification, se organizan en 10 clases o secciones que se dividen en otras 10 subdivisiones, añadiendo cifras decimales hasta alcanzar una gran precisión al reducir la extensión de un concepto a límites muy precisos.

Las clasificaciones de facetas o sintéticas son de tipo polijerárquico y ponen el énfasis en el análisis facetado y la síntesis. Se basan en el análisis y la descomposición de una materia en sus partes y componentes y la unión de esas partes de acuerdo con el documento que se va a representar. Este sistema hace posible describir cualquier materia al resultar más flexible.

A diferencia de los sistemas enumerativos, no tienen en sus tablas una lista completa preparada de materias, sino que se confecciona la notación para cada trabajo clasificado, lo que obliga a desarrollar una labor de síntesis en cada caso. Así pues, en vez de enumerar todas las materias en una estructura jerárquica, la teoría del análisis facetado argumenta que un sistema de clasificación debe identificar las bases componentes de las materias extrayendo, bajo cada disciplina o clase principal, conceptos básicos o elementos aislados de acuerdo con ciertas categorías llamadas facetas.

Los sistemas facetados tienen en cuenta posibles características comunes de las diversas ramas, o de una en particular, y responden a una agrupación de documentos en función de esas características comunes, en razón de su contenido. La Colon Classification es el prototipo de las clasificaciones por facetas.

El tercer tipo son las clasificaciones mixtas que tienen un carácter esencialmente enumerativo, pero incorporan un creciente uso de facetas que permiten mayor precisión para la caracterización de los documentos. En estos sistemas una materia puede aparecer en varias subclases si el punto de vista bajo el que es tratada en la obra cambia fundamentalmente. La Universal Decimal Classification es el prototipo de clasificación mixta y el sistema principalmente utilizado tanto en las bibliotecas portuguesas como españolas.

La doctora Maria da Graça Simões tiene la minuciosidad y el saber necesarios para resolver con brillantez el objetivo planteado en este estudio. Su capacidad de trabajo es incuestionable, como se desprende de su carrera simultánea en el ámbito bibliotecario, donde desempeña la dirección técnica de la biblioteca del Departamento de Arquitectura da Universidade de Coimbra, y en el ámbito docente, como profesora en los estudios de Ciências da Informação en la Faculdade de Letras de la misma Universidad. Su tarea investigadora se perfila como otra vía de realización que merece la pena que se siga consolidando pues promete ofrecer resultados notables.

Todos los que trabajamos y profesamos en esta especialidad de la representación y la organización de la información damos la bienvenida a este libro, que contribuye a aclarar y a fijar los conceptos principales relacionados con las clasificaciones, que se siguen perfilando como sistemas imprescindibles para la organización del conocimiento, y que supone un éxito personal y profesional de una compañera respetada y amiga querida.

En León, a 30 de marzo de 2011
BLANCA RODRÍGUEZ BRAVO

Introdução

Esta obra baseia-se na primeira parte da tese de Doutoramento intitulada *A representação de Etnia na Classificação Decimal Universal*, apresentada à Universidade de Salamanca em 2010.

Neste trabalho, de uma forma geral, propomo-nos estudar as classificações bibliográficas como modelos dinâmicos de organização do conhecimento.

As classificações bibliográficas são as principais estruturas de organização do conhecimento, seja na organização física, seja na organização abstracta, lógica e sistemática das ideias em catálogos e integram-se nas linguagens categoriais. Surgiram em meados do século XIX e, desde logo, foram as principais estruturas de organização do conhecimento: de início na organização física; mais tarde na sua organização abstracta, que, nesta situação, se manifestou na arrumação das ideias em catálogos. Deste modo, até meados do século XX, foram consideradas as principais estruturas da organização do pensamento, situação que se alterou a partir de então com a emergência das novas tecnologias. Devido a esta nova conjuntura, as classificações foram perdendo terreno para as linguagens documentais baseadas na linguagem natural. Por paradoxal que possa parecer, foi com o desenvolvimento das novas tecnologias, nomeadamente com as capacidades de gestão introduzidas pelos computadores que, na década de 90, elas ressurgiram de novo.

Como sempre, a eficiência na localização física do conhecimento impõe-se. O livre acesso ao documento por assunto torna-se mais pertinente do que nunca e a necessidade premente de organizar a dispersão em que se apresenta a informação (catálogos, bases de dados e a forma caótica da representação da mesma na Internet) transforma as classificações em ferramentas imprescindíveis para a organização do conhecimento por temas, cujo critério assenta em afinidades semânticas.

No mundo da globalização da informação, que se quer plural e multidisciplinar, urge estudar as linguagens documentais como meios de veicular e organizar o conhecimento, identificando as suas fragilidades e validando as suas competências e capacidades no que se refere à representação e recuperação da informação.

Neste sentido, para um melhor entendimento deste tipo de linguagens documentais – Classificações bibliográficas, pretende-se com este trabalho expor, por um lado, uma reflexão crítica sobre algumas questões teóricas imprescindíveis à compreensão destes sistemas de classificação; por outro, procuramos apresentar alguns dos sistemas mais utilizados nas bibliotecas nacionais e internacionais que, dadas as suas características (estrutura e conteúdos) foram fonte de inspiração para outros tipos de classificações bibliográficas que se viriam a construir posteriormente.

Para darmos cumprimento a estes propósitos, estruturamos este estudo em duas partes que, por seu lado, foram divididas em sete capítulos.

Na primeira parte, que se encontra estruturada em três capítulos, fomos construindo o enquadramento teórico da matéria que é objecto de estudo da segunda. Nela são apresentados de forma crítica alguns fragmentos teóricos da matéria considerada. Com base nesta abordagem designamo-la – *Classificações bibliográficas: fragmentos teóricos.*

No primeiro capítulo foram abordadas noções fundamentais e relevantes para a inteligibilidade do texto; neste âmbito salientamos os conceitos: *Classificar* e *Indexar.*

Em relação ao conceito *Classificar*, ele foi analisado como processo, naturalmente. Na sua análise foram considerados os aspectos estruturantes e os objectivos teóricos inerentes ao acto de *classificar,* completando-o com a sistematização das fases e respectivos procedimentos subjacentes a esta operação. Relativamente ao conceito *Indexar*, este foi definido e caracterizado. Com base na sua definição foram, ainda, expostas as linhas de continuidade e de ruptura entre o processo de *classificar* e o processo de *indexar.* Neste contexto, pretendemos apurar até que ponto os dois processos se sobrepõem, se afastam e/ou se complementam. Para verificarmos estas condições, partimos da definição do Catálogo alfabético de assuntos e do Catálogo sistemático, produtos que resultam do processo de *indexar* e do processo de *classificar*, respectivamente.

No segundo capítulo, com o propósito de contextualizarmos as classificações bibliográficas na teoria geral da classificação, elegemos para efectuarmos este estudo, alguns conceitos que foram objecto da migração da teoria geral da classificação para este tipo de classificações.

Fizemos ainda incidir uma reflexão mais apurada, entre outros conceitos, sobre as noções de: hierarquia, exclusividade e exaustividade, na medida em que os consideramos indispensáveis para o estudo da estrutura das classificações bibliográficas, pelo que a sua omissão concorreria inevitavelmente para perturbadoras ambiguidades conceptuais.

Neste capítulo privilegiamos ainda a noção de *Classificação*, matéria que consideramos imprescindível neste estudo. Este tema foi abordado, particularmente no que respeita aos princípios lógicos que lhe estão subjacentes.

O terceiro capítulo ocupa-se da premência que o Homem sempre demonstrou ao longo da história em organizar-manipular o conhecimento. Primeiro, baseando-

INTRODUÇÃO

se tão só em critérios de pura divisão na maioria dos casos funcionais e empíricos e, numa segunda fase, assentando em critérios de sistematização. Deste modo, este capítulo funciona como a base da sustentação teórico-prática dos sistemas de classificação que são estudados na segunda parte, contextualizando-os numa aproximação histórico-mental.

Na segunda parte deste trabalho que designamos – *Classificações bibliográficas: fundamentos e dinâmica estrutural*, com o intuito de as contextualizar no percurso histórico da teoria da classificação, no capítulo IV procedeu-se à sistematização dos seus vários estádios de evolução. Neste percurso identificamos dois pontos de referência que entendemos serem precursores das classificações bibliográficas, na medida em que constituiram grandes focos de influência, a saber: as classificações do saber ou filosóficas (classificação dos saberes) e as classificações científicas ou taxonómicas (classificação dos seres). Além destas, e dada a sua influência e relevância na estrutura das classificações bibliográficas, introduzimos ainda, neste capítulo, um ponto relativo às classificações dos livreiros, consideradas também elementos que estiveram relacionados com a sua génese.

No seguimento desta orientação metodológica, no quinto, sexto e sétimo capítulos procedeu-se a um estudo analítico-sintético sobre as classificações bibliográficas de tipo enciclopédico, com especial destaque para as de tipo enumerativo, misto e facetado, na medida em que se constituíram instrumentos incontornáveis de referência no que respeita à organização do conhecimento ao longo do século XX. A sua análise incidiu essencialmente nos seguintes pontos: breve apontamento histórico, conteúdos e estrutura, sendo esta metodologia comum ao estudo de todos os sistemas considerados.

Com o objectivo de entendermos a forma como as Classificações bibliográficas se integram e articulam com a teoria geral das classificações, nomeadamente no que respeita aos pontos referentes aos princípios, objecto, objectivo e método, apresentámos as suas características, que deste modo se constituem como pontos estruturantes dos capítulos considerados.

Apenas através desta análise minuciosa foi possível identificar e avaliar as suas vantagens e as suas fragilidades.

Para dar cumprimento ao desenvolvimento do plano de estudo apresentado, foram privilegiados, essencialmente, dois tipos de obras: aquelas cuja abordagem do tema proposto se centra na reflexão teórica e as obras cuja abordagem do tema proposto se centra em questões, na sua maioria de natureza técnica.

Assim, para concretizarmos os objectivos desenhados neste estudo, procedeu-se a uma análise criteriosa da seguinte tipologia de fontes bibliográficas:

a) monografias (manuais e obras específicas: teses, actas de congressos e as próprias classificações bibliográficas);
b) artigos de periódicos da especialidade.

Tal como pode observar-se nas referências bibliográficas, a bibliografia consultada centra-se, como não poderia deixar de ser, no campo das Ciências da Informação, particularmente no que respeita à representação da informação. Todavia, e para completar este estudo, foram ainda consultadas obras das seguintes áreas transversais: Filosofia, (Epistemologia) e História.

Em relação à primeira parte, é extenso e diverso o leque de bibliografia que foi analisado, como poderá observar-se não só nas referências bibliográficas como também nas citações que se encontram ao longo do corpo do texto.

No que respeita a esta parte, recorremos a obras de autores que se impuseram nesta área pelos seus estudos teóricos, situando-se estas, na sua maioria, entre os anos 60 e 80 do século XX. Entre outros salientamos, por exemplo: E. J. Coates, A. C. Foskett, Jacques Chaumier, Sayers, Svenorious, Vickery, Bakewell, Buchanan e Yves Courrier.

Sempre que possível, recorremos às primeiras edições, às obras originais. Por este facto, as referências bibliográficas abarcam um período cronológico extenso, que vai desde o século XVI ao século XXI. No período mais remoto encontramos as obras dos filósofos que nos serviram de base ao capítulo III, aquele que é relativo à organização do conhecimento, tais como Juan Huarte de San Juan (séc. XVI), Francis Bacon (séc. XVII) e Buffon (séc. XVIII).

Nas situações em que não nos foi possível consultar os originais ou as primeiras edições, recorremos naturalmente a traduções e a edições recentes. Tal foi o caso das obras de Aristóteles, Porfírio e Lineu.

No que respeita aos autores que foram consultados e cujas edições se situam nos finais do século XIX e inícios do XX salientamos, pelo seu relevo e influência no mundo das classificações, as obras de La Fontaine e Paul Otlet, assim como as de Bliss e de Ranganathan.

Muitas outras obras, cujas edições datam dos finais do século XX e inícios do século XXI, nos serviram de apoio para sustentar todo o conhecimento que foi apresentado na primeira parte deste trabalho.

Na segunda parte, que assenta na abordagem específica de um conjunto de sistemas de classificação representativo das diversas estruturas (enumerativas, mistas e facetadas), foram consideradas as seguintes classificações bibliográficas: Classificação Decimal de Dewey, Classificação da Biblioteca do Congresso, Classificação Decimal Universal e Classificação Colon. Todavia, além desta bibliografia específica, de uma forma geral, podemos dizer que sempre que nos foi possível e oportuno, recorremos a todo o tipo de literatura que contribuía com informação adicional para a problemática estudada. Assim, para uma melhor compreensão da estrutura e da filosofia deste sistema de classificação, recorremos ainda a algumas obras de autores que se debruçaram sobre os mesmos. Estas proporcionaram-nos uma leitura abrangente sobre as classificações bibliográficas em geral e sobre estes

INTRODUÇÃO

sistemas em particular, enquanto estruturas de representação e recuperação do conhecimento. Permitiram-nos também contextualizar e posicionar estes sistemas de classificação relativamente uns aos outros e à teoria geral da classificação.

De uma forma geral, este estudo também nos proporcionou uma apreensão global das suas vantagens e das suas fragilidades no que concerne à representação do conhecimento, e em última análise, à recuperação do mesmo.

Apenas através desta orientação bibliográfica, completada com a metodologia escolhida, que consistiu na aplicação do método exploratório, foi possível chegar a conclusões relevantes, que permitiram identificar e construir novos pontos de referência, quer no que respeita à contextualização teórica, nomeadamente no que concerne à teoria geral das classificações bibliográficas, quer no que respeita à dinâmica estrutural das mesmas.

Cumpre referir que este método assentou essencialmente numa revisão bibliográfica. A sua utilização permitiu-nos aprofundar e ao mesmo tempo sintetizar os aspectos teóricos relativos a este assunto, em particular os que se prendiam com os aspectos menos conhecidos e menos estudados.

I Parte
Classificações bibliográficas: fragmentos teóricos

Capítulo I
Classificar e Indexar

1 Classificar e indexar [Definição, objectivos e características]

Antes de iniciarmos o estudo das classificações em geral e dos sistemas de classificação bibliográfica, em particular no que respeita à sua contextualização na organização do conhecimento e na sistematização do mesmo, importa referir e comentar os conceitos – *Classificar e Indexar*. Tal facto, deve-se à circunstância de estes conceitos, essencialmente o conceito de *classificar*, se encontrarem estreitamente relacionados com os conceitos de sistema de classificação e com o próprio conceito de classificação, considerado em si mesmo. A cumplicidade da sua relação traduz-se, na prática, em termos de complementaridade, como iremos observar ao longo deste estudo.

1.1 Classificar [Definição e considerações gerais]

No plano prático, o conceito *classificar* não sobrevive sem o conceito *classificação*. Neste sentido, entendemos ser imprescindível para um entendimento inequívoco de toda a matéria a introdução deste ponto, no qual fique explícito o conceito de – *Classificar* e todas as suas particularidades.

Entender este conceito, quanto ao seu sentido semântico, assim como entender a sua manifestação prática, manifestação essa que pressupõe, *a priori*, o uso de um sistema de classificação é, de forma indirecta, proporcionar o conhecimento de toda a dinâmica de um sistema de classificação. O sistema de classificação apenas cumpre a função para a qual foi concebido quando é usado no processo de classificar; neste sentido, pode dizer-se que um sistema de classificação que não se adapte a esta condição é um sistema inanimado.

Salvaguardada a identidade semântica e as suas particularidades funcionais, cada um dos conceitos – *Classificar* e *Classificação*, na prática, diluiu-se aparentemente, nomeadamente no que respeita aos seus objectivos.

Por esta razão, assumiu-se justificável e indispensável a introdução do conceito de *classificar* logo no primeiro ponto deste estudo.

CLASSIFICAÇÕES BIBLIOGRÁFICAS: PERCURSO DE UMA TEORIA

Deixo claro que as especificidades e complexidades conceptuais deste conceito, assim como as relações de afinidade com outros conceitos semanticamente vizinhos, é um dos objectivos da primeira parte deste trabalho.

A reflexão crítica sobre este assunto é, no nosso entender, garante da precisão terminológica e semântica, que se pretende para a sua compreensão.

Buchanan[1] define *Classificar* como: [...] *the acte of grouping like things together. All the members of a group – or class – produced by classification share at least one characteristic which members of other classes do not possess.*

Para Vickery[2], esta operação consiste em: [...] *putting together things or ideas that are alike, and keeping separate those that are different.*

Partindo destas definições, podemos inferir que este processo consiste na identificação dos objectos particulares com um grupo de objectos que possuem características homogéneas, ao mesmo tempo que os identifica individualmente como parte constitutiva desse grupo. Neste sentido, podemos afirmar que esta operação se traduz na ordenação dos objectos sob uma mesma perspectiva conceptual.

O acto de classificar é uma operação tão natural que, como Maniez[3] refere, podemos dizer que ela nasce de uma prioridade inconsciente do Homem: *La clasificación es un acto mental que practicamos a diario casi sin darnos cuenta, de tan natural como es.*

A necessidade de organização segundo uma classificação concorre para que, na maioria dos casos, se utilizem quadros classificatórios, muitas vezes construídos de forma natural e baseados em critérios pragmáticos.

De acordo com esta ideia posicionam-se Buchanan e Seyers. O primeiro, tal como Maniez, entende que classificar é essencialmente um processo mental, um recurso intelectual ao qual o Homem recorre diariamente, muitas vezes de forma inconsciente.[4] O segundo considera este processo como: [...] *el acto primário que realiza la mente para identificar todo el objecto[5].*

Neste sentido, podemos entender o processo de classificar como uma actividade mental que o ser humano exerce sobre entidades físicas e abstractas, de um modo natural e/ou consciente, por forma a agrupá-las, tendo em conta as suas semelhanças de acordo com um determinado critério.

Classificar assume-se como um acto imprescindível à organização do universo.

---

[1] BUCHANAN, Brian – *Theory of library classification.* 1979. P. 9.

[2] VICKERY, Brian C. – *Classification and indexing in science.* 1975. 3rd ed. P. 1.

[3] MANIEZ, Jacques – *Los lenguajes documentales y de clasificación.* 1993. P. 19.

[4] BUCHANAN, Brian – *Theory of library classification.* 1979. P. 10-11.

[5] *Apud*: LASSO DE LA VEGA, Javier – *Tratado de biblioteconomia...*, 1956. P. 348.

CLASSIFICAR E INDEXAR

Esta actividade é provocada pela necessidade que o Homem tem de possuir modelos mentais de referência que lhe possibilitem orientar-se o mais comodamente possível no universo em que está inserido. A este propósito, Foucault[6] refere que as classificações funcionam no quotidiano do Homem como: [...] *códigos fundamentais de uma cultura*, [...] *fixam logo de entrada para cada homem, as ordens empíricas com que ele há-de contar*.

A ideia de que *classificar* é um acto natural do Homem, indispensável às relações que se estabelecem entre si e o mundo que o rodeia, assumindo-se estas como garante do bem estar e conforto físico e mental do ser humano, é corroborada por Olga Pombo, quando reconhece as classificações como esquemas sistémicos naturais e imprescindíveis ao Homem. A este propósito refere o seguinte:

> *Na verdade, nada nos parece mais "natural", óbvio e indiscutível que as classificações dos entes, dos factos e dos acontecimentos que constituem os quadros mentais em que estamos inseridos. Elas constituem os pontos estáveis que nos impedem de rodopiar sem solo, perdidos no inconforto do inominável, da ausência de "idades" ou "geografias". Só elas nos permitem orientar-nos no mundo à nossa volta, estabelecer hábitos, semelhanças e diferenças, reconhecer os lugares, os espaços, os seres, os acontecimentos; ordená-los, agrupá-los, aproximá-los uns dos outros, mantê-los em conjunto ou afastá-los irremediavelmente.[7]*

O acto de *classificar* possibilita ao Homem não apenas ordenar os objectos, mas também, e simultaneamente, consciencializar-se de que os consegue dominar. O próprio acto de *classificar* os objectos possibilita ao Homem o poder de os manipular e de se apropriar deles. Esta situação ocorre devido ao facto de a operação de *classificar* pressupor, à partida, a manipulação dos mesmos, sobretudo quando considerados na sua perspectiva formal.

A necessidade de *classificar* é uma prática que ultrapassa a própria dimensão humana. Numa tentativa de criar uma determinada ordem no caos, podemos ler na Bíblia, no Livro do Génesis que Deus, logo que criou o Mundo, sentiu a necessidade de classificar os seus elementos. No cumprimento deste Seu propósito, classificou os animais segundo as suas espécies:

> *Deus criou os grandes peixes, e todos os animais que têm vida e movimento, os quais foram produzidos pelas águas, segundo a sua espécie, e todas as aves segundo a sua espécie*

---

[6] FOUCAULT, Michel – *As palavras e as coisas*. 2005. P. 51-52.
[7] POMBO, Olga – *Da classificação dos seres à classificação dos saberes*. [Consult. 3 Nov. 2008] Disponível em www:<URL:http://www.educ.fc.ul.pt/hyper/resources/opombo.classificação.pdf

[...] Que a terra produza seres vivos, segundo as suas espécies, animais domésticos, répteis e animais ferozes, segundo as suas espécies [...] e todas as árvores, que encerram em si mesmas a semente do seu género [...][8]

E ainda, de acordo com o princípio da ordenação, no mesmo texto, na passagem relativa a Noé e à Arca, Deus ordena a Noé que leve consigo dois animais de cada espécie, um macho e uma fêmea, sendo que estes animais deviam pertencer a uma das duas classes mais abrangentes: à classe dos animais puros ou à classe dos animais impuros.

1.1.1 Classificar, classificação e arrumar [Considerações críticas]

Os conceitos, *classificar*, *classificação* e *arrumar*, na prática são com frequência considerados para-sinónimos uns em relação aos outros. Esta situação resulta do facto de as suas fronteiras semânticas serem ténues e de todos três serem complementares, a ponto de não fazerem sentido uns sem os outros.

Na sua forma mais elementar, o processo de classificar expressa-se numa sucessão de dicotomias. Estas dicotomias traduzem-se no agrupar em conjuntos todos os conceitos com base no critério de afinidade, separando-os de outros diferentes que irão, por sua vez, constituir outros grupos homogéneos. Os objectos que constituem estes grupos, através do mesmo procedimento, poderão ser sujeitos ao mesmo processo dicotómico tantas vezes quantas forem necessárias.

Partindo da ideia de que este processo se caracteriza por ser um acto mental, Lasso de La Vega[9] na linha de outros autores, entende que este conceito se traduz no seguinte:

> *Proceso mediante el cual la razón, ayudada por la memoria, reconoce las analogías y las diferencias de todas las cosas que percibimos y concebimos y las ordenamos por alguno de sus caracteres en grupos o clases en las que tales parecidos y diferencias aparecen.*

Com base nas ideias apresentadas sobre este processo podemos concluir que, na prática, ele consiste em associar objectos idênticos, separando-os simultaneamente de objectos diferentes.

Desta ideia comunga Brown,[10] ao definir *classificar* como: [...] *un proceso de la mente en cuya virtud las cosas se agrupan conforme a sus grados de semejanza y se separan de acuerdo con sus grados de diferencia.*

---

[8] Génesis, I, 21, 25, 29.
[9] LASSO DE LA VEGA, Javier – *Tratado de biblioteconomia...*1956. P. 348.
[10] *Apud*: *Ibidem*.

Partindo do princípio da exclusão, os elementos que constituem um determinado grupo terão de possuir uma ou mais características comuns que não sejam observadas em nenhum dos outros elementos que formam outro grupo.

Deste processo de comparação mental resultam grupos de objectos que, na sua essência, formam sistemas unitários coerentes e estruturados, estrutura essa que é provocada pelos vários níveis hierárquicos que se estabelecem entre os objectos que constituem esses grupos. Nesta situação e, na maioria dos casos, os grupos encontram-se estruturados em subgrupos. A esta estrutura de conceitos ordenada hierarquicamente que resulta do processo de *classificar, chamamos sistema de classificação.*

Na prática, por vezes, o conceito de classificar dilui-se no conceito de classificação e vice-versa, o que demonstra uma grande falta de rigor terminológico e conceptual.

Além de se entender a classificação como um esquema no qual, *grosso modo*, se encontra distribuído um conjunto estruturado de conceitos, também é frequente, na prática, designar a operação de atribuir um código a um conceito – *classificação.*

No nosso entender, apesar desta "promiscuidade" semântica, os dois conceitos são distintos.

Entendemos por *classificar* um processo e por *classificação* um instrumento que serve para classificar e, ao mesmo tempo, um produto que resulta do processo de classificar.

Esta definição, que estabelecemos para estes dois conceitos, apresentados num âmbito geral, é também aplicada num contexto específico, como é o caso da área das Ciências da Informação.

Uma vez transposto para este plano específico e teórico, o conceito *classificar* será sempre entendido como um processo mental de organizar informação, enquanto o conceito *classificação* será entendido como um instrumento que serve para representar e recuperar informação.

Como já referimos, sendo diferentes na sua natureza, na prática por vezes há tendência para os sobrepor; isto deve-se ao facto de eles serem semanticamente intrínsecos e complementares.

Émile Littré[11] (1801-1881), que no seu dicionário de Língua francesa, num primeiro plano, distingue os conceitos: *Classement, Classification* e *Classifier,* e num segundo momento, atribui aos dois últimos o mesmo significado, considerando-os, nesta medida, conceitos equivalentes.

> *Classement – Le classement est l'action de ranger effectivement d'après un certain ordre.*

---

[11] LITTRÉ, Émile – *Dictionnaire de la langue française.* 1956-1958. Vol. 2. P. 378-379.

Classification – La classification est l'ensemble des règles qui doivent présider au classement effectif ou qui déterminent idéalement un ordre dans les objets. – E. Classifier.

Classifier – Faire, établir des classifications. Ranger suivant un ordre de valeur ou temps.

Esta situação decorre do facto de a própria *classificação*, como já observamos, resultar do acto de *classificar* e de, neste mesmo processo, se usarem sistemas de classificação. O processo de *classificar*, actividade empírica – intelectual, pressupõe sempre, para a sua plena concretização, algo que é, no concreto, um produto de si própria: um esquema de classificação.

Partindo de um plano teórico, podemos dizer que ao processo de atribuição de códigos a um conceito e/ou conjuntos de conceitos que se encontram associados mentalmente, corresponde a ideia de *classificar*.

O sistema onde se integram os códigos que utilizamos nessa actividade, assim como ao produto que resulta do acto de *classificar*, designamos *classificação*.

Com esta orientação de pensamento identifica-se Maniez,[12] quando define os dois conceitos da seguinte forma:

Clasificación:

es la acción de distribuir en varias clases, generalmente disjuntas, un conjunto de objetos; por otra parte, también es el producto resultante de la operación precedente cuando esta desemboca en un sistema coherente y estructurado

Clasificar:

es la operación intelectual por la cual el documentalista atribuye a una obra un indice correspondiente a una clase de materias, utilizando un lenguaje de clasificación.

A noção e distinção entre *classificar*, *classificação* e *arrumação*, encontra-se presente, na literatura francesa e inglesa, embora, por vezes, de forma implícita e confusa, estas definições numa e noutra, apresentem ainda algumas particularidades. Para esta ambiguidade concorre o facto de, algumas vezes, as distinções destes conceitos serem feitas a partir de fundamentos de ordem prática.

Assim, e de acordo com Bernaténé, as noções *arrumação* e *classificação* correspondem, a *classement e classification*,[13] respectivamente.

---

[12] MANIEZ, Jacques – *Los lenguajes documentales y de clasificación*. 1993. P. 23.

[13] BERNATÉNÉ, Henri. – *Comment concevoir, réaliser et utiliser une documentation*. 3ème éd. rev. et augm. 1955. P. 27-28. V. tb. DUBUC, René – *La classification décimale universelle: manuel pratique d'utilisation*. 1964. P. 3-5; MEETHAM, Roger – *Information retrieval*. 1969. P. 84-96; MANIEZ, Jacques – *Los lenguajes documentales y de clasificación y utilización en los sistemas documentales*. 1992. P. 19-21.

Cependant il ne faut pas confondre classification et classement. La première est la détermination du cadre intellectuel dans lequel seront enfermées les notions retenues, alors le second est la mise en ordre matériel des documents conservés dans le but de les retrouver en fonction du plan de classification adopté.

Nesta perspectiva, podemos inferir que: *Classement* corresponde a uma ordenação física dos documentos que foram previamente classificados por assunto; *Classification* corresponde ao processo intelectual de atribuição de um código extraído de um sistema de classificação.

Observando nós uma distinção explícita entre os conceitos *arrumação* e *classificação*, essa distinção já não é observada no que respeita a *classificação* e a *classificar*. Para este autor, e pelo que se pode inferir deste excerto, estas duas noções aparecem difusas e diluídas uma na outra.

Também para Richard Roy, os conceitos de *classificar* e *arrumar* são inequívocos, a ponto de ele afirmar de forma categórica, que: *Classifier n'est pas classer.*[14]

Este autor identifica a operação de *Classer* com a arrumação física dos documentos, e a de *Classifier* com o próprio processo de *classificar*.

Com base no pensamento destes dois autores, podemos concluir que existe uma distinção clara entre *classificar* e *arrumar*, não referindo, contudo, a diferença entre *classificar* e *classificação*, pelo que se infere que consideram os dois conceitos como equivalentes.

Os ingleses, por seu lado, fazem a distinção entre os conceitos *Classification* e *Order* mas, tal como os franceses, não fazem qualquer distinção entre *Classification* e *Classify*.

Classification (s)[15] *– The action or process of classifying something or of being classified.*
Classify (v.) – To arrange something in categories or groups.
Order – The way in which people or things are placed or arranged in relation to each other.[16]

Assim, *Classification* e *Classify* correspondem, na prática, ao próprio acto de *classificar* os assuntos expressos nos documentos, enquanto que o conceito *Order* se refere à arrumação física dos documentos classificados por assunto.

Nesta posição encontramos apenas a distinção entre *Classification* (acto de classificar) e *Ordering* (ordenar fisicamente). Todavia não faz a distinção entre

---

[14] ROY, Richard – *Classer par centres d'intérêt.* (1986) 225.
[15] HORNBY, A. S. – *Oxford advanced learner's dictionary of current English.* 1995. P. 204.
[16] *Ibidem.* P. 816.

Classification e *Classify*. Neste sentido este propósito vai ao encontro da orientação francesa.

Desta forma e, segundo o exposto, infere-se que existem dois conceitos distintos, todavia indissociáveis, e que se projectam em duas dimensões: uma que se prende com o aspecto mais teórico, que é traduzida nos termos – *Classifi*er e *Classification*, em francês e *Classification e Classify* em inglês. Outra dimensão prende-se com o aspecto mais prático, que é expressa nos termos – *Classer* e *Order*.

A segunda dimensão insere-se no espírito das primeiras classificações bibliográficas, como a Classificação da Biblioteca do Congresso, cujo objectivo era arrumar e ordenar as obras nas estantes por matérias; esta dimensão limitava-se à *Order*.

A primeira, numa dimensão mais abstracta e intelectual, refere-se à classificação das próprias noções do conhecimento, *Classification*.

Para concluirmos, referimos que na língua portuguesa, e na própria prática, pouco ou nada se infere das posições expostas; nela entende-se por *classificação*: *Acção ou resultado de classificar; acção de distribuir por classes, por categorias [...], segundo critérios precisos.*[17]

Entende-se por *classificar* o acto de: *Reunir em classes ou em grupos, com características semelhantes, segundo um sistema ou método e atribuir uma designação a cada grupo constituído.*[18]

Tal como acontece na língua francesa e na inglesa, na prática, também na língua portuguesa, estes conceitos são equivalentes.

Em concreto, devido a essa afinidade semântica, generalizou-se que o conceito *classificação* tem o mesmo sentido do conceito *classificar* – ordenar segundo um esquema pré-estabelecido, sendo que, em algumas situações, o próprio acto de *classificar* origina a própria *classificação*, entendida como um plano, um instrumento.

Relativamente ao conceito de arrumar, a distinção entre este conceito e os outros dois, como já observámos, é pacífica e explícita.

Segundo o filósofo Perelman, o acto de classificar concorre para duas dimensões distintas em relação ao mesmo objecto: uma de índole pragmática – *arrumação*, outra de índole especulativa – *classificação*. Neste sentido, ele refere o seguinte: *À partir de l'effort de classer, c'est-à-dire de mettre en ordre des objets afin de les identifier et de les retrouver facilement, on aboutit à une double activité: le classement et la classification.*[19]

A primeira dimensão, a *arrumação* na prática, consiste em fazer corresponder os objectos a uma determinada ordenação estabelecida *a priori*.

---

[17] ACADEMIA DAS CIÊNCIAS DE LISBOA – *Dicionário da língua portuguesa*, 2001. Vol. 1. P. 837.

[18] *Ibidem.*

[19] PERELMAN, C. H. – *Réflexions philosophiques sur la classification*. 1963. P. 231.

CLASSIFICAR E INDEXAR

Como refere Perelman, na maioria dos casos esta dimensão é condicionada pelos elementos externos dos objectos como, por exemplo, a sua dimensão. Esta sua posição é expressa no seguinte excerto: *Souvent d'ailleurs le classement sera conditionné par des éléments purement extérieurs, tels le poids ou les dimensions, car ce que l'on y recherche avant tout est la facilité, la maniabilité, des préoccupations d'ordre pratique.*[20]

Segundo este filósofo, na generalidade os critérios subjacentes à *arrumação* são ditados por necessidades de ordem prática. Na dimensão prática o objectivo da *arrumação* concorre para a identificação de um objecto particular no menor espaço de tempo possível.

De uma forma geral, podemos dizer que o processo de *arrumação*, quer seja a nível de objectivos, quer seja a nível de procedimentos, esgota-se em pressupostos de natureza prática.

Esta situação, contudo, não se transpõe para o acto de *classificar* que, antes de tudo, é um procedimento que se alicerça em pressupostos mentais, como verificámos ao longo desta breve exposição.

1.1.2 Objectivos e princípios subjacentes ao processo de Classificar

Antes de definirmos as políticas e os condicionalismos inerentes ao processo de classificar, importa apresentar os objectivos e os princípios teóricos que lhe estão subjacentes.

1.1.2.1 Objectivos

Da matéria exposta nos pontos (1.1 e 1.2) infere-se que o acto de classificar tem dois objectivos: um de ordem eminentemente prática, outro de ordem teórica. Traduzem-se do seguinte modo:

a) Arrumação física dos documentos na estante

A arrumação dos documentos na estante esteve na base do surgimento dos grandes sistemas bibliográficos no século XIX, como iremos observar no desenvolvimento do capítulo IV.

A arrumação dos documentos nas estantes por assuntos tornou-se, desde cedo, numa prioridade, que as classificações vieram colmatar.

Relativamente à relação entre a classificação e os livros, Richardson, bibliotecário da Biblioteca do Congresso, afirmava o seguinte: [...] *os livros são colecionados para uso; são arranjados para uso, e o uso é o único motivo da classificação.*[21]

---

[20] *Ibidem.*

[21] *Apud:* SOUSA, José Soares de – *Classificação: sistemas de classificação bibliográfica.* 1943. P. 27.

Não podemos deixar de referir que a política do livre acesso teve, desde logo, um papel preponderante na arrumação das obras por assunto e, por seu lado, no desenvolvimento e expansão dos sistemas de classificação bibliográficos.

Esta modalidade começou a desenvolver-se nos países anglo-saxónicos, nomeadamente nos Estados Unidos da América, a partir de finais do século XIX, em bibliotecas públicas e universitárias.

Segundo este sistema de arrumação, o utilizador poderá encontrar na mesma estante tudo o que existe numa biblioteca sobre um determinado assunto e assuntos afins.

A mais-valia deste tipo de arrumação prende-se com o facto de nele o utilizador, não só encontrar as obras que conhece, mas aquelas que desconhece e, nas quais, eventualmente, poderá encontrar a informação de que necessita, como pode observar-se no pequeno excerto de Vasco Graça Moura que passamos a registar: *A informação importante pode bem estar no outro, no que lhe está contíguo na prateleira, muito embora isso possa não decorrer imediatamente do título* [...][22]

O cumprimento deste objectivo pressupunha a colocação na cota do documento de uma notação[23] extraída de um sistema de classificação.

A este código cumpria representar o assunto versado nesse documento. Para que a localização fosse rápida e eficaz, seria desejável que esses códigos fossem breves e simples. Apenas através destas duas características é que se podem juntar e/ou separar os assuntos em grandes sistemas epistemológicos.

Além disso, o facto de ser breve, torna-a inteligível para quem procura numa estante.

b) Arrumação dos assuntos num catálogo sistemático

Neste catálogo os assuntos encontram-se ordenados através de um código de classificação.

1.1.2.2 Princípios subjacentes à operação de classificar

Para que um processo se torne coerente, eficaz, sustentável e credível, deve ser alicerçado num conjunto de princípios que, ao longo de todo o processo, assumam uma função de referência.

De acordo com estas palavras introdutórias, encontramos, em particular, o processo de classificar, que também assenta num conjunto de princípios, que passamos a descrever e a comentar com a brevidade possível.

---

[22] MOURA, Vasco Graça – *A palavra de um escritor*. Porto. 1988.

[23] Entende-se por notação, um código extraído de um sistema de classificação, e que representa um assunto. Por uma questão de coerência conceptual, metodológica e de estrutura do trabalho, este definição e respectiva função serão apresentados no IV Capítulo, com um desenvolvimento mais pormenorizado.

CLASSIFICAR E INDEXAR

Recomenda-se ao classificador que, para o cumprimento pleno desta operação, tenha sempre presentes estes princípios, pois eles são o garante da qualidade deste processo.

Dada a estreita proximidade entre a operação de classificar e a de indexar, muitos dos princípios sobrepõem-se a estes dois processos, designadamente na primeira fase – a análise.

Dada a complexidade deste tema, muitos são os autores que se debruçaram sobre ele.

Para ilustrar esta situação, entre outros autores elegemos o pensamento de Fugmann e o de Lancaster. A nossa opção por estes dois autores prende-se, por um lado, com o facto de serem dois teóricos da Indexação e como o tema em discussão é essencialmente de natureza teórica, faz todo o sentido considerar as suas ideias; por outro lado por terem orientações diferentes sobre esta matéria.

Assim, Fugmann[24] apresenta como princípios orientadores cinco axiomas que, segundo ele, importa estarem presentes ao longo do processo de indexação, o mesmo acontecendo com o processo de classificação. São os seguintes:

- *Definability;*
- *Order;*
- *Sufficient degree of order;*
- *Representational predictability;*
- *Representational fidelity.*

Lancaster[25] vê, na maioria destes axiomas, mais do que princípios teóricos de indexação propriamente dita, elementos que poderão condicionar o desempenho dos sistemas de recuperação; a partir disso, propõe dois princípios para o processo de indexação:

- *que inclua todos os tópicos de reconhecido interesse para os usuários do serviço de informação que sejam tratados substancialmente no documento;*
- *que indexe cada um desses tópicos tão especificamente quanto o permita o vocabulário do sistema e o justifiquem as necessidades ou interesses dos usuários.*

Em relação a estes dois princípios que foram apresentados por Lancaster, permitimo-nos tecer algumas considerações.

Actualmente, com as redes de informação, com a crescente permuta e cooperação dos vários serviços e com a interdisciplinaridade e transdisciplinaridade

---

[24] FUGMANN, Robert – *Subject analysis and indexing.* 1993. Vol. 1. P. 39. Para o desenvolvimento dos cinco axiomas (Definição, Ordenação, Grau de Ordenação, Previsibilidade e Fidelidade), ler p. 39-67.

[25] LANCASTER, Frederick W. – *Indexação e resumos,* 1993. P. 30.

nos estudos e investigações, não nos podemos permitir indexar ou classificar o que é apenas do interesse de um perfil de utilizador adstrito a um determinado serviço, na maioria dos casos, um utilizador presencial.

A Norma ISO 5963 no ponto 6.3[26] é peremptória relativamente a este assunto, quando postula que a análise deverá ser a mais exaustiva e específica possível para responder, não apenas ao utilizador que se conhece, mas ao potencial utilizador. Neste sentido, estipula que se devem considerar os assuntos periféricos que são abordados nos documentos.

As novas tecnologias, entre outras alterações, trouxeram consigo as dos quadros cognitivos no que respeita, designadamente, ao privilégio da interdisciplinaridade. O conceito de "meu utilizador" diluiu-se. Ao utilizador presencial, aquele que frequenta uma instituição particular, veio juntar-se um outro tipo de utilizador, aquele que anonimamente consulta os catálogos em linha.

A indefinição do perfil do utilizador concorre para que se privilegiem todos os assuntos de um documento que possam ter valor informativo. Nesta perspectiva, a fronteira entre assunto principal e assuntos periféricos é cada vez mais ténue. É neste sentido que os princípios da especificidade e da exaustividade, deverão estar cada vez mais presentes na classificação, essencialmente na fase da selecção dos conceitos a classificar, todavia sem se perder de vista a vocação das classificações – *Organizar*.

Segundo o nosso ponto de vista, podemos sistematizar os princípios que precedem as operações da indexação e da classificação, em particular no conjunto de pontos que passamos a apresentar e analisar em seguida.

a) Qualidade da análise[27]

A qualidade da classificação resulta, antes de mais, da qualidade da análise, tal como acontece na indexação. Este princípio é comum às duas operações, pois ambas partem dela.

É através de uma análise isenta e objectiva que se consegue extrair o pensamento do autor. Apenas uma análise assente na imparcialidade do classificador/ /indexador poderá ser fiável e conducente a resultados pertinentes na pesquisa.

Lancaster[28] refere dois tipos de erros que podem ocorrer na análise e que, consequentemente, poderão contribuir para resultados pouco pertinentes e imprecisos na pesquisa. São eles:

– *deixar de reconhecer um tópico que se reveste de interesse potencial para o utilizador;*

---

[26] ISO 5963-1995. P. 577.

[27] MENDES, Maria Teresa Pinto; SIMÕES, Maria da Graça – *Indexação por assuntos: princípios gerais e normas*. 2002. P. 17. Ver tb.: LANCASTER, Frederick W. – *Indexação e resumos: teoria e prática*, 1993. P. 75-87.

[28] LANCASTER, Frederick W. – *Indexação e resumos: teoria e prática*, 1993. P. 77.

CLASSIFICAR E INDEXAR

– *interpretar erroneamente o que trata realmente um aspecto do documento, acarretando a atribuição de um termo (ou termos) que sejam inadequados.*

Outro ponto importante para a qualidade da análise é o facto de o classificador/indexador, por um lado possuir conhecimentos na área que classifica, por outro possuir e desenvolver um espírito analítico/sintético.

A qualidade da análise é a garantia de que, na pesquisa, se recuperam documentos com informação relevante. A apreensão exacta do conteúdo informativo do documento concorrerá inevitavelmente para a pertinência da pesquisa.

b) Interesse do utilizador; características do fundo bibliográfico

Na selecção dos conceitos ter-se-ão em linha de conta os temas que constituam informação pertinente para o utilizador do serviço ao qual se destina a classificação. Por princípio, a selecção dos temas a classificar deverá corresponder aos objectivos e às características do fundo bibliográfico concreto e ao utilizador que o consulta, não descurando, todavia, o potencial utilizador, assim como o utilizador não presencial, como já foi referido.

Se por um lado o classificador não tem uma ideia precisa do utilizador "global", produto da generalizada disponibilidade da informação em redes, por outro conhece o utilizador que está integrado no seu serviço, que tem objectivos próprios bem definidos e que privilegia um determinado tipo de pesquisa.

Nenhum profissional da informação poderá ficar alheio a esta evidência, que se traduz numa complexa dualidade – utilizador presencial e utilizador não presencial, situação que é preciso saber gerir.

Se é necessário privilegiar as matérias que vão ao encontro do tipo de utilizador bem definido, é também necessário privilegiar as matérias que lhe são periféricas, mas que são essenciais para o potencial utilizador ou para o utilizador não presencial. A Norma ISO 5963-1995 (F) é bem explícita, quando se refere a esta dualidade; fá-lo no seu ponto (6.3.1): *Un indexeur qui suit les procédures indiquées ci-dessus doit pouvoir identifier toutes les notions qui ont une valeur potentielle pour les utilisateurs d'un système d'information dans un document.*[29]

Como proceder face a esta situação? Como responder às necessidades de informação dos diferentes utilizadores?

Este é o grande desafio que hoje se coloca ao profissional da informação: saber gerir a interdisciplinaridade e a transversalidade das matérias a classificar. Neste capítulo, as tecnologias irão ter um papel preponderante, não só no que concerne ao *output*, mas também ao *input* da informação. Na nossa perspectiva, o *input* terá um papel decisivo, pois todas as formas de acesso à informação esta-

[29] ISO 5963-1995. P. 577.

rão relacionadas e condicionadas pela forma como se introduz a informação e, naturalmente, com os princípios que lhe estão subjacentes.

c) Especificidade e exaustividade

A especificidade e a exaustividade[30] são dois princípios que se encontram presentes ao longo de todo o processo de classificar.

A especificidade prende-se com o grau de exactidão com o qual são extraídos os conceitos dos documentos, assim como com o grau de exactidão que é usado na representação desses mesmos conceitos, tanto a nível do termo vocabular, como no caso concreto de uma notação.

A exaustividade está ligada ao número de noções que foram extraídas e que caracterizam o conteúdo de um documento.

Na classificação cujo propósito é construir instrumentos que permitam aceder à informação de forma genérica, é desejável que estas duas características não sejam tão incisivas e tão profundas como acontece no caso da indexação, cujo objectivo se traduz no acesso à informação pelo termo específico. A este propósito Meetham, refere o seguinte: *The classification is also a very brief description of the document, and can be called a microabstract.*[31]

Com o acesso alargado à informação que os meios tecnológicos permitem, preconiza-se que se seleccione o maior número de conceitos existentes num documento. O alargamento da cooperação em rede verificada nos serviços de informação, trouxe consigo um maior incremento da interdisciplinaridade, que se traduz numa imensa diversidade de áreas temáticas susceptíveis de serem consultadas, o que concorre para que não só se privilegiem os conceitos principais, mas também os periféricos.

Nos processos de indexação e classificação, muitos são os factores que condicionam estes princípios. Destacamos os seguintes:

- o fim ao qual se destina o produto da classificação, tal como: a elaboração de catálogos sistemáticos (impressos ou em linha), índices impressos, organização de bibliografias e repertórios, cujo elemento de ordenação seja um código de uma classificação, ou simplesmente a arrumação dos documentos nas estantes;
- a própria tipologia e suporte dos documentos. Quer isto dizer que, por exemplo, o nível de exaustividade e especificidade que se observa num artigo é superior, comparado com o nível destas duas características quando as consideramos para a classificação de uma monografia. Observa-

[30] *Ibidem.*
[31] MEETHAM, Roger – *Information retrieval.* 1969. P. 98.

-se o mesmo comportamento, relativamente a estas duas características, no que respeita aos documentos escritos e aos documentos não escritos, respectivamente;
- o utilizador e o fundo documental também condicionam este processo. A um utilizador e a um fundo especializados, corresponderá uma maior exactidão, quer na especificidade, quer na exaustividade. A opção entre uma notação mais abreviada ou mais extensa, ou mesmo a escolha de um dado sistema de classificação, estão condicionados *a priori* por estes princípios. A indefinição do perfil do utilizador que hoje se observa, concorre para que se privilegiem todos os assuntos de um documento que possam ter valor informativo. Nesta perspectiva, é cada vez mais ténue a fronteira entre assunto principal e assuntos periféricos, tal como atrás referimos;
- a ocorrência do número de documentos sobre uma determinada matéria também irá influenciar a aplicação destes dois princípios. O nível de especificidade e o de exaustividade serão directamente proporcionais à ocorrência de um assunto num dado fundo documental. A uma ocorrência elevada corresponderá um maior grau de especificidade e exaustividade, e caso ocorra o inverso esta situação será inversa.
Embora esta prática seja comum às duas operações, dada a natureza e os objectivos das linguagens categoriais, estes princípios serão aplicados com um menor grau de pormenor a este tipo de linguagens, quando comparadas com as linguagens vocabulares.

Outras particularidades de ordem técnica poderão também condicionar estes dois princípios. Por exemplo, a dificuldade de um sistema informático em gerir os ficheiros sistemáticos.

d) Simplicidade formal

Dado que um código extraído de uma classificação é considerado um termo de indexação, este deve ser o mais simples possível.[32] De uma forma geral, a literatura sobre classificações apela para a ideia de simplicidade formal[33] relativamente ao emprego das notações.

A brevidade das notações traz, a todos os níveis, as maiores vantagens, nomeadamente no que respeita à recuperação da informação e à localização de uma obra numa estante.

---

[32] Teoria dispersa ao longo da ISO 2788-1986.
[33] Cumpre referir que a ideia de notações breves nem sempre foi considerada. As primeiras classificações caracterizam-se por apresentarem uma estrutura enumerativa e apresentam, também, um alto nível de exaustividade. Todavia, a sua aplicação prática concorreu para que se optasse por notações mais breves.

Uma notação breve e simples é uma parte substancial da garantia da consistência do catálogo sistemático, assim como da inteligibilidade da arrumação física de uma biblioteca.

Uma notação simples é ainda o garante do primeiro e último objectivo de qualquer sistema de classificação – a arrumação física e a arrumação lógica e sistemática do conhecimento.

Para dar cumprimento à simplicidade formal, salvo excepções justificadas, como é o caso de uma elevada ocorrência de um assunto, devem evitar-se notações extensas, como as notações compostas.

Esta teoria aplica-se essencialmente a serviços que usam sistemas de classificações que contemplam auxiliares. O seu uso não pode ser arbitrário e abusivo. Deverá ter-se presente que o recurso a um auxiliar é sinónimo de dispersão de um dado tema relativamente ao seu genérico; o uso aleatório desta prática concorre para o desvirtuar do verdadeiro espírito das classificações – que é o de agrupar.

e) Pertinência e relevância

Estes dois princípios encontram-se relacionados entre si. Prendem-se com o interesse que um documento apresenta para um utilizador. É através deles que se pode avaliar a eficácia de um sistema de recuperação, na medida em que nos permitem determinar o nível de satisfação das necessidades dos utilizadores.[34]

A pertinência consiste na atribuição de um valor a um documento, em função da sua utilidade, relativamente a uma eventual necessidade de informação por parte de um utilizador.

A relevância diz respeito à correspondência que se estabelece entre a informação contida num documento recuperado por um sistema de informação, e uma pergunta colocada ao mesmo sistema, relativamente a uma necessidade de informação por parte de um utilizador.

Para uma concretização satisfatória da pertinência e da relevância, neste contexto particular, é desejável que quando se classifica um documento, se devam seleccionar apenas os conceitos que tenham valor informativo para quem pesquisa e, consequentemente, representá-los através de notações que os traduzam de forma inequívoca, e que se adeqúem às possíveis pesquisas dos utilizadores.

f) Enquadramento temático

O cumprimento deste princípio tem como ponto de partida os dois princípios que acabamos de apresentar. Quer isto dizer que a eleição de um ou mais

---

[34] Esta avaliação determina-se através das taxas de precisão e exaustividade. Ver entre outros autores, LANCASTER, Frederick W. – *El control del vocabulario en la recuperación de la información*. 2002. P. 151-157.

temas de um documento, pressupõe, à partida, a determinação da pertinência e da relevância desse documento face às necessidades de informação desse serviço.

De acordo com este princípio e com o princípio teórico das classificações, um documento deverá ser sempre incluído na respectiva categoria de conhecimento.

g) Síntese

Este princípio relaciona-se com a capacidade que alguns sistemas de classificação (mistos e facetados) têm para especificar os assuntos, nos casos em que tal prática se justifique.

Se traduzir o específico já era uma prática corrente com a Classificação Decimal de Dewey, pelo facto de ser uma classificação decimal e apresentar já alguns auxiliares, foi com a Classificação Decimal Universal, através do recurso às tabelas auxiliares e, mais tarde, com a classificação Colon, que esta prática se consolidou.

Estes dois tipos de classificação, devido à sua natureza e características, trouxeram consigo a possibilidade de representar assuntos compostos e complexos, como iremos observar nos capítulos a elas dedicados.

Com elas ultrapassou-se a unidimensionalidade que era atribuída às classificações enumerativas.

Relativamente à síntese, importa não esquecer que, independentemente de as classificações constituírem sistemas pré-coordenados, não se lhes pode pedir a descrição do conteúdo total de um documento; essa função cabe às linguagens documentais vocabulares, independentemente de serem pré ou pós-coordenadas. As classificações têm a função de representar o genérico, não o pormenor ou o descritivo temático.

h) Coerência e uniformidade

Como em qualquer operação relativa ao tratamento documental, estes princípios deverão marcar presença obrigatória.

No processo de classificar deve impor-se a coerência da aplicação dos mesmos princípios, e da manutenção dos mesmos critérios na escolha para a solução do mesmo caso ou de casos análogos. Em casos de dúvida na aplicação directa dos princípios subjacentes ao uso de uma notação, deverá encontrar-se uma solução análoga que tenha sido aplicada a casos idênticos.

Segundo o princípio teórico subjacente às classificações, cuja função se manifesta em agrupar e não em separar,[35] as notações devem ser simples e breves. A este propósito Foskett, refere o seguinte: *The first quality is simplicity [...] the second quality which is important is brevity.*[36]

---

[35] LASSO DE LA VEGA, Javier – *Tratado de biblioteconomia...* 1956. P. 257.
[36] FOSKETT, A. C. – *The subject approach to information.* 3rd ed. 1997. P. 165-166.

Além disso, e para dar cumprimento à sua vocação, deve atribuir-se a mesma notação aos documentos que versem o mesmo assunto ou assuntos análogos para não provocar dispersão no catálogo.

Para que não se desvirtue este princípio, e dada a flexibilidade dos sistemas de classificação, nomeadamente aqueles que usam tabelas auxiliares como é o caso dos sistemas mistos e facetados, em nome da coerência e da consistência do catálogo, torna-se imperativo o uso dos mesmos critérios de classificação, independentemente dos objectivos da classificação.

Assim, uma vez tomada uma decisão sobre o uso de uma notação, por uma questão de uniformidade, todos os classificadores deverão seguir o mesmo procedimento, face à mesma situação ou situações análogas.

Na representação de um mesmo conceito ou de conceitos análogos não deve usar-se de forma indiscriminada a mesma notação ou, para o mesmo caso ou casos análogos, usar aleatoriamente uma notação extensa e uma notação abreviada. Aplica-se o mesmo raciocínio no que respeita ao recurso aos auxiliares.

A uniformidade é o rosto da qualidade de qualquer tipo de catálogo. No que respeita, em particular, aos catálogos sistemáticos e alfabéticos de assunto, este princípio impõe que se empregue sempre a mesma forma de termo para a representação do mesmo conceito.

Neste sentido, a uniformidade e a coerência são o garante da consistência de qualquer tipo de catálogo, no caso particular do catálogo sistemático.

i) Estabelecimento de relações intra-linguagens e inter-linguagens

A cada dia que passa torna-se mais imperativo estabelecer relações semânticas entre as notações que compõem um catálogo sistemático.

Esta necessidade é imposta pela premência dos catálogos colectivos, nos quais a um assunto poderão corresponder diferentes notações.

Nesta situação preconizamos o uso de relações, nomeadamente das do tipo associativo e, em alguns casos, relações de equivalência, tal como acontece nos catálogos alfabéticos de assuntos.

O estabelecimento das relações de equivalência, concorre, em determinadas situações, para o controlo do catálogo sistemático.

As relações associativas, por um lado enriquecem as pesquisas, na medida em que abrem ao utilizador novos horizontes dentro do mesmo campo semântico, por outro assumem um papel importante no cumprimento da interdisciplinaridade e transversalidade disciplinar. Nesta perspectiva entendemos que o estabelecimento destas relações se assume como uma prioridade nos catálogos em linha.

Parece-nos também que será de grande valia estabelecer relações entre notações e termos vocabulares e vice-versa, construir relações entre linguagens categoriais e vocabulares controladas.

Tal prática concorreria, segundo pensamos, para a eliminação do isolamento e da aversão colectivos a que as classificações estiveram e continuam a estar sujeitas. Para tal situação concorre o facto de elas usarem códigos que foram e continuam a ser considerados cabalísticos para a maioria dos utilizadores e, por isso, são pouco usados nas pesquisas.

Hoje todo este processo está facilitado com os novos meios informáticos. Muitos sistemas informáticos estão programados para que, quando se efectua uma pesquisa por termo vocabular, ele esteja associado automaticamente a um código de classificação. Esta situação apenas é possível graças a tabelas de correspondência neles integradas.

1.1.3 Políticas de classificação e seus condicionalismos

Para se exercer uma boa prática de classificação assente na consistência, e que simultaneamente concorra para resultados satisfatórios em termos de pertinência e de relevância, esta terá de alicerçar-se numa boa política de classificação, na qual os objectivos e os fins que se pretendem atingir estejam apresentados de forma explícita e inequívoca.

Para o conseguir esta deverá traduzir-se num conjunto de medidas coerentes, consistentes e harmoniosas.

Na nossa perspectiva, uma política de classificação deverá contemplar, entre outras, as seguintes medidas:

a) Eleição de um sistema de classificação;
b) Definição dos níveis da exaustividade e especificidade que se pretendem atingir na classificação;
c) Avaliação das potencialidades do sistema informático que se usa no que respeita à gestão do ficheiro sistemático;
d) Formação e actualização técnica do pessoal adstrito à classificação.

Passamos, em seguida, a analisar com a brevidade possível cada um dos pontos acabados de referir.

a) Eleição de um sistema de classificação

A escolha de um sistema de classificação, entre outros aspectos, está relacionada com os objectivos de um serviço, o grau de exaustividade e a especificidade que se pretende atingir com este tipo de linguagem.

Considerando estes pontos, poder-se-á optar por sistemas enumerativos, mistos ou facetados.

De uma forma geral, podemos dizer que se optará por sistemas enumerativos quando se pretende uma classificação genérica e pouco flexível e por sistemas mistos ou facetados quando se pretende uma classificação mais específica e dinâmica.

Independentemente da adopção de qualquer uma destas modalidades, é um facto que se privilegia sempre a síntese, porque classificar é sobretudo uma operação sintética. Por paradoxal que isso pareça, é nas situações em que se classifica partindo de um elevado grau de especificidade, onde está presente o aspecto analítico, que se observa o maior grau de síntese.

Nestas situações recorre-se a notações extensas, conseguidas na generalidade através de elementos de sintaxe postulados nas classificações mistas e facetadas. É através destes expedientes, que mais não são do que elementos lógicos, que se constroem novas unidades conceptuais: assuntos compostos ou complexos.

Segundo Bernaténé,[37] um sistema de classificação deverá, entre outras qualidades, integrar as seguintes: ser claro na sua concepção e na sua apresentação.

Para dar cumprimento a estes princípios, qualquer sistema de classificação deverá, na prática, materializar a sua concepção teórica, assim como cobrir todas as áreas do conhecimento necessárias relativamente a um serviço particular. Deverá ainda ser homogéneo e harmonioso, como poderá depreender-se do texto que apresentamos do referido autor:

- *en premier lieu le plan sera clair dans sa conception;*
- *ce plan devra être complet, et «couvrir» entièrement la technique pour laquelle il a été conçu;*
- *la précision sera également une qualité très appréciée par les utilisateurs, tant pour l'enregistrement et le classement que pour la recherche.*

Para concluir, importa referir que, antes de mais, deve conhecer-se convenientemente um sistema de classificação. Um classificador deve saber identificar as mais-valias e as fragilidades da sua estrutura quando pensa adoptá-la num determinado serviço; da mesma forma, importa saber quais os procedimentos técnicos subjacentes ao seu uso, para que possa rentabilizar-se o mais possível a sua aplicação.

b) Definir os objectivos a nível da exaustividade e especificidade que se deseja obter com a classificação

Geralmente, pede-se a quem classifica que represente o conteúdo de um documento de forma geral, pretensão que vai ao encontro da vocação dos sistemas de classificação – organizar o conhecimento em grandes classes de matérias.

---

[37] BERNATÉNÉ, H. – *Comment concevoir, réaliser et utiliser une documentation.* 1955. P. 31.

Apenas uma classificação na qual se privilegie o geral poderá dar cumprimento a esta pretensão. Neste aspecto particular, concordamos com Meetham, quando refere que: *Clasificación es una brevísima descripción temática del documento.*[38] Este é o procedimento desejável. No entanto na prática nem sempre assim acontece. Há serviços nos quais, por exigências próprias, têm de usar-se notações extensas; o facto de se usarem notações extensas ou abreviadas prende-se com o grau de exaustividade e de especificidade que se encontra definido na política de classificação de cada serviço.

Poderão ainda existir condicionalismos externos ao serviço que podem condicionar o grau destes dois princípios, como o facto de um serviço particular fazer parte de um catálogo colectivo. Nesta situação terá de estabelecer-se uma política concertada de classificação, na qual terão sido estipulados os níveis de exaustividade e de especificidade a seguir por todas as partes que participam no catálogo.

c) Avaliação das potencialidades do sistema informático

Antes de se optar por um sistema de classificação deverão avaliar-se as potencialidades do sistema informático, sobretudo no que respeita à gestão do ficheiro sistemático. Deverá procurar saber-se entre outras funcionalidades, se ele permite fazer operações elementares como o controlo do ficheiro sistemático, a recuperação da informação através de notações compostas e complexas e outras operações como: relacionar semanticamente notações pertencentes à mesma classe e/ou classes diversas e relacionar este tipo de linguagem com a linguagem vocabular.

d) Formação técnica de quem classifica

Quando optamos por um sistema de classificação é indispensável saber se possuímos pessoal com competências para trabalhar com ele.

O uso eficaz de qualquer sistema de classificação depende da formação técnica do pessoal. Qualquer pessoa que trabalhe com um sistema de classificação deverá conhecê-lo na totalidade. Quer isto dizer que, para além de conhecer a sua estrutura, entre outras particularidades, o classificador deve saber como está organizado o conhecimento nas tabelas principais e nas tabelas dos auxiliares, assim como as respectivas classes. Resumindo, conhecer razoavelmente as suas mais-valias e as suas limitações.

As classificações são normalmente acompanhadas por um manual, todavia, ele não é, na maioria dos casos, suficiente para se ter um conhecimento que, em

---

[38] *Apud:* GARCÍA GUTIÉRREZ, Antonio – *Los lenguajes documentales...* 1989. P. 323.

situações mais complexas, se possa classificar com a consistência e a uniformidade desejáveis; nestes casos, é necessário recorrer a outras obras da especialidade e proceder à formação de pessoal especializado.

Além dos conhecimentos técnicos referidos, quem classifica deverá, dentro das suas possibilidades, procurar desenvolver a nível pessoal um espírito analítico-sintético, qualidade chave para quem classifica.

A concretização das recomendações acabadas de enunciar concorrerá inevitavelmente para a eficácia e a eficiência de um serviço que se traduzirá, por um lado numa melhor localização física dos documentos, por outro na pertinência e precisão da pesquisa nos catálogos sistemáticos.

1.1.4 Procedimentos inerentes à operação de classificar e respectivos instrumentos de apoio

Após termos definido os princípios subjacentes ao acto de classificar e determinado a política de classificação e os seus condicionalismos, cumpre-nos, neste ponto, descrever com precisão os procedimentos subjacentes à operação de classificar e apresentar os instrumentos que servem de apoio aos respectivos procedimentos.

O processo de classificar apresenta uma metodologia semelhante ao processo de indexação, dividindo-se, igualmente, em duas fases: análise de conteúdo e representação do mesmo.

Relativamente ao número de fases em que a indexação e a classificação se dividem, ele não é consensual, sobretudo no que se refere à primeira.

Numa revisão bibliográfica sobre este assunto, encontramos autores que propõem para estes processos duas fases, enquanto outros propõem três, e há ainda outros que propõem um número superior, como acontece com Ranganathan, que propõe oito fases.

Entre esta diversidade de critérios optámos por apresentar a metodologia daqueles que postulam para estes processos duas ou três fases.

O critério de escolha prende-se com o facto de o número proposto coincidir, na prática, com as duas operações consideradas: indexação e classificação.

Tal como refere Brown,[39] a indexação e a classificação baseiam-se no conteúdo dos documentos e o seu cumprimento passa pela aplicação de uma metodologia faseada.

Assim, para alguns autores, entre os quais Lancaster,[40] as etapas da indexação por assunto efectuam-se a dois tempos:

---

[39] BROWN, A. G. – *Introduction to subject indexing: a programmed text.* 1976. Vol. 1. P. 26.
[40] LANCASTER, Frederick W. – *Indexação e resumos: teoria e prática.* 1993. P. 8.

a) análise conceptual,

e

b) tradução.

A opinião de Langridge[41] também coincide com a de Lancaster, ao propor duas fases para o processo de indexação/classificação:

> *In such circunstances classifying and indexing are seen as the attempt to link a document with a particular index language, as represented in the following model:*
> *a) Subject analysis*
> *b) Translation into index language*

No geral e na prática, os procedimentos metodológicos subjacentes à classificação assentam em duas grandes fases. Essas etapas coincidem com as que são apresentadas por Lancaster para a indexação.

a) análise do documento e definição do seu conteúdo através da identificação e selecção de conceitos;
b) representação do seu conteúdo através de um signo de um sistema de classificação.

No entanto, outros autores como J. Rowley,[42] Cleveland[43] e a própria Norma ISO 5963[44] determinam três fases para o processo de indexação/classificação, a saber:

J. Rowley divide este processo em:

a) Familiarization;
b) Analysis;
c) Conversion of concepts to index terms.

Cleveland segue esta linha e divide o processo em:

a) Content analysis;
b) Subject determination;
c) Conversion to the indexing language.

---

[41] LANGRIDGE, D. W. – *Subject analysis: principles and procedures.* 1989. P. 98.
[42] ROWLEY, Jennifer E. – *Abstracting and indexing.* 1982. P. 45-46.
[43] CLEVELAND, Donald B; CLEVELAND, Ana D. – *Introduction to indexing and abstracting.* 2nd ed. 1990. P. 104--112.
[44] ISO 5963-1985. P. 576.

A Norma ISO 5963-1985 (F) no ponto 4.3[45] divide-o nas seguintes fases:

a) *Examen du document et définitions de son contenu;*
b) *Identification et sélection des notions principales du contenu;*
c) *Choix des termes d'indexation.*

Em relação ao processo de classificação, circunscrevendo-o ao contexto prático, iremos observar estas três fases, mas com procedimentos diferentes, a saber:

1 Análise de conteúdo

Relativamente à natureza da análise de conteúdo, Langridge[46] entende o seguinte: *Subject analysis, then, is based on philosophy and the nature of documents. It is concerned with identifying individual subjects, their parts, and the relationships between those parts.*

A análise de conteúdo é composta por duas fases que têm objectivos e procedimentos metodológicos próprios: apreensão global do conteúdo do documento e identificação e selecção de conceitos.

Interessa referir que a qualidade deste processo não assenta apenas nos conhecimentos técnicos de quem o faz, nomeadamente no conhecimento de técnicas de leitura. A sua optimização pressupõe por parte do classificador conhecimentos mínimos da matéria a classificar. Assim, esta operação será tão menos morosa e com resultados mais precisos quanto maiores forem os conhecimentos e a sensibilidade sobre a matéria por parte de quem os classifica.

É neste ponto que reside a diferença entre a análise humana e aquela que é feita por um computador, o qual se limita a reconhecer os termos através de procedimentos objectivos como é o caso de frequentemente recorrer a algoritmos. Técnicas como a frequência ou a adjacência são usadas muitas vezes na sua identificação.

a) Apreensão global do conteúdo do documento

De uma forma geral, podemos dizer que este ponto se cumpre através de um processo de análise conceptual. Primeiro determina-se o assunto principal do documento, que irá corresponder à classe principal; segue-se depois a determinação dos assuntos secundários, que se encontram relacionados com o primeiro e, aos quais, em geral, irão corresponder os auxiliares.

---

[45] ISO 5963-1985. P. 576.
[46] LANGRIDGE, D. W. – *Subject analysis: principles and procedures.* 1989. P. 100.

CLASSIFICAR E INDEXAR

Importa ter presente, desde logo, que classificar consiste em atribuir um código a um documento, que traduz um assunto, código esse que, por sua vez, se integra numa classe de matérias dentro de um sistema de classificação.

O grande objectivo deste processo é integrar cada documento na estrutura epistemológica de um sistema de classificação, por forma a construir esquemas sistemáticos do conhecimento. A sua função expressa-se na eficiente localização dos documentos por parte de quem pesquisa. Esta função marcará, desde logo, todo o processo de análise.

Através de uma leitura dos principais elementos estruturantes do documento procede-se à *apreensão global do conteúdo do documento*.

Esta leitura deverá incidir sobre determinados pontos do documento como o título,[47] o sumário, o resumo, a descrição do tema e o autor que se encontram nas badanas e na capa do documento, a introdução, conclusões, índice, anexos e bibliografia. Geralmente os elementos extraídos desta leitura são suficientes para situar o conteúdo do documento numa classe principal ou subclasse de uma classificação.

Nos serviços em que se utiliza um sistema de classificação apenas para arrumação das obras nas estantes, a apreensão global do conteúdo do documento, na maioria dos casos, será suficiente para atribuição de uma notação abreviada. Esta situação também pode ocorrer em serviços que pretendam uma classificação apenas de referência, como acontece em algumas bibliotecas públicas e gerais.

Nestes casos, poderá optar-se por um sistema de classificação enumerativo.

Nesta fase, como instrumentos de apoio, poderemos recorrer a obras de referência gerais e especializadas, tal como enciclopédias, dicionários, catálogos, repertórios, etc., e a todo o tipo de informação, independentemente da sua tipologia ou suporte, que entendamos oportuna para a resolução de eventuais dúvidas.

b) Identificação e selecção de conceitos

Se existem serviços para os quais é suficiente uma apreensão global do conteúdo do documento para responderem aos seus propósitos relativamente à classificação, outros há, porém, para os quais essa prática não é suficiente: é o caso dos serviços especializados.

Nestes serviços, encontram-se geralmente documentos cujos assuntos não podem ser representados por uma notação simples devido às exigências dos uti-

---

[47] Nunca devemos classificar apenas pelo título. Se nos casos relativos ao campo científico-técnico geralmente há correspondência entre o título e o conteúdo, o mesmo não se aplica relativamente ao campo das artes e das humanidades.

lizadores. Nestes casos o classificador terá de sacrificar o princípio da simplicidade formal em prol da especificidade.

A especificidade e a precisão dos conceitos a representar exigem uma atitude face à análise por parte do classificador, diferente daquela que se observa quando a classificação se destina a bibliotecas gerais ou apenas à arrumação.

À apreensão global do conteúdo do documento vem juntar-se a análise conceptual, operação que requer do classificador uma maior concentração e conhecimento das matérias que irá classificar, para uma melhor compreensão das mesmas.

Segundo Lancaster: [...] *o indexador deve ter algum conhecimento do conteúdo temático tratado e entender a sua terminologia, embora não precise de ser especialista no assunto.*[48]

Ainda de acordo com o mesmo autor, o não conhecimento da matéria poderá concorrer para uma indexação excessiva. O que acontece a este nível a quem indexa é, naturalmente, o que poderá ocorrer a quem classifica.

Esta fase pressupõe uma elevada capacidade de análise e de síntese do classificador. A capacidade de análise é imprescindível para identificar os conceitos principais e secundários dos documentos. A capacidade de síntese é fundamental para seleccionar, entre os inúmeros conceitos extraídos, aqueles que têm um valor informativo efectivo, e aqueles que têm um valor informativo potencial.

Para se responder a questões colocadas pela interdisciplinaridade, aconselha-se tanto a selecção dos assuntos principais como dos periféricos, como já referimos em outros pontos.

Esta operação baseia-se numa leitura analítica, na qual não são apenas consideradas as partes estruturantes da obra em questão. Também terá de ser considerada a leitura de inícios de parágrafos de capítulos e atender às gravuras e respectivas legendas. Terá de atender-se à própria bibliografia para enquadrar o assunto, aos anexos e material acompanhante, e, se for o caso, fazer mesmo uma leitura em diagonal.

Quando se trata de artigos, um tipo de documentos caracterizado por um elevado nível de especificidade, como garante da precisão da análise recomenda-se que se faça uma leitura integral e, se possível, que a análise seja feita ou acompanhada por especialistas da matéria.

Como instrumentos de apoio recorremos aos que foram referidos no ponto anterior e à Norma ISO 5963. Não apresentando, na nossa perspectiva, qualquer procedimento metodológico objectivo, a Norma tem a vantagem de apresentar um conjunto de pontos orientadores para a análise. Estas orientações metodo-

---

[48] LANCASTER, Frederick W. – *Indexação e resumos: teoria e prática*. 1993. P. 80.

lógicas conformam-se, nos pontos 4, 5, 6 da ISO 5963-1985 (F). Eles contribuem para a uniformidade da análise, quer seja no mesmo serviço ou numa rede de unidades de informação.

Outro instrumento a considerar nesta fase é a grelha de identificação de conceitos, também designada por grelha de análise. Segundo a ISO 5963-1985 (F), esta grelha é constituída por um conjunto de questões que serão colocadas às matérias que são objecto de análise. Tem como objectivo possibilitar um melhor reconhecimento dos conceitos.

Esta grelha, de facto, assume-se como um instrumento precioso para o reconhecimento de conceitos, sobretudo quando não se dominam as matérias. Além disso, contribui também para a uniformidade e consistência da análise.

A concepção destas grelhas não constitui uma novidade. Elas não são mais do que a adopção, a outro nível, do esquema da análise por facetas de Ranganathan.

Segundo este autor, toda a análise de um documento deveria estar sujeita a este esquema que se traduz em cinco categorias, vulgarmente conhecido pelo acrónico PMEST.[49]

Na sua essência, todos os assuntos deveriam ser analisados sob estas cinco perspectivas. As facetas têm como função ajudar o classificador a "desconstruir" os assuntos no processo de análise.

Apesar das classificações facetadas e dos tesauros facetados terem como função principal a representação e a recuperação da informação, são também, nesta medida, instrumentos de apoio à análise.

A eficácia das classificações facetadas num processo de análise será tanto maior quanto maior for o domínio da matéria a classificar por parte do classificador.

2 Representação dos conceitos

A representação dos conceitos é o último procedimento metodológico relativamente ao processo de classificação. Consiste essencialmente em duas fases:

a) localização no índice das notações relativas aos assuntos a classificar e respectiva conferência nas tabelas;
b) construção das notações.

Em relação à alínea a), após a apreensão global do conteúdo do documento e da identificação e selecção dos conceitos, com a ajuda do índice, irão localizar-se os assuntos nas respectivas classes.

---

[49] Ver desenvolvimento mais pormenorizado, no ponto relativo à *Classificação Colon*, (capítulo V).

Como o índice é apenas um instrumento de carácter orientador, de seguida deverá verificar-se nas tabelas respectivas se as notações extraídas do índice coincidem com estas. Esta comparação permitirá ter a certeza de que o número apresentado no índice corresponde ao número que consta nas tabelas.

Um classificador nunca deverá registar um número extraído de um índice sem antes o ter conferido na respectiva tabela. A não observância deste procedimento poderá causar graves erros, que concorrerão inevitavelmente para a inconsistência do catálogo. Nunca deve esquecer-se que a função de um índice é a de orientar.

Depois desta operação, caso não sejam usadas classificações mistas ou facetadas, considerar-se-á a notação daquele assunto extraída da tabela respectiva para fins classificatórios, e o processo de classificação ficará concluído.

No que respeita à alínea b), após a respectiva correspondência entre a notação extraída do índice e a registada na tabela de classificação, em determinados casos, é necessário construir a notação.

Esta alínea aplica-se apenas nos casos em que se usam classificações mistas ou facetadas, pois somente estas classificações, dada a sua natureza e a sua estrutura, possibilitam a síntese.

Através desta possibilidade podem representar-se assuntos compostos e complexos. Na prática, a construção da notação consiste em relacionar índices. Estas notações podem ser construídas através de um processo de justaposição, como no caso de uma notação principal e de um auxiliar, ou através de um processo de relação para o qual se recorre a sinais. Estes sinais encontram-se registados nas Tabelas auxiliares que compõem alguns sistemas de classificação, em especial as classificações mistas e facetadas.

Para concluirmos este ponto, dado o interesse que a teoria da classificação de Ranganathan assumiu na história das classificações bibliográficas, entendemos registar um breve apontamento sobre a perspectiva deste autor relativamente ao processo de classificar.

Neste sentido, deve ser referido que as fases, através das quais se estrutura o processo de classificar, correspondem em número, às apresentadas por Ranganathan.[50] A diferença entre as fases "convencionadas" e as apresentadas por este autor reside no facto de uma delas se situar no plano conceptual e duas se situarem no plano formal, situação distinta da que postula a ISO 5963, no ponto 4.[51]

Este autor apresentou um esquema tripartido do processo de classificar cujas fases designou por: *idea plane*, *verbal plane* e *notational plane*.

---

[50] RANGANATHAN, S. R. – *Prolegomena to library classification*. 3rd ed. 2006. P. 327-328.
[51] ISO 5963-1985. P. 576.

Esta nova abordagem do processo de classificar veio contra à ideia clássica e institucionalizada, que reduzia o acto de classificar a duas fases.

Esta situação decorria do facto de os assuntos serem perspectivados apenas numa dimensão. Antes de Ranganathan usavam-se geralmente classificações enumerativas e hierárquicas, tal como afirma Esteban Navarro, quando se refere a esta nova abordagem.

> *Esta presentación de la actividad clasificatoria se funda en una crítica previa de la forma de representar el conocimiento consistente en la identificación del tema de un documento con una materia unidimensional extraída de un sistema de clasificación jerárquico.*[52]

Passamos, de seguida, a uma breve análise de cada uma das fases propostas por Ranganathan.

a) Plano conceptual [*idea plane*]

Nesta primeira fase cumpre ao classificador fazer a análise de conteúdo, interiorizando-o e verbalizando-o por palavras suas.

No final desta primeira fase, o classificador deverá ter extraído do documento as ideias principais e as secundárias e ainda através de um processo mental, estabelecer as relações entre elas.

Esta fase concretiza-se no plano conceptual.

b) Plano verbal [*verbal plane*]

Ao contrário da primeira, esta fase já se desenvolve no plano formal. Corresponde à representação dos conceitos através de uma notação.

O classificador observa no índice e nas tabelas respectivas se as notações correspondem aos conceitos extraídos no processo de análise.

c) Plano da notação [*notational plane*]

Tal como a segunda fase, esta corresponde ao plano formal. Nela o classificador constrói a notação que irá representar o tema.

Note-se que esta fase apenas se verificará, no caso de se usar em sistemas de classificações mistas ou facetadas. Esta situação deve-se ao facto de apenas este tipo de classificações permitir a construção de notações, devido à circunstância de possuírem um conjunto de elementos de sintaxe que permite a construção de notações. Devido à sua estrutura, esta terceira fase é subtraída às classificações enumerativas.

---

[52] ESTEBAN NAVARRO, Miguel Ángel – *Fundamentos epistemológicos de la clasificación documental.* (1995) 97.

1.1.5 Ficheiros de autoridade sistemáticos

Os ficheiros de autoridade, como a própria designação refere, são constituídos por registos de autoridade. Os registos de autoridade propriamente ditos[53] são constituídos pela informação relativa a um encabeçamento autorizado, e, no caso de um ficheiro de autoridade sistemático, são as notações e as referências que lhes estão associadas.

A função destes ficheiros é normalizar os pontos de acesso. Esta normalização efectua-se através do controlo das notações recorrendo-se, para tal, a remissivas que reenviam das formas preteridas para as eleitas,[54] e em algumas situações recorre-se, também, a notas explicativas.

Neste sentido, o ficheiro de autoridade assume particular importância em relação ao cumprimento dos princípios da uniformidade e da consistência relativamente ao catálogo sistemático, constituindo-se, assim, como garante destes dois princípios.

Ao garantir a uniformidade do catálogo sistemático exclui-se a subjectividade deste processo que, muitas vezes, resulta da adopção de uma ou outra notação escolhida de forma aleatória no mesmo sistema de classificação ou em sistemas de classificação diversos. Este uso indiscriminado que exclui, por si, a objectividade desejável a qualquer tipo de catálogo, muitas vezes é justificado por quem o pratica como sendo a única forma de responder a casos particulares de um determinado serviço. Neste sentido concordamos com Moreno Fernández e Borgoños Martínez quando afirmam:

> [...] *Pero desgraciadamente, en la mayoría de las ocasiones, es el propio centro el que decide cuáles son sus encabezamientos aceptados, espigando los conceptos y los términos que los representan de aquí y de allá, en función de unas supuestas necesidades peculiares.*[55]

Apenas a correcta gestão do ficheiro de autoridade sistemático permitirá resultados de pesquisas pertinentes, concorrendo esta prática para a diminuição do ruído e do silêncio.

Dado o exposto, preconiza-se que antes de ser registada uma notação, seja imprescindível a consulta aos respectivos ficheiros de autoridade.

---

[53] Existem dois tipos de registos de autoridade: os registos de autoridade propriamente ditos que estão associados aos profissionais, comuns, e os registos de referência destinados aos utilizadores. *Ver*: CARO CASTRO, Carmen – *El acceso por materias en catálogos en línea*. 2005. P. 67-77.

[54] No caso de um ficheiro de autoridade de assuntos recorrer-se-á também a outro tipo de remissivas.

[55] MORENO FERNÁNDEZ, Luis Miguel; BORGOÑÓS MARTÍNEZ, María Dolores – *Teoría y práctica de la Clasificación Decimal Universal*. 1999. P. 288.

A sua consulta apresenta as seguintes vantagens:

- possibilita atribuir a mesma notação a obras sobre o mesmo assunto ou assuntos idênticos;
- permite uma economia de tempo, que resulta do facto dos registos de autoridade se poderem ligar aos bibliográficos, possibilitando, no caso da notação já existir, não a tornar a editar;
- estabelece a uniformidade, a consistência e a objectividade do catálogo sistemático.

Outra mais-valia prende-se com a correcção automática das notações. No caso de erro, aquando da sua introdução, o sistema alertará para situações que considere anómalas. O mesmo poderá ocorrer em relação à introdução de novas notações.

No caso da introdução de um assunto igual ou idêntico, o sistema, através do ficheiro de autoridade, poderá propor uma notação usada em situações já ocorridas. Como foi validada da primeira vez que foi introduzida, passou a ser um termo autorizado, pelo que passou a ser autoridade para futuras aplicações.[56] A utilização deste procedimento concorrerá para o cumprimento do princípio da analogia.

A existência de um ficheiro de autoridade e a sua consulta sistemática contribui ainda para a constituição de uma unidade temática que permite agrupar os assuntos em classes.

Quanto à sua composição, ela deverá ser exaustiva, e neste sentido deverá integrar notações simples, compostas e complexas. O facto de integrar todo o tipo de notações concorre para a possibilidade de se poder determinar o grau de especificidade e exaustividade usado na classificação.

Como refere McIlwaine,[57] qualquer ficheiro de autoridade sistemático deverá permitir a sua consulta, tanto por notação, como por termos vocabulares, para que possa observar-se a correspondência entre uns e outros, com o fim de se construir a uniformidade.

Entendemos ser este o melhor método, para se obter a correspondência efectiva entre os dois tipos de linguagem, que resultará em última análise, na coerência e consistência do catálogo.

Após a abordagem do conceito Classificar, passamos, no ponto seguinte, à abordagem do conceito Indexação.

---

[56] MCILWAINE, I. C. – *Guia para el uso de la CDU*. 2003. P. 257-258.
[57] *Ibidem*.

1.2 Indexar

Considerando os pontos de semelhança entre as operações: *Classificar* e *Indexar*, parece-nos oportuno apresentar uma reflexão crítica sobre os pontos de afinidade e de divergência entre estas duas operações. Para tal opção contribui o facto de a sua interpretação, em muitos casos, se apresentar ambígua e pouco pacífica.

Neste sentido parece-nos importante e conveniente referir as relações que existem entre os citados processos, na medida em que partem do mesmo objecto – conteúdo dos documentos e perseguem o mesmo objectivo geral – representar e recuperar a informação.

Importa ainda referir que as duas operações apresentam, entre outras características comuns, o facto de serem um processo intelectual, na medida em que todo ele (análise e representação) assenta em operações mentais que recorrem a processos cognitivos e lógicos.

Neste sentido, e com o intuito de contribuir para um maior esclarecimento sobre este tema, passamos de seguida a expor e analisar estes dois processos partindo de duas coordenadas: convergência e divergência. Eles irão ser observados e comentados a partir dos seguintes pontos: objecto, objectivos e os procedimentos metodológicos que caracterizam cada um dos processos.

Concluiremos este ponto, referindo a complementaridade entre os referidos processos, salientando, essencialmente, a sua vantagem.

1.2.1 Indexar [Definição e considerações gerais]

Iniciamos a abordagem deste ponto com duas interrogações:

– *Classificar* é o mesmo que indexar, constituindo deste modo duas leituras para o mesmo conceito?
– Constituem estas duas operações uma alternativa a si mesmas? Ou uma complementaridade?

Para responder as estas questões interessa definir o processo de *Indexar*.

A Norma ISO 5963,[58] no ponto 4, apresenta a seguinte definição em relação ao referodo processo:

> *L'indexation ne concerne pas la description d'un document en tant qu'entité physique [...] Lors de l'indexation, on extrait les notions des documents par un processus d'analyse intellectuelle, puis on les transcrit à l'aide d'éléments du langage d'indexation. L'analyse et la transcription doivent toutes deux être faites avec l'aide d'outils d'indexation tells*

---

[58] ISO 5963-1985. P. 576.

que thesaurus et plans de classement. L'indexation se decompose [...] en trois étapes qui ont tendance à se chevaucher dans la pratique:

a) examen du documente et définition de son contenu;
b) identification et séléction des notions principales du contenu;
c) choix des termes d'indexation.

A ilação a extrair desta definição é aquela que se prende com a sua própria natureza. *Indexar* é, antes de mais, um *processo intelectual* que se traduz na análise e representação dos conceitos extraídos de um documento.

Partindo desta definição e completando-a com as definições que foram apresentadas dos conceitos: *Classificar* e *Classificação*, passamos a expressar as seguintes considerações.

Assim, no que respeita à primeira questão encontramos duas correntes de opinião distintas.

Por um lado, existe a ideia generalizada que os dois processos (*Indexar* e *Classificar*) são operações diferentes. Esta afirmação é sustentada, particularmente, no facto de ambas utilizarem linguagens documentais de distinta natureza para representarem os conteúdos dos documentos.

Os argumentos invocados para defender esta teoria assentam, fundamentalmente, no plano formal e imediato – nas distintas linguagens que usam para representar os conceitos, como já referimos. Na nossa perspectiva este argumento apresenta-se redutor.

Os estudiosos que defendem esta ideia, geralmente reduzem as diferenças ao tipo de linguagem que usam para representarem os conceitos, facto que constitui, na nossa perspectiva, por si só, argumento pouco significativo e pouco consistente para ser considerado fundamento de distinção entre os dois processos.

Por outro lado, existe a ideia de que as duas operações são muito idênticas. Os argumentos sob os quais assenta esta perspectiva têm a ver sobretudo com os princípios teóricos que subjazem a ambas. Acrescem ainda, para fundamentar esta perspectiva, os procedimentos metodológicos inerentes às duas operações.

Entre os estudiosos que partilham esta opinião de que os dois processos são idênticos, destaca-se Lancaster.[59]

No nosso ponto de vista, as duas operações, entendidas numa concepção geral, apresentam pontos convergentes no que respeita ao *objecto*, aos *objectivos* e à *metodologia*. Contudo, quando perspectivadas sob uma concepção específica, relativamente aos *objectivos* e aos *procedimentos*, elas apresentam divergências.

---

[59] LANCASTER, Frederick W. – *Indexação e resumos: teoria e prática*. 1993, p. 15-17.

CLASSIFICAÇÕES BIBLIOGRÁFICAS: PERCURSO DE UMA TEORIA

Pontos de convergência e pontos de divergência [Objecto, objectivos e procedimentos metodológicos]

O assunto que passamos a analisar será considerado à luz de três pontos: *objecto, objectivos* e *procedimentos metodológicos*.

1.2.1.1 Objecto

No que respeita a este ponto, ele coincide na íntegra nas duas operações. Ambas analisam o conteúdo dos documentos, independentemente da tipologia ou do seu suporte físico.

As duas operações privilegiam o conteúdo intelectual do documento, em detrimento dos aspectos formais.

1.2.1.2 Objectivos

Relativamente aos objectivos, para um melhor entendimento iremos analisá-los sob duas perspectivas: *objectivos gerais* e *objectivos específicos*.

Objectivos gerais

Em relação aos objectivos gerais nestes dois processos (*Indexar* e *Classificar*) eles coincidem, na medida em que a representação e a recuperação se constituem como objectivo principal dos referidos processos. Para dar cumprimento a este objectivo, as duas operações sustentam-se em linguagens documentais.

Clasificación e indización tienen en común pertenecer a los sistemas de los lenguajes documentales, que intervienen en el procesamiento efectuado para el análisis de contenido y que producen puntos de entrada o acceso al contenido de los documentos.[60]

É através das linguagens documentais que estas operações concretizam o objectivo principal, pois também elas visam o mesmo intento: representar o conteúdo dos documentos, dando forma aos conceitos, através de termos de indexação, os quais irão ser usados no processo de recuperação da informação. Neste sentido, Courrier refere que este é o grande objectivo das linguagens documentais, independentemente da sua tipologia – representar com o fim de recuperar. A este propósito este autor profere o seguinte: *Un langage documentaire peut être défini comme un langage artificiel qui permet de générer la représentation formalisée des*

---

[60] MOREIRO GONZÁLEZ, José Antonio – *El contenido de los documentos textuales: su análisis y representación mediante el lenguaje natural.* 2004. P. 209.

documents et des questions intéressant un groupe d'usagers, afin de repérer les documents qui répondent aux questions.[61]

É esta dimensão cognitiva que, na prática, se traduz na transferência do conhecimento de um documento para o utilizador, que leva a considerar as linguagens de indexação como metalinguagens. Neste contexto, e segundo Coyaud, as linguagens documentais: [...] *son metalenguajes o emanaciones de ciertos lenguajes naturales, destinados a facilitar la comunicación entre los usuarios de centros de documentación y los documentalistas* [...].[62]

De acordo com esta perspectiva encontra-se Blanca Gil, ao afirmar o seguinte:

> *El lenguaje documental es, por tanto, un lenguaje intermediario o metalenguaje en la medida en que sirve de puente entre las informaciones contenidas en los documentos y las informaciones solicitadas en los procesos de recuperación de información.*[63]

Com base nas citações dos autores mencionados, podemos concluir que os processos de *Indexar* e de *Classificar*, através das suas linguagens, assumem-se como vínculos primordiais, ao efectuarem a ponte entre o documento e o utilizador, assumindo, neste sentido, um papel intermediário.

Objectivos específicos

As duas operações apresentam os seguintes objectivos específicos, que na nossa perspectiva, lhes são conferidos pelas duas razões que passamos a expor:

a) pela sua própria natureza;
b) pela estrutura intrínseca de cada uma das linguagens.

Estas duas razões concorrem para que se represente e se aceda à informação por assunto de forma diversa, nomeadamente no que respeita ao grau de especificidade e ao grau de generalidade.

a) A própria *natureza* das classificações, linguagens codificadas que se caracterizam por possuir uma estrutura assente em grandes classes epistemológicas, nas quais se encontra distribuído o conhecimento, representam os assuntos de uma forma genérica. Ao agruparem o conhecimento em grandes sistemas epistemológicos proporcionam, deste modo, a localização dos documentos que tra-

---

[61] COURRIER, Yves – *Analyse et langage documentaires.* (1976) 179.
[62] Cf. PINTO MOLINA, María – *Análisis documental: fundamentos y procedimientos.* 1993. P. 213.
[63] GIL URDICIAIN, Blanca – *Lenguajes documentales.* 1996. P. 21-22.

tam da mesma matéria, ou matérias afins, seja no catálogo sistemático, seja nas estantes.

Neste sentido, podemos concluir que ao processo de *Classificar* subjaz como objectivo particular – organizar em grandes classes o conhecimento, embora dentro destas se possa descer à especificidade se uma situação assim o exigir. Esta organização manifesta-se em duas dimensões:

- a arrumação da informação em catálogos sistemáticos;
- a arrumação dos documentos em estantes.

Como já referimos, é desejável que estas duas dimensões permitam o acesso à informação pelo genérico, de forma a respeitar a natureza e a vocação da própria linguagem categorial.

Por seu lado, a própria natureza das linguagens vocabulares, tipo de linguagem que dá expressão ao processo de *Indexar*, caracteriza-se, especialmente, por usar termos vocabulares. A essência dos seus próprios termos faz com que esta linguagem privilegie o analítico e, assim, concorra para pesquisas que se singularizam pelo específico.

b) Acresce o facto, de geralmente, as linguagens vocabulares apresentarem uma estrutura caracterizada por uma teia de relações semânticas que lhes permite, não apenas controlar os termos, como também estabelecer relações de hierarquia e associação entre estes. Estas relações assumem-se como referências de orientação numa pesquisa, quando se privilegia o específico.

É o conjunto destas características que permite às linguagens vocabulares cumprir o seu objectivo particular – aceder aos assuntos sob uma forma específica.

No que respeita às linguagens categoriais, estas apresentam uma estrutura, como iremos observar no ponto respectivo (Capítulo IV), que privilegia, de uma forma geral, a organização dos assuntos pelo genérico.

O exposto leva-nos a concluir, numa primeira leitura que, por um lado, para se obterem resultados genéricos deve privilegiar-se uma linguagem categorial, por outro, para se obterem resultados específicos e precisos, deve usar-se uma linguagem vocabular, na medida em que uma potencia o sintético, e a outra o analítico, respectivamente.

1.2.1.3 Procedimentos metodológicos

Embora o seu desenvolvimento seja efectuado em níveis diversos, de uma forma geral podemos dizer que às duas operações subjazem procedimentos metodológicos análogos, seja na teoria, seja na prática.

CLASSIFICAR E INDEXAR

As diferenças que se encontram resultam, naturalmente, do facto de cada uma das operações apresentar objectivos específicos diferentes.

Deste modo, o processo de análise no qual assenta o processo de *Indexar*, assume um nível de exaustividade e de especificidade superior ao levado a cabo no processo de *Classificar*.

A observação de tal prática, prende-se pelo facto de a primeira estar orientada, como já referimos, para pesquisas nas quais se privilegia o analítico, situação que concorre para que neste processo se tenha de extrair conceitos específicos.

Por seu lado, o acto de *Classificar,* como está vocacionado para responder a pesquisas genéricas, deverá privilegiar as matérias principais, pois o que se pretende é reunir, sob uma mesma notação, o maior número de documentos que abordem um determinado assunto ou assuntos afins.

Na fase de análise as duas operações recorrem, de uma forma geral, aos mesmos instrumentos de apoio.

Relativamente à fase da representação, numa perspectiva teórica nada diverge, pois ambas usam linguagens documentais para expressarem o conteúdo dos documentos. No entanto, e como já observamos, o tipo de linguagem que cada uma utiliza é de natureza diversa, quer a nível de estrutura, quer a nível de função específica.

Dependendo da natureza dos resultados, estes serão armazenados em catálogos de diferentes características e objectivos.

Assim, do processo de *Indexar* resultarão os pontos de acesso que irão constituir os *Catálogos alfabéticos de assunto*, do processo de *Classificar* resultarão os pontos de acesso que irão constituir os *Catálogos sistemáticos*.

Das características, funções e da sua complementaridade ocupar-nos-emos, de uma forma breve, no item que se segue.

1.2.1.4 Catálogo alfabético de assuntos e Catálogo sistemático [características e funções]

Antes de referirmos as características e sobretudo a função dos catálogos considerados, importa identificar de forma inequívoca os elementos que os particularizam, por um lado um em relação ao outro, por outro os dois em relação aos demais catálogos.

Catálogos [Definição de considerações gerais]

A elaboração de qualquer tipo de catálogo assenta na selecção dos elementos de um dado documento, feita com base em critérios bem definidos *a priori*, e cuja elaboração foi estabelecida a partir dos objectivos que se pretendem obter do catálogo considerado.

É neste sentido que se entende a definição de catálogo, apresentada por Cutter. *Catalog, a list of books which is arranged on some definite plan.*[64]

O resultado da selecção desses elementos é que irá individualizar um catálogo em relação a outros, e em simultâneo, integrá-lo numa tipologia de catálogos.

Esses elementos, como refere Anabela Lapa,[65] depois de ordenados segundo uma ordem pré-estabelecida, irão constituir pontos de acesso a um determinado aspecto particular de um documento, sendo que os pontos de acesso estão relacionados intrinsecamente com os objectivos do catálogo.

Quem primeiro definiu os objectivos do catálogo formalmente foi Cutter.[66] Este autor enunciou-os do seguinte modo:

> *1 – To enable a person to find a book of which either*
> *(A) the autor*
> *(B) the title is known*
> *(C) the subject*
> *2 – To show what the library has*
> *(D) by a given autor*
> *(E) on a given subject*
> *(F) in a given kind of literature*
> *3 – To assist in the choice of a book*
> *(G) as to its edition (bibliographically).*
> *(H) as to its character (literary or topical).*

As regras enunciadas por Cutter serviram de base, mais tarde, na formulação dos objectivos do Catálogo de Autores e Títulos na Conferência de Paris realizada em 1961, pela IFLA.[67]

No sentido de dar cumprimento a estes objectivos, Cutter apresentou uma tipologia de catálogos;[68] dessa tipologia, e por critérios que se prendem com este trabalho, expomos os relacionados com os catálogos de assuntos, a saber:

> *Subject catalog – A catalog of subjects, whether arranged in classes or alphabeted by names of subjects.*

---

[64] CUTTER, Charles A. – *Rules for a Dictionary Catalog.* 4the. Ed. 1962. P. 15.

[65] LAPA, Anabela Lemos Silva – *As funções do catálogo de autores e títulos.* 1990. P. 6.

[66] CUTTER, Charles A. – *Rules for a Dictionary Catalog.* 4the. ed. 1962. P. 12.

[67] Ver: *Exposé des principes adopté par la Conférence internationale sur les principes de catalogage, Paris, 1961.* 1966. P. 12.

[68] CUTTER, Charles A. – *Rules for a Dictionary Catalog.* 4th ed. 1962. P. 15-18.

CLASSIFICAR E INDEXAR

Dentro da categoria de catálogos de assuntos, Cutter definiu a seguinte tipologia:

Alphabetic subject catalog – a catalog arranged alphabetically by subject heads, usually without subdivisions.

Alphabetico-classed catalog – an alphabetic subject catalog in which the subjects are grouped in broad classes with numerous alphabetic subdivisions. It may also include author and titles entries in the same alphabet.

Classed catalogs – are made by class-entry, whether the classes so formed are arranged logically as in the Systematic kind or alphabetically as in the Alphabetico-classed.

Embora sujeitos a algumas alterações, estes três tipos de catálogos mantêm-se actualmente *on line*, com características e funções idênticas às postuladas por Cutter.

Dos três tipos de catálogos, o *Catálogo classificado alfabético* foi aquele que perdeu sentido, sobretudo com a emergência das novas tecnologias, na medida em que estas vieram permitir que o utilizador se familiarizasse com as classificações. Este catálogo era geralmente usado em bibliotecas que não possuíam um *Catálogo sistemático*; nestas bibliotecas, na maioria dos casos, indexava-se pelo genérico, o que permitia reunir num *Catálogo alfabético* os assuntos em grandes classes.

Por exemplo: obras sobre pessoas individuais, em vez de entrarem num catálogo pelo seu nome, entravam sob a epígrafe – Biografias.

Passamos agora a definir, caracterizar e apresentar as funções do *Catálogo alfabético de assuntos* e do *Catálogo sistemático*.

1.2.1.4.1 Catálogo alfabético de assuntos [Definição, características e função]

Foskett[69] define Catálogo alfabético de assuntos do seguinte modo: *The alphabetical subject catalog contains subject entries and cross-references arranged alphabetically in one sequence.*

O Catálogo alfabético de assuntos é um catálogo cujo elemento de ordenação é um termo vocabular; cumpre a este termo representar o respectivo assunto.

O facto de ser constituído por vocábulos, possibilita-lhe representar conceitos com um alto nível de especificidade de uma forma tão precisa como se se tratasse de conceitos gerais.[70] Esta característica vai definir a sua função – permitir uma pesquisa precisa e específica, como já referimos anteriormente.

---

[69] FOSKETT, A. C. – *The subject approach to information.* 3rd. ed. 1977. P. 247.

[70] As linguagens categoriais também permitem representar conceitos com um grande grau de especificidade; no entanto, teremos de recorrer a notações muito extensas, que têm o inconveniente de serem pouco inteligíveis e de difícil memorização; pelas razões apresentadas não é desejável que se utilize esta prática.

O uso de instrumentos de linguagens vocabulares controladas na representação dos conceitos, assim como na recuperação da informação, permite resultados na pesquisa com um nível significativo de pertinência.

O conjunto de relações semânticas que se estabelecem entre os termos que compõem este tipo de catálogo concorre para a uniformidade e consistência do mesmo, o que contribuirá indubitavelmente para uma maior eficácia na pesquisa.

Devido à sua natureza e às suas características, recomenda-se ao utilizador que apenas deverá recorrer a este tipo de catálogo para pesquisar em situações em que sabe exactamente o que pretende. Para tal procedimento concorre o facto de os assuntos se encontrarem representados sob uma forma analítica, sendo estes, por um lado, resultado de uma análise pormenorizada, e por outro serem objecto, no que respeita à sua representação, de uma linguagem vocabular.

1.2.1.4.2 Catálogo sistemático [Definição, características e função]

Foskett define, ainda, *Catálogo classificado* como: *Systematic arrangement brings related subjects together by using notation as its code vocabulary [...] Entries consist of a heading, which in this case is a notational symbol [...].*[71]

O *Catálogo sistemático* é um catálogo cujo elemento de ordenação se expressa por um código proveniente de um sistema de classificação, cumpre a este código representar as matérias que foram extraídas de documento.

Neste catálogo o conhecimento encontra-se organizado em grandes classes de matérias; por esse facto, é também chamado *Catálogo de matérias* ou *Catálogo temático*. Este catálogo, por vezes, é ainda chamado *Catálogo metódico*, pelo facto de obedecer a uma lógica de organização, sempre baseada num método consistente.

Tal como num sistema de classificação, as categorias que se constituem num *Catálogo sistemático* deverão ser claras, lógicas e fundamentadas num princípio sólido, que se traduz na associação de ideias pertencentes ao mesmo campo semântico. Nesta associação de ideias assenta o princípio da hierarquia; estas encontram-se dependentes umas das outras partindo do geral para o particular. Partindo deste princípio forma-se uma unidade lógica imprescindível à sua função que consiste em reunir numa categoria do conhecimento todos os documentos que versem essa matéria ou matérias afins.

Relativamente à unidade temática proporcionada pelas classificações, Bernaténé refere o seguinte:

---

[71] *Ibidem*, p. 250.

L'homogénéité enfin, sera le corollaire des qualités précédentes. Grâce à elle, le plan constituera un tout logique et harmonieux, dans lequel tout esprit un peu averti saura trouver le "fil d'Ariane" qui le guidera sûrement dans le labyrinthe de la documentation.[72]

Para que este tipo de catálogo cumpra a sua função deve classificar-se, como já referimos, com notações breves e simples, por forma a atingir a uniformidade possível e o próprio objectivo deste catálogo – organizar o conhecimento em grandes classes.

Apenas as notações breves poderão conferir homogeneidade aos catálogos sistemáticos. Esta situação concorre, naturalmente, para a possibilidade de se efectuarem pesquisas de características gerais, isto é, permite localizar documentos particulares numa ampla área do conhecimento. Nesta perspectiva, coincidimos com Buchanan quando se refere à função das classificações na pesquisa nos seguintes termos: [...] *and when we pursue research we make use of classification as a kind of map of knowledge.*[73]

A natureza e a estrutura das classificações concorrem para que o conhecimento se encontre arrumado em grandes classes, de forma lógica, metódica e sistemática; são estas características que irão proporcionar a pesquisa em grandes campos semânticos.

O grau de especificidade ou generalidade da notação usada no acto de classificar é um elemento determinante na pesquisa, na medida em que decide o grau de especificidade da mesma.

Apesar da estrutura hierárquica de uma classificação proporcionar pesquisas genéricas e específicas, é nas pesquisas genéricas que se efectivam em campos semânticos delimitados, que as classificações assumem o seu papel relevante. Neste sentido Courrier refere o seguinte:

> *Le niveau le moins spécifique de représentation est obtenu par l'usage courant que l'on fait des systèmes de classification [...] Les systèmes de classification sont donc des langages documentaires qui permettent la représentation la plus générale. Par nature, ils facilitent le bouquinage et l'accès au non-spécialiste.*[74]

Através das pesquisas gerais, o *Catálogo sistemático* assume-se como um instrumento privilegiado relativamente ao controlo bibliográfico sobre um determinado tema, na medida em que permite saber quais e quantos documentos existem numa determinada colecção sobre uma determinada matéria.

---

[72] BERNATHÉNÉ, Henry. – *Comment concevoir, réaliser et utiliser une documentation*. 1955. P. 31-32.
[73] BUCHANAN, Brian – *Theory of library classification*. 1979. P. 10
[74] COURRIER, Yves – *Analyse et langage documentaires*. 1976. P. 187.

Baseados na própria essência e princípios deste catálogo, a título de conclusão, podemos afirmar que a pesquisa num *Catálogo sistemático* justificar-se-á sempre que a necessidade de informação de um utilizador se situe no genérico.

1.2.1.4.3 Complementaridade entre os dois tipos de catálogos [Pesquisa genérica e pesquisa específica]

Tendo em conta a natureza das duas linguagens, como já referimos, observamos que as linguagens vocabulares estão mais vocacionadas para as pesquisas analíticas e as categoriais para as pesquisas exploratórias, onde o utilizador, para satisfazer a sua necessidade de informação, pode navegar numa área semântica.

Das diferenças observadas ao longo desta exposição concluímos que estas convergem para a complementaridade na pesquisa. Deste modo, o facto de um serviço contemplar os dois tipos de catálogos (*Catálogo alfabético de assuntos* e *Catálogo sistemático*) redundará, incontestavelmente, num valor acrescentado para o utilizador.

Assim, no nosso ponto de vista, afirmar que, nos serviços em que se *classifica* e em que se *indexa*, se verifica uma duplicação de esforços que se expressa em custos financeiros e recursos humanos, sem que deste procedimento decorra uma qualquer mais-valia, não é de todo correcto nem isento. Ao longo da descrição do processo das duas operação observou-se que os procedimentos metodológicos são idênticos e a fase que é mais onerosa e morosa – a análise – é comum, podendo no geral efectuar-se em simultâneo, ocupando, deste modo, a representação uma ínfima parte nos processos considerados.

No geral, pensamos que abordamos os pontos mais candentes e, geralmente, menos pacíficos e ambíguos relativamente aos conceitos de *Classificar* e *Indexar*, ao analisarmos os seus fundamentos, características, procedimentos e produtos. Deste modo, consideramos que ao fazê-lo contribuímos para um melhor entendimento dos capítulos que se seguem, designadamente no que concerne ao conceito – Classificação; pois qualquer sistema de classificação é concebido para classificar e, por sua vez, para *classificar* é imprescindível uma *classificação*.

Capítulo II
Classificação

2 Classificação [Definição, objectivos, características e estrutura lógica]

Neste ponto iremos abordar a definição, os objectivos, as características e a estrutura lógica do conceito *classificação*.

2.1 Definição

Segundo o dicionário etimológico de Quicherat[75], a noção *classificação* provem etimologicamente do grego *clasis = clêsis*. Este termo foi latinizado para *classis*, e é um substantivo utilizado para designar o que é distribuído mediante um critério pré-determinado.

Na Roma Antiga, entre outras acepções, entendia-se por classe (s. f.): [...] *cada uma das categorias entre as quais eram divididos os cidadãos segundo a sua riqueza.*[76]

Por seu lado a Enciclopédia Britânica[77] entende por *classificação* o seguinte: *Classification theory, principles governing the organization of objects into groups according to their similarities and differences or their relation to a set criterion.*

De acordo com estas noções, entendemos por *classificação* um plano estruturado de forma sistemática, construído *a priori*, que serve para classificar objectos de acordo com as semelhanças ou diferenças das suas características, com o fim de os organizar em classes particulares.

2.2 Objectivos

O objectivo principal de qualquer classificação é servir para classificar. Organizar as entidades físicas e abstractas em sistemas, de forma a constituírem quadros mentais, referências que nos permitam orientar sem perturbação e distorção no mundo envolvente é o seu propósito. Uma classificação é o meio que

---

[75] QUICHERAT, Louis – *Novíssimo diccionario latino: etymologico, prosódico, histórico...* 1927. P. 231.
[76] HOUAISS, António; SALLES, Villar Mauro – *Dicionário Houaiss.* 2002-2003. P. 954.
[77] THE NEW ENCYCLOPAEDIA BRITANNICA. 1995. Vol. 3. P. 334.

permite organizar o espaço perceptível. Neste sentido concordamos com Olga Pombo, quando refere que as classificações são: [...] *pontos estáveis que nos impedem de rodopiar sem solo, perdidos no inconforto do inominável, da ausência de "idades" ou "geografias". Só elas nos permitem orientar-nos no mundo à nossa volta* [...][78]

Devido a este carácter funcional foram atribuídas às classificações, durante séculos, características essencialmente empíricas e elas foram-se moldando e desenvolvendo de acordo com as necessidades reais da sociedade.

O que se observa nas classificações em geral é aquilo que se observa nas classificações bibliográficas em particular. Ao proporcionarem uma organização sistematizada do conhecimento, concorrem para uma localização mais rápida por parte de quem o procura.

2.3 Características gerais

Neste ponto pretendemos apresentar algumas das características fundamentais das classificações hierárquicas, incidindo a nossa análise sobre as classificações bibliográficas enciclopédicas.

No que concerne à sua estrutura geral, as classificações são constituídas por conjuntos de entidades que, por sua vez, constituem sistemas conceptualmente unitários e amplos, manifestando-se estes num elenco de conceitos organizados de forma sistemática, cuja particularidade comum é a afinidade[79] de uma ou mais características que constituem essas identidades.

Na acepção tradicional, a noção linear de uma classificação é aquela que se prende com a ideia de que é uma sucessão de dicotomias.[80] Nesta acepção, os

---

[78] POMBO, Olga – *Da classificação dos seres à classificação dos saberes.* [Consult. 3 Nov. 2008] Disponível em www:<URL:http://www.educ.fc.ul.pt/hyper/resources/opombo.classificação.pdf

[79] A determinação das afinidades é feita tendo em conta o conjunto das características do ser. Isto quer dizer que devemos ter em consideração, simultaneamente, o ser completo e as relações orgânicas que se estabelecem entre os distintos seres.

[80] A dicotomia é um processo muito utilizado na classificação dos seres vivos. Apresenta em cada nível duas alternativas mutuamente exclusivas. Consiste em juntar objectos comuns numa mesma divisão, separando-os simultaneamente daqueles que são diferentes. Por seu lado, os objectos diferentes irão constituir outras divisões, também elas homogéneas.

A separação e/ou a associação dos objectos nas respectivas classes efectua-se a partir das características intrínsecas à sua natureza. Devido a este motivo, existem determinados objectos que, pelo facto de não apresentarem características bem definidas, acabam por não se ajustar a nenhum domínio particular. Esta circunstância decorre, essencialmente, da relação que as classificações estabelecem com as estruturas conceptuais que foram pré-estabelecidas relativamente aos objectos a classificar. Na prática e, na maioria das situações, estes objectos são classificados de acordo com os seguintes critérios:

– Excepcionalmente integram mais do que uma classe ou uma divisão, desvirtuando, neste sentido, o princípio puro da estrutura formal das classificações ditas clássicas;

ou

CLASSIFICAÇÃO

elementos que a constituem estão dispostos num determinado espaço classificatório, de acordo com a ausência ou a presença de uma determinada propriedade permitindo, desta forma, determinar e enunciar, com elevado nível de precisão, o estabelecimento de uma nomenclatura.

Na prática, o cumprimento deste processo resulta na elaboração de classes artificiais.

Esta situação decorre do facto de um objecto poder ser classificado, à partida, sob várias dimensões, o que concorre inevitavelmente para que este seja passível de ser integrado em mais do que um espaço classificatório, pelo facto de poder ser inserido em mais do que um domínio conceptual. A situação mais decorrente e natural acontece quando um objecto é considerado, relativamente quer às suas propriedades de conteúdo, quer às suas características formais.

Este caso observa-se também com alguma regularidade nas circunstâncias em que apenas é considerado o conteúdo dos objectos, como acontece nos casos em que estes apresentam um conteúdo multidimensional. Nesta situação, eles poderão ser considerados para fins classificatórios em mais do que um domínio, dependendo, naturalmente, da diversidade das características que apresentem.

Na biblioteconomia, a ideia de se atribuir uma classificação aos objectos segundo as várias facetas foi seguida e defendida por Ranganathan, levando-o a construir uma classificação por facetas – *Colon classification*. A este propósito, na obra *Philosophy of library classification* pode ler-se o seguinte: *At the same time they represent the multi-dimensional continuum of thought. Thus library classification is equivalent to a representation of a multi-dimensional continuum in a single dimension.*[81]

– São registados, na maioria dos casos obedecendo a critérios de analogia ou a critérios de necessidade de natureza essencialmente empírica a integrar apenas uma das possíveis classes.

A última solução apontada concorre para que se considere a classificação de determinados objectos demasiado artificial e que, por este facto, na prática seja difícil de se adequar de forma razoável às situações concretas, condição que leva a considerar estes casos ambíguos e pouco precisos.

Outra característica deste modelo de classificação prende-se com o facto de a sua aplicação pressupor a divisão ou subdivisão dos objectos em duas partes. Esta operação poderá ser efectuada de forma sistemática quantas vezes se entender necessário, baseando-se sempre na ausência ou na presença de uma determinada característica.

A permissão de tal procedimento concorre para que a divisão e subdivisão dos objectos sejam feitas de forma sucessiva e infinita dentro de uma mesma classe. Para que este processo decorra, será apenas necessário estabelecer novos critérios de classificação, através dos quais se irão estabelecer os níveis de igualdade e desigualdade entre os objectos a classificar.

[81] RANGANATHAN, S. R. *Philosophy of library classification*. 2006. P. 94.

No que respeita à estrutura de uma classificação, em geral, associamos-lhe a ideia de hierarquia que se manifesta na divisão sucessiva dos objectos subordinados uns aos outros, de acordo com critérios estabelecidos *a priori*.

A estrutura hierárquica que caracteriza as classificações pode ser um sistema mono-hierárquico ou um sistema poli-hierárquico. Um e outro são observados nas classificações bibliográficas. A estrutura mono-hierárquica é característica das primeiras classificações de tipo enciclopédico (finais do século XIX e inícios do XX), como a Classificação Decimal de Dewey, e a Classificação Decimal Universal. Outras classificações, como a Classificação de Bliss e a Classificação Colon, apresentam uma estrutura poli-hierárquica.

Para concluirmos este primeiro ponto, referimos ainda duas características das primeiras classificações bibliográficas de tipo enciclopédico, que resultam da sua estrutura, aspectos que também são comuns a outro tipo de classificações do saber, naturalmente. Referimo-nos à exaustividade e à exclusividade.

Na perspectiva da lógica tradicional e, no que diz respeito ao seu aspecto formal, uma classificação para ser considerada ideal deve obedecer essencialmente a dois princípios que são os seguintes:[82]

a) *une classification strictement finie (domaine fini, nombre de divisions fini, nombre de classes de chaque division fini, chaque ensemble de chaque division fini*

b) *une classification strictement progressive.*

Estes dois princípios traduzem-se nos conceitos de exaustividade e de exclusividade, respectivamente.

Por um lado, todo o objecto terá de poder ser classificado numa determinada classe e, por outro, qualquer classe terá de enunciar todos os objectos do domínio que representa, concorrendo, desta forma, para que cada classe contenha todos os objectos a ela associados semanticamente, situação que converge, naturalmente, para a exaustividade (alínea a).

A alínea b) refere que nenhuma classe ou divisão deverá conter objectos que se encontrem registados em classes anteriores, convergindo, desta forma, para a noção de progressão e simultaneamente de exclusividade. O desejável será que nenhum objecto seja registado, nem em classes anteriores, nem nas classes seguintes, devendo apenas integrar uma única classe – exclusividade.

Todavia, na prática observa-se a inexistência de classificações que se pautem de uma forma absoluta por estes dois princípios.

---

[82] APOSTEL, Leo – *Le problème formel des classifications empiriques.* 1963. P. 160.

CLASSIFICAÇÃO

Neste sentido, concordamos com Apostel, quando ele refere que: *La plupart des classifications que nous connaissons ne sont ni exhaustives ni exclusives; la plupart des classifications que nous connaissons n'ont pas de fondement de division unitaire.*[83]

De acordo com esta orientação, encontramos outros autores, como Georges Buffon (1707-1788) que, na sua obra *Histoire naturelle*, a propósito da classificação dos seres num quadro classificatório, refere o seguinte:

> *[...] c'est que ces grandes divisions que nous regardons comme réelles, ne sont peu-être exactes, [...] nous ne sommes pas sûrs qu'on puisse tirer une ligne de séparation entre le règne animal & le minéral [...] dans la Nature il peut se trouver des choses qui participent également des propriétés de l'un & de l'autre [...]*[84]

Ao verificar-se na prática, tal situação de exclusividade seria redutora e inoperante. Seria impossível as classificações progredirem, facto que concorreria para o seu atrofiamento e claustrofobia semântica – cada objecto fixa-se a um conceito exclusivo.

Relativamente a esta característica, no que respeita à Classificação Decimal Universal é sintomático o excerto do seguinte texto de H. la Fontaine et P. Otlet:

> *La classification décimale constitue donc une localisation parfaite des matières [...] Elle répond à ce principe essentiel de l'ordre bibliographique [...] une place pour chaque chose et chaque chose à sa place [...] cette idée est de l'essence même du système.*[85]

2.4 Estrutura lógica

Dado o carácter geral que assume a ciência, torna-se impossível ao ser humano assimilar a sua totalidade. Devido a este facto, houve necessidade de dividir essa totalidade em ciências particulares,[86] de acordo com os diversos aspectos da realidade.

Por outro lado, o universo constitui-se como um sistema harmonioso no qual as partes se encontram ordenadas em relação ao todo. Nesta ordenação observa-se uma hierarquia das causas e dos princípios que determinam, em última análise, a hierarquia das várias ciências que os abordam.

---

[83] *Ibidem*, p. 194.

[84] BUFFON, Georges Louis Leclerc – *Histoire naturelle, générale et particulière: avec la description du Cabinet du Roy*. 1749-1804. P. 34.

[85] LA FONTAINE, Henri; OTLET, Paul – *Création d'un répertoire bibliographique universel*. 1896. P. 18.

[86] Entende-se por este conceito, um conjunto de conhecimentos particulares, gerais e metódicos, que se relacionam com um determinado objecto.

Essa hierarquia não pode ser determinada de forma arbitrária, mas há que, por um lado conservar a diferença entre as ciências particulares e, por outro, respeitar as particularidades que as unem, não perdendo de vista as relações de subordinação; para isso é necessário classificá-las. Para dar cumprimento a este propósito, ao longo dos tempos surgiram vários sistemas de classificação, alguns dos quais, dada a sua influência na construção das classificações bibliográficas, irão ser analisados no ponto relativo à classificação das ciências.[87]

As primeiras classificações a surgirem e que se constituíram numa referência para a construção de outras classificações, foram as classificações relativas às ciências naturais. A sua estrutura é caracterizada por uma vincada hierarquia, em que as componentes do objecto de estudo eram geralmente integradas em taxonomias.

Segundo Lahr, podemos distinguir as classificações sob dois aspectos: as classificações naturais e as classificações artificiais.[88]

De acordo com a teoria da classificação natural, todas as classificações devem obedecer aos seguintes princípios: ao da *afinidade natural*, ao da *subordinação dos caracteres* e ao da *série natural*.

Relativamente ao princípio da afinidade natural, este apenas é possível determinar se tivermos em consideração o ser completo e, ao mesmo tempo, considerarmos as relações orgânicas existentes entre os diferentes seres.[89]

No que concerne ao princípio da subordinação dos caracteres, segundo a formulação de A. Laurent de Jussieu,[90] devem subordinar-se as divisões como o estão os caracteres em que elas se fundam.

De acordo com este princípio, a ordem dos caracteres essenciais dos seres não é igual para todos e, nesta medida, uns são subordinados, outros são dominantes.[91]

---

[87] Ver: Capítulo III (1.2).

[88] LAHR, C. – *Manual de Filosofia: resumido e adaptado do "Cours de Philosophie*, 1968. P. 402-403, distingue uma da outra essencialmente nos seguintes pontos: a primeira apoia-se na totalidade dos caracteres, a que se esforça por observar o valor real; além deste pressuposto, o fim que pretende atingir não é directamente prático, mas teórico ou científico; a classificação artificial pauta-se pelo facto de dar a conhecer toda a natureza dum ser e o conjunto da sua organização apenas pela situação que ocupa na classificação; acresce ainda o facto de estipular, de forma clara, as relações que existem entre um ser em particular e os outros do mesmo género.

[89] Na prática, quando se classifica e, de acordo com este princípio, separam-se os caracteres essenciais dos acidentais reunindo-se num grupo todos aqueles que apresentem um maior número de caracteres essenciais comuns. O grupo inferior é a espécie.

[90] *Apud:* LAHR, C. – *Manual de Filosofia: resumido e adaptado do "Cours de Philosophie"*. 1968. P. 406.

[91] Quando se classifica e, de acordo com esta regra, para determinar os grupos superiores, comparam-se as espécies entre si, com o objectivo de se reunirem num mesmo grupo mais alargado chamado género as que apresentarem um maior número de características comuns.

No que respeita ao princípio da série natural, ele prende-se com a disposição dos grupos que se encontram no mesmo plano.[92]

Estes princípios, que constituem a estrutura das classificações hierárquicas, tanto poderão aplicar-se à diversidade da temática cultural e científica como às classificações de amplitude enciclopédica. Por isso os encontramos também espelhados nas primeiras classificações enciclopédicas, nomeadamente na Classificação Decimal de Dewey e na Classificação Decimal Universal, na medida em que cumprem com eles. Todos os conceitos nela contidos se encontram dispostos segundo a regra da afinidade, pois na mesma classe são integrados apenas os que têm afinidade entre si. Além disso, todos eles se encontram hierarquicamente subordinados, de acordo com as suas propriedades; por último, nestas classificações, também se constituem grupos da mesma ordem e que, por isso, têm a mesma importância.

Cumpre referir e deixar claro que o sistema hierárquico, nas classificações em geral e nas classificações bibliográficas em particular, independentemente do desenho da sua tipologia, se alicerça nos fundamentos lógicos aristotélicos.

No que se refere à maioria das classificações bibliográficas de tipo enciclopédico, o eixo estruturante da sua constituição hierárquica assenta nas noções aristotélico-escolásticas de género, espécie, diferença específica, compreensão e extensão, noções que Aristóteles definiu para estudar o ser.[93]

Porfírio (c. 232 – c. 304), filósofo alexandrino, na obra *Introductio in Praedicamenta*[94], define género como:

> [...] *uma colecção de indivíduos que se comportam de um determinado modo em relação a um só ser e em relação uns aos outros* [...] *todos os que entre eles têm um certo parentesco em relação ao comum ancestral, e o nome que se lhes dá separa-os totalmente de todas as outras raças*[95].

Em relação à espécie, o conhecido pensador entende-a como [...] *o que se subordina a um dado género* [...][96]

---

[92] Este princípio pressupõe que estes se classifiquem numa ordem progressiva, isto é, do menos perfeito para o mais perfeito.

[93] LAHR, C. no *Manual de Filosofia: resumido e adaptado do "Cours de Philosophie". 1968.* P. 316, entende *género* como ".... toda a ideia geral que contém debaixo de si outras ideias gerais; *espécie* a que encerra apenas indivíduos. A *diferença específica* é o atributo que, acrescentado ao género próximo, constitui a espécie.

[94] Esta obra foi traduzida para o latim por Boécio sob o nome *Isagoge*.

[95] Porfírio – *Isagoge: introdução às categorias de Aristóteles. 1994.* P. 53.

[96] *Ibidem*, p. 59.

É através do processo da relação género-espécie que, segundo Porfírio, pode dividir-se uma categoria geral de forma sucessiva, partindo de um predicado até chegar-se a uma noção particular.[97]

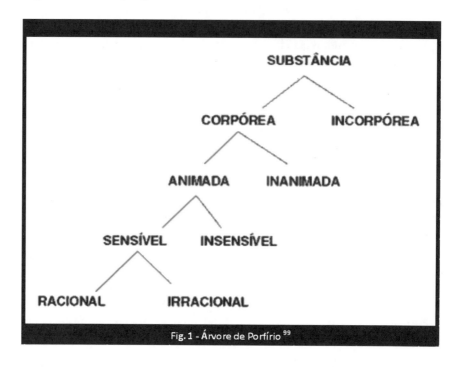

Fig. 1 - Árvore de Porfírio [99]

Dentro deste contexto, Porfírio apresenta um modelo de classificação dicotómica,[98] que é habitualmente designado por *Árvore de Porfírio*.[99] Esta "árvore", incluída na *Isagoge* às *Categorias* de Aristóteles, baseia-se na teoria dos predicados deste autor e apresenta um conjunto hierárquico finito de géneros e espécies, que funciona por dicotomias sucessivas do geral para o particular, da maior extensão à maior compreensão.

Este processo, que consiste numa exemplificação esquemática da formação das ideias gerais, encontra-se subjacente a todas as classificações, não estando estas, contudo, sujeitas a um processo dicotómico, na medida em que a sua aplicação não cobre a diversidade de todas as especificações.

---

[97] Ver: http://www.riterm.net/actes/2simposio/talamo.htm [Consult. 6 Set. 2009]
[98] Na classificação das ciências, a *Árvore de Porfírio* teve uma grande influência nas classificações dicotómicas, de entre as quais salientamos a de Ampère.
[99] A *Árvore de Porfírio*, também chamada *Scala praedicamentalis*, cuja interpretação é válida, seja procedendo-se a uma leitura ascendente, seja a uma leitura descendente.

Relativamente à relação género-espécie e, no que diz respeito à formação de ideias, esta consiste no seguinte processo: à ideia de género próximo, junta-se a diferença específica, que irá resultar numa espécie.

No que se refere à estrutura das classificações bibliográficas consideradas, não podemos perder de vista a concepção das noções aristotélicas de *compreensão* de uma ideia e a de *extensão* de uma ideia.

Segundo Lahr,[100] *entende-se por compreensão* ou *conteúdo* da ideia o conjunto dos elementos que a constituem; *extensão* da ideia é o conjunto dos indivíduos aos quais ela se estende.

De acordo com o mesmo autor, a compreensão de uma ideia encontra-se na razão inversa da sua extensão. Assim, quanto maior for a amplitude da extensão, menor será a amplitude da compreensão. Isto é, quanto mais simples for a ideia, mais geral ela é; quanto mais complexa ela for, tanto mais particular ela há-de ser, quando comparada com outras ideias da mesma ordem.

Se fizermos corresponder estes conceitos lógicos à estrutura de uma classificação, designadamente à de uma classificação bibliográfica, iremos observar que ao género corresponde uma classe (um conjunto de objectos que apresentam entre si um certo grau de semelhança). Esta classe pode ser dividida em espécies, às quais corresponde uma subdivisão (conjunto de objectos com atributos comuns), pelo acréscimo de uma diferença específica (uma característica). O conjunto das espécies forma uma *classe*.

Tal como já referimos quando definimos o conceito de espécie, esta pode ser novamente subdividida pelo acréscimo de uma nova diferença específica, constituindo-se, nestes casos, novas classes que, por sua vez, irão originar novas espécies e assim sucessivamente.

Num sistema de classificação, a hierarquia dos assuntos faz-se sempre a partir do nível de maior extensão para o de menor compreensão, isto é, faz-se do geral para o particular.

Tomando como exemplo a notação 721.23 da Classificação Decimal Universal, que representa o assunto – *Parques nacionais*, se a decompusermos observa-se que: 7 (Arte) é um termo geral que representa um leque considerável de assuntos sendo, nesta perspectiva, um conceito de grande extensão; no entanto, e simultaneamente, é um conceito vazio de compreensão, na medida em que não limita um assunto específico; se considerarmos, o 72 (Arquitectura) verificamos que este termo já representa um conceito mais limitado, se o relacionarmos com o 7. Neste sentido, podemos dizer que 72 é uma notação de maior compreensão do que a notação 7, e de menor extensão relativamente à mesma notação. Este

---

[100] LAHR, C. – *Manual de Filosofia: resumido e adaptado do "Cours de Philosophie"*. 1968. P. 315.

raciocínio é aplicado a esta cadeia hierárquica até encontrarmos o termo de maior especificidade – *Parques nacionais*, notação 721.23, ao qual corresponde um baixo nível de extensão e um alto nível de compreensão.

Ainda, e para concluir, consideramos que as divisões que estão subordinadas à notação 7 correspondem à sua extensão, enquanto que os conceitos simples e/ou compostos que a constituem correspondem à sua compreensão.

7 Arte
72 Arquitectura
721 Arquitectura paisagista
721.2 Composição da paisagem no geral
721.23 Parques nacionais

Ainda a propósito desta ideia – construção da estrutura lógica de um sistema de classificação e, de acordo com a mesma orientação, Sayers,[101] na obra *Introduction to library classification*, refere o seguinte:

> *As a new difference is added to the stem a term of reduced extension and of increased intension is made; each positive term is at first a genus divided by the difference into two species, one of which in turn is regarded as a genus in relation to its species; the process being continued until individuals, who cannot logically be divided, and are the infima species or most specific terms, are reached.*

Para concluir este assunto, no que diz respeito à relação entre a lógica formal e a construção da estrutura das classificações, não podemos deixar de destacar a clareza de pensamento de Paule Salvan, quando menciona que as relações que regem a ordem natural são as mesmas daquelas que regem as classificações. Tais relações, como ela refere, fazem-se por via descendente: da essência à existência, do geral ao particular e do género à espécie.

> *Des "catégories fondamentales" de longue date reconnues et qui ont une importance particulière pour l'étude des classifications permettront de déterminer les relations qui gouvernent un ordre universel – ordre naturel conforme à la raison allant, par voie descendante, de l'essence à l'existence, du général au particulier, du genre à l'espèce.*[102]

---

[101] SAYERS, W. C. – *An introduction to library classification*. 1950. 1968. P. 31. Relativamente a esta matéria ver o capítulo II desta obra.
[102] SALVAN, Paule – *Esquisse de l'évolution des systèmes de classification*. 1967. P. 3.

CLASSIFICAÇÃO

Relativamente à influência do pensamento aristotélico nas classificações bibliográficas, teremos ainda de considerar a noção de *categoria*, que vai estar presente em diversas obras ao longo do tempo.[103]

Entende-se por *categoria* uma propriedade sob a qual pode ser analisado um ser.

Na obra *Categorias*, Aristóteles, no capítulo IV, apresenta a lista das dez categorias sob as quais o Ser se pode considerar. São as seguintes: Substância, Quantidade, Qualidade, Relação, Lugar, Tempo, Posição, Posse, Acção e Paixão.[104]

Destas dez categorias, a mais importante é a *substância*, constituindo-se desta forma a essência do ser. Na obra citada, Aristóteles, refere-se a ela nestes termos:

[...] *aquilo a que chamamos substância de modo mais próprio, primeiro e principal – é aquilo que nem é dito de algum sujeito nem existe em algum sujeito como, por exemplo, um certo homem ou um certo cavalo.*

A diferença entre esta e as outras nove categorias consiste na distinção entre o género principal do ser e os géneros secundários.

Esta ideia, além de já se encontrar no *Thesaurus of English words and phrases* (1852) de Peter Roget (1779-1869), vai assumir uma importância preponderante na estrutura da *Colon classification* (1933) de Ranganathan (1892-1972).

À luz da lógica aristotélica, Ranganathan constituiu um quadro fixo de cinco facetas, com vista à classificação de conteúdos temáticos. Era formado por: Personalidade, Matéria, Energia, Espaço e Tempo. Estas noções constituem-se como uma grelha de apoio à análise, funcionando como pontos orientadores no referido processo.

A categoria deu lugar à faceta, constituindo as diversas facetas os diferentes ângulos sob os quais se observa a realidade, neste caso concreto a informação.

---

[103] A ideia de *categoria* influenciou a obra de alguns autores da Idade Média, como Raimundo Lullus (1232--1315). Esta noção surge na sua obra *Ars Magna*. Na idade moderna, esta mesma noção encontra-se também presente na obra de John Wilkins (1614-1672), *Linguagem filosófica*.

[104] ARISTÓTELES – *Categorias*. 1995. P. 20.

Capítulo III
Organização do conhecimento

3 Organização do conhecimento [Apontamento histórico]

Após a exposição de alguns conceitos, da enumeração de algumas das suas características e da apresentação dos princípios lógicos sobre os quais se construíram as classificações no geral e as classificações bibliográficas em particular, importa agora apresentar uma breve sistematização comentada acerca da necessidade que o homem sentiu de organizar o conhecimento e de construir planos de classificação que servissem como instrumentos de referência na organização do mesmo.

Com este ponto pretendemos avaliar em que medida as classificações bibliográficas sofreram influências de todo este movimento, designadamente no que respeita à estrutura e no que respeita ao conteúdo.

Para responder aos objectivos enunciados, estruturamos esta parte em dois pontos. No ponto (1.1) será descrita e analisada a organização do conhecimento em si, considerando o critério da divisão e não o critério da sistematização, entendido, este último, como uma classificação baseada num plano formal. Para esta circunstância concorreu o facto da quase inexistência de planos de classificação devidamente formalizados para este fim, exceptuando-se o caso da Idade Média, com o *Trivium* e o *Quadrivium*. Neste ponto, articulado com a organização do conhecimento, procuraremos expor e analisar as necessidades que concorreram para um tal propósito.

Para dar cumprimento a este objectivo, apoiamo-nos em obras de autores que nos pareceram ser os mais relevantes no desenvolvimento e na consolidação da organização do conhecimento.

No (ponto 1.2) continuamos a analisar esta temática, partindo da análise dos planos de classificação mais relevantes que se foram construindo, e que constituíram fonte de influência para outros ao longo da história. Deste modo pretendemos contextualizar as classificações bibliográficas no plano mais amplo das mentalidades e, ao mesmo tempo, tentar identificar os pontos de afinidade entre estas e o modelo de organização de tipo enciclopédico.[105] Pretendemos também identificar as influências que os planos de classificação filosófico-científicos que foram sendo construídos ao longo do tempo, exerceram sobre este tipo de classificações.

3.1 A organização do conhecimento [Segundo o critério da divisão]

Neste ponto, iremos referir e analisar a organização do conhecimento partindo da divisão do mesmo. Isto, porque na sua organização está implícito o conceito de divisão pois, na prática, o que se pretendia era organizar essas partes desestruturadas de uma forma lógica, de modo a que constituíssem um todo orgânico e consistente.

Para uma melhor clarificação desta ideia, passamos a definir o conceito de *divisão*.

Entende-se por *divisão* na sua concepção lógica – aquela que interessa neste contexto – uma operação que desmembra um todo abstracto e lógico (ideia geral) nos seus diversos elementos.[106]

A divisão do conhecimento que foi construída ao longo dos tempos, ao contrário da sistematização, na maioria dos casos assenta apenas num critério arbitrário, muitas vezes de natureza empírica, e não em sistemas organizados segundo os critérios de um plano de classificação.

Antes de dar início à exposição e análise dos conteúdos sobre esta matéria, convém ainda registar o significado de um termo que irá ser usado ao longo da dita exposição. É o termo *enciclopedismo*. A introdução deste termo justifica-se porque, não assumindo, na verdade, o significado formal que lhe foi atribuído nos finais do século XVII, (assente em princípios filosófico-científicos), as obras que iremos analisar são de tipo enciclopédico. São-no na medida em que estas também, como era pretensão do movimento enciclopédico do século XVIII, pretendiam abarcar todo o conhecimento geral (significado etimológico do termo *enciclopédia*), razão pela qual é utilizado este termo ao longo do ponto (1.1.1).

3.1.1 Enciclopedismo: definição e caracterização

Definição

O termo *enciclopedismo* deriva da palavra *enciclopédia* que, por sua vez, deriva do étimo grego "εγκυκλιος παιδεια" [*enkyklios paideia*], que significa *conhecimento geral*.

---

[105] O movimento que designamos de tipo enciclopédico não é considerado na acepção literal do termo que se usa para o movimento filosófico do século XVIII.

[106] LAHR, C. – *Manual de Filosofia: resumido e adaptado do "Cours de Philosophie"*. 1968. P. 320.

ORGANIZAÇÃO DO CONHECIMENTO

O termo *enciclopédia* surge no século XVI, na Europa, como um neologismo. Contudo, é a partir de finais do século XVII, quando o enciclopedismo se constitui como um movimento, que este termo se vulgariza, aproximando-se do seu significado actual.

Caracterização

O enciclopedismo caracteriza-se por ter sido um movimento filosófico-cultural sustentado ideologicamente na Razão e no Iluminismo, que nasceu formalmente em finais do século XVII, inícios do XVIII. Foi na Europa e principalmente em França que se desenvolveu, sendo os seus principais impulsionadores os filósofos das Luzes, entre os quais salientamos os nomes de Voltaire (1694--1778), Diderot (1713-1784) e D'Alembert (1717-1783), além de Montesquieú (1689-1755), Rousseau (1712-1778) e Buffon (1707-1788), entre outros, tendo atingido o seu apogeu com A *Encyclopédie* de Diderot e de D'Alembert.

Era seu propósito *sistematizar* todo o conhecimento humano a partir dos novos princípios da Razão.

Marcaram este movimento várias características, a saber:

Exaustividade: pretensão de abarcar todo o conhecimento. Esta pretensão não é apenas uma particularidade do carácter do movimento, formalmente instituído no século XVII, verificando-se já o mesmo objectivo, ao longo do tempo, em toda a organização do conhecimento que assenta neste modelo. A exaustividade apresenta, todavia, pontos de fragilidade. Um dos factores que contribuiu para a precariedade desta característica é o facto de os conhecimentos se desactualizarem muito depressa, radicando esta circunstância na introdução de novos conceitos e alterações nos já existentes, consequência do aparecimento de novos saberes que, naturalmente, se iam integrando nos quadros culturais e mentais da época, sobretudo em períodos de transição, como foram os finais da Idade Média e o Renascimento.

Associada à ideia de compilar o conhecimento universal surge outra característica: a *selectividade*. Pelo facto de a organização do conhecimento ser exaustiva, era necessário criar critérios que permitissem separar o supérfluo do essencial. Olga Pombo, sobre este assunto, refere o seguinte:

> [...] *o que a enciclopédia então pretende não é tanto conter em si a totalidade imensa e indeterminada da produção literária e dos conhecimentos constituídos, mas ir ao encontro de tudo o que neles há de essencial, discriminar o que é importante, anular redundâncias, eliminar insignificâncias, sintetizar a informação dispersa e caótica.*[107]

---

[107] POMBO, Olga – *Da enciclopédia ao hipertexto*. [Consult. 8 Jun. 2008] Disponível em: www:<URL:http://www.educ.fc.ul.pt/hyper/enc/cap1p2/genero.htm.

Com esta pretensão, a enciclopédia assumia-se como um conjunto formal de textos que se encontravam ordenados sob determinados critérios, por vezes pouco definidos, afastando-se da apresentação formal que é característica de outras obras semelhantes como, por exemplo, os inventários e os repertórios.

A necessidade de organizar os saberes pressuponha, à partida, que este tipo de organização do conhecimento se fundasse numa *estrutura* que privilegiasse grandes quadros epistemológicos, situação que se verificou até à Idade Moderna. Até este período e, ao longo dele, o conhecimento era ordenado em grandes classes temáticas. Apenas na Idade Moderna, como iremos observar, foi introduzida a ordenação alfabética como critério de organização das matérias.

O facto de o conhecimento ser organizado em grandes classes concorria para a unidade conceptual, particularidade que seria impossível de existir caso ele se apresentasse sob outro critério de ordenação como, por exemplo, a ordem alfabética, sistema de arrumação que, dada a sua natureza, dispersa os assuntos com afinidades entre si.

O uso de um outro critério poderia concorrer para uma compilação de tipo inventário ou outro similar desvirtuando, nesta medida, a unidade semântica.

Importa referir que o facto de este modelo se servir, de forma implícita ou explícita de quadros epistemológicos, não convergia para a estagnação da apresentação do conhecimento. A dinâmica mental e social da época contribuía para que esses quadros se fossem alterando. Eles tinham de se adequar às necessidades da sociedade que, naturalmente, se caracteriza relativamente aos aspectos cognitivos, por ser mutável e efémera, contribuindo essencialmente, para tal situação, as transformações técnicas e culturais, que dão origem à emergência de novos saberes.

Para se adequar a estes novos paradigmas, a enciclopédia teve de se adaptar. Para isso, transformou os seus conteúdos, a sua estrutura e os seus propósitos procurando, deste modo, numa busca incessante, outros critérios que servissem de base aos recentes quadros epistemológicos, cujo objectivo último, como referimos, era dar resposta às novas exigências decorrentes dos comportamentos sociais, culturais e mentais que reflectiam, antes de mais, os novos paradigmas emergentes.

Outra característica da estrutura do conhecimento enciclopédico, era o facto de ela ser *hierárquica*. Esta característica esteve sempre presente na organização do conhecimento. Em todas as épocas observamos que se dá relevância a um ou mais saberes em detrimento de outros, de acordo com os valores e o pensamento do autor ou com a mentalidade do tempo.

ORGANIZAÇÃO DO CONHECIMENTO

A título de conclusão, podemos referir que o seu objectivo enquanto *género literário*, se manifesta na *síntese do conhecimento*, de forma a proporcionar-lhe um acesso claro, preciso e actualizado. É neste sentido que entendemos que as obras de tipo enciclopédico são entidades dinâmicas e funcionais. O mesmo se observa nas classificações bibliográficas que, além de apresentarem esta característica em comum, em relação a este tipo de obras também são, na maioria dos casos *exaustivas, selectivas* e *hierárquicas*, tal como elas, constituindo-se neste sentido suas herdeiras, situação que iremos observar ao longo deste estudo.

3.1.2 A organização do conhecimento [Percurso histórico]

Passamos, de seguida a descrever e a analisar as diversas fases e características que este movimento assumiu ao longo dos tempos.

3.1.2.1 A organização do conhecimento na Antiguidade

Durante a Antiguidade, na maioria dos casos, a organização do conhecimento construía-se sem se dar grande relevância a planos de classificação prévios.

Apesar de encontrarmos reminiscências deste tipo de organização do conhecimento já no Antigo Egipto, na obra de Amenope (1250 a.C.), é, contudo, nas Culturas clássicas[108], cerca de 370 a.C., na Grécia e Roma, que primeiro aparece informação sobre a organização do conhecimento em forma de enciclopédia temática.

Na Grécia tardia, Speusipus (393-339 a.C.), autor grego, organizou por temas um conjunto de documentos relativos à História Natural, Matemática e Filosofia. As citações desta obra, encontradas em outros textos, levam-nos a concluir que ela exerceu uma influência significativa nos meios académicos de então e em períodos posteriores. Outros autores a considerar, no que se refere à organização dos saberes são Porfírio (c. 232 – c. 304), Varrão (Marcus Terentius Varro (116-27 a.C.), na Roma Antiga e Plínio (Caius Plinius Secundos (23/4-79).[109]

---

[108] O enciclopedismo desenvolveu-se em contextos escolares, tanto na Grécia Antiga como em Roma. Tinha como objectivo preservar as aulas dos professores. Sobretudo em Roma, tinha como propósito perpetuar o património cultural para as gerações vindouras. Eram compilações sistemáticas do conhecimento, de autoria individual. Apresenta-se como exemplo desta ideia a obra de Varrão, que cobre as mais diversas áreas do conhecimento, entre as quais salientamos a história, matemática, filosofia, retórica... etc.

[109] A obra de Plínio veio a servir de base ao enciclopedismo medieval. Ainda nos dias de hoje ela continua a ser uma referência no que diz respeito às áreas de escultura e pintura latinas. As informações, factos e curiosidades que apareceram registadas na sua obra, provêm de observações directas e de consultas feitas a obras de outros autores latinos e não latinos.

Em suma, como características comuns ao enciclopedismo do Mundo Antigo, podem destacar-se as seguintes: eram obras de autores individuais; tinham como objectivo a formação educativa; tinham como

Fig. 2 - Naturalis Historia [110]

É na obra de Plínio, *Naturalis Historia*,[110] obra de tipo enciclopédico que encontramos as primeiras tentativas de classificação. Com este autor, a estrutura da organização do conhecimento assume, embora de forma incipiente, uma das particularidades mais relevantes, que a caracterizaria até à actualidade – a organização sistemática.[111]

Cumpre referir que, na Antiguidade clássica, a organização do conhecimento mais do que reflectir preocupações de natureza filosófica, traduzia uma preocupação de natureza empírica. Nela enfatizavam-se os conteúdos de natureza prática, atribuindo-se especial relevância aos temas relacionados com a Geografia, a Medicina e a História.

O propósito da organização do conhecimento em grandes obras de tipo enciclopédico, não era propriamente a divulgação extensiva do conhecimento, porque eram poucos aqueles que então sabiam ler e escrever. Devido a tal circunstância, com frequência estas obras apenas eram adquiridas por eruditos. Na maioria dos casos, eram elaboradas com o intuito de as oferecer a reis, pessoas poderosas ou a pessoas da própria família, com fins pedagógicos e didácticos.[112]

---

público-alvo pessoas com um elevado nível de instrução que, para a época em causa, se restringia a uma elite e que apresentava características homogéneas.

[110] Ver: http://www.w3c.it/talks/2009/storiaWeb/images/naturalisHistoria.jpg [Consult. 2 Set. 2009] Esta obra veio a servir de modelo para muitas outras deste tipo, que se escreveram posteriormente.

[111] A sistematização desta obra manifesta-se no seguinte esquema: Cosmografia (Livro II), Geografia (III--VI), Zoologia e Botânica, incluindo as virtudes terapêuticas atribuídas aos animais e às plantas (VIII--XXXII), Mineralogia (XXXIII-XXXVII).

[112] Marcus Portius Cato (234-149), mais conhecido como Catão, é um exemplo desta atitude. Numa obra que intitula *Libri ad Marcum filium*, (c. 183 a. C.) sistematizou um conjunto de informações sobre Agro-

ORGANIZAÇÃO DO CONHECIMENTO

Relativamente a este tipo de "sistematização" do conhecimento que se pauta por características funcionais, salientamos a obra de Varrão, pelo facto de esta apresentar particularidades práticas e utilitárias. Este autor produziu três obras, a saber: *Disciplinarum libri IX* (50 a.C.), *Antiquitates rerum humanarum et divinarum* e *Imagines*. Nestas, em particular na segunda, Varrão apresenta informações sobre a política, o povo romano, a geografia do espaço romano, a religião e o governo no Império Romano. Na obra *Imagines* apresenta, entre outros, temas que se encontram associados com as artes liberais e biografias de personagens gregas e romanas.

No quadro que se segue, pretendemos apresentar de forma sistemática as ideias que foram acabadas de expor:

Objectivos	- Organizar o conhecimento com o fim de o conservar e preservar - Divulgar a cultura da Antiguidade
Conteúdos	- Conhecimento universal (preferência de conteúdos relativos à prática)
Estrutura	- Hierárquica - Organização do conhecimento em áreas epistemológicas

Tabela 1. Movimento enciclopédico na Antiguidade Clássica

3.1.2.2 A organização do conhecimento na Idade Média

Prosseguimos este périplo da organização do conhecimento, com uma breve incursão na Idade Média.

No que respeita a este assunto, a Idade Média foi um período caracterizado por dois aspectos:

– pela compilação do conhecimento em compêndios e pelas *Summae*;
– pela organização do conhecimento, em geral, segundo o *Trivium* e *Quadrivium*, que naquela época funcionava como uma classificação.

Neste período, a organização do conhecimento foi construída sob uma mentalidade teocêntrica. Podemos situá-lo em duas fases distintas.

A primeira, que corresponde à Alta Idade Média, foi caracterizada e dominada pela obra de Santo Agostinho (354-430), em especial por aquela que tem por título *De Doctrina Christiana*, que teve uma influência preponderante na cultura cristã medieval.

---

nomia, Medicina, Retórica e Guerra, para oferecer ao filho. Com esta obra, Marcus Portius pretendia proporcionar-lhe um conjunto de informações práticas e úteis para a sua vida.

Fig. 3 - *Instituitiones divinarum et saecularum litterarum* [113]

Ainda dentro da orientação cristã medieval, a par desta obra, havia outras muito importantes; dada a sua enorme difusão e prestígio, pois eram consideradas obras fundamentais para muitos estudiosos e eruditos nessa época e em épocas posteriores, salientamos as obras de Cassiodoro (490-c. 580) e as de Santo Isidoro de Sevilha (560-636).

Cassiodoro[113] era um grande entusiasta de obras que tivessem o propósito de preservar o conhecimento e a cultura do seu tempo. Por isso, foi responsável por diversos trabalhos que tratavam temas gerais. De entre essas obras salientamos, a que foi publicada cerca do ano 551, que dá pelo título de *Institutiones divinarum et sæcularum litterarum*.[114]

No início do século VII, o Bispo Isidoro de Sevilha organizou a obra *Etymologiarum sive Originum libri XX*.[115]

Inseridas no movimento escolástico da época, todas as obras que foram publicadas após Isidoro de Sevilha encontravam-se imbuídas do espírito do tempo. Destas faz parte um conjunto de obras enciclopédicas que foram organizadas na segunda metade do século X, sob os auspícios de Constantino VII. Estas obras versavam assuntos de História, de Agricultura, de Medicina, de Veterinária, de Zoologia e de Direitos jurídicos.

---

[113] Ver: http://www.educ.fc.ul.pt/hyper/enc/images/veado.jpg [Consult. 12 Dez. 2009].

[114] Esta obra é composta por duas partes: a primeira debruça-se sobre as Sagradas Escrituras e a segunda sobre as sete Artes Liberais.

Relativamente à Baixa Idade Média importa referir que todas as actividades que foram desenvolvidas neste período serviram como alicerce ao novo movimento emergente – o Renascimento.

No que respeita à organização do conhecimento, salientam-se as *Summae* (Sumas) que eram "comentários" concisos e sistemáticos destinados a esclarecer um texto. Este género de literatura caracterizava-se por grandes sínteses que procuravam compreender a totalidade do saber.[116]

Nos séculos XII e XIII, quando pela Europa Ocidental começaram a surgir as primeiras universidades, surgem também, em paralelo, as grandes obras de carácter enciclopédico, cujo objectivo era apoiarem o ensino universitário.[117]

Fig. 4 - *Speculum Majus* [117]

Entre outros autores que se ocuparam da organização do conhecimento, na época considerada, destacamos as obras *Eruditionis Didascalica*[118], de Hugo de

---

[115] Nesta obra, formada por vinte livros, são versados temas eclesiásticos e temas científicos como Matemática, Astronomia, Medicina, Anatomia humana, Zoologia, Geografia, Meteorologia, Geologia, Mineralogia, Botânica e Agricultura. Acrescem ainda a estes temas outros de natureza geral. Importa referir que este autor, no Livro X, relativo à etimologia, já utiliza a ordem alfabética. A adopção de tal critério era pouco utilizada na disposição que era dada à organização dos saberes.

[116] Entre as Sumas teológicas e filosóficas destacam-se, pela sua excepcionalidade, a *Summa Theologica* e a *Summa contra gentiles* (Suma contra os pagãos e, em especial, os muçulmanos), de S. Tomás de Aquino.

[117] Ver: http://www.educ.fc.ul.pt/hyper/enc/paginas/vbeauvais/speculum-maius.jpg [Consult. 12 de Dez. 2009].

[118] Esta obra, além de apresentar como inovação a organização do conhecimento assente na Filosofia e não na Teologia (como era natural na Idade Média), também introduz matérias relacionadas com a técnica, o que traduz a evolução científica e técnica emergente na Baixa Idade Média. Esta nova matéria apresenta-se numa parte da obra, a qual se designa – Filosofia mecânica. Neste capítulo estão representados os temas: lanifícios, balística, navegação, agricultura, caça e pesca, medicina, tecelagem e teatro. Cumpre referir que, nesta obra, o autor sistematiza filosofia em quatro partes, a saber: *Filosofia Speculativa* (teórica); Filosofia práctica ou activa; Filosofia *Mechanica* e Lógica ou *Sermonialis*.

S. Victor (1096-1141) e o *Speculum Majus*,[119] do dominicano Vincent de Beauvais (1190-1264).

Na obra *Eruditionis Didascalica*, Hugo de S. Victor procura, dentro de um quadro epistemológico, estabelecer a relação entre as ciências e a filosofia. Para isso, procura desenhar uma classificação dos saberes, partindo não da Teologia mas da Filosofia. Dentro desta orientação, tenta ensaiar um modelo epistemológico classificatório segundo os diversos objectos e de acordo com os métodos das ciências e das artes.

A obra *Speculum Majus* (*Espelho Maior*) foi o principal compêndio usado na Idade Média. Tal como a obra de Hugo de S. Victor, esta pretendia também abarcar todo o conhecimento.

Esta obra monumental, elaborada entre 1250 e 1260, foi a maior obra de tipo enciclopédico que foi produzida até ao século XVIII.

Escrita originariamente em latim, no século XIII, foi mais tarde traduzida para francês, facto que revela a importância que ela assumiu, sobretudo no meio académico.

Após esta breve descrição podemos concluir que a organização do conhecimento na Idade Média obedeceu essencialmente a três pontos:

1) Uma concepção curricular, onde eram privilegiados os conteúdos e as questões pedagógicas. Este modelo de educação e ensino assentava essencialmente no *Trivium* e no *Quadrivium*, sistema que se impôs sobretudo nas Universidades medievais;[120]
2) Uma estrutura hierárquica, na qual cada disciplina tinha um lugar e uma função predeterminados, com base numa fundamentação teológica;[121]
3) Características próprias do modelo de uma compilação.[122]

---

[119] Nesta obra o conhecimento encontra-se classificado em três partes: *Speculum naturale* (elenca todas as ciências e história natural conhecida na Europa Ocidental do século XIII, *Speculum doctrinale* (compilação de todo o saber escolástico da Idade Média); *Speculum historiale* (descreve a História do mundo desde a Criação até ao seu tempo e faz uma previsão do fim do mundo para o ano 2376). É-lhe ainda atribuída uma quarta parte, designada *Speculum morale* (apresenta uma selecção de textos de ética. Entre os autores que constituem esta suma destacam-se Aristóteles e S. Tomás de Aquino). No entanto, a sua autoria é questionada.

[120] Este sistema, que não era mais do que um plano de estudos, constava de sete disciplinas divididas em dois grupos: o *Trivium* (Lógica, Gramática e Retórica) e o *Quadrivium* (Aritmética, Música, Geometria e Astronomia). Pelo facto de ser constituído por sete disciplinas, também era conhecido pelas sete Artes Liberais. No mundo medieval, estas disciplinas eram consideradas as indicadas para a formação do homem. Ao contrário das Artes mecânicas, caracterizadas por conterem disciplinas relacionadas com aspectos de natureza técnica, as Artes liberais caracterizavam-se por assentarem em pressupostos metafísicos e filosóficos.

[121] Bartholomaeus Anglicus (séc. XIII) *De proprietatibus rerum*. Nesta obra, o autor organizou o conhecimento partindo de dois planos, situados em níveis hierárquicos diferentes, a saber: Deus e o Homem. O

ORGANIZAÇÃO DO CONHECIMENTO

Apesar de apresentar particularidades de natureza diversa, a organização do conhecimento, ao longo da Idade Média, tal como acontecera já durante a Idade Clássica, caracterizou-se pela funcionalidade.

Se na Idade Clássica se organizava o conhecimento com o intuito de preservar e de conservar as memórias do Mundo Antigo, na Idade Média a organização do conhecimento tinha como principal função garantir a moral e a religiosidade do Homem medieval. Para cumprir este propósito, a sua organização assentava na erudição que, na maioria dos casos, não ia além da compilação dos textos dos autores antigos. Este modelo apresentava, por um lado a vantagem de preservar os autores clássicos, por outro a desvantagem de o conhecimento se manter estagnado, não registando as transformações e inovações da actualidade, que se iam verificando à medida que o tempo passava.

A estas características acresce o facto de se tratar de uma sistematização que era orientada para os religiosos e, por essa razão, os textos serem escritos em latim.

Esta particularidade que foi assumida pela organização do conhecimento ao longo da Idade Clássica e Medieval – ser funcional (estar ao serviço de...) irá observar-se também na Idade Moderna (séc. XVI-XVIII).

Objectivos	- Organizar o conhecimento com fim pedagógico e didáctico (Escolástica) - Divulgação da Teologia e da Fé Cristã
Conteúdos	- Conhecimento universal (conteúdos teológicos)
Estrutura	- Hierárquica - Organização do conhecimento em áreas epistemológicas

Tabela 2. Movimento enciclopédico na Idade Média

3.1.2.3 A organização do conhecimento no Renascimento

Se na Idade Média a *organização* do saber se encontrava ao serviço de Deus e da Igreja, na Idade Moderna ela passou a estar ao serviço do Homem. Para isso, deixou de assumir uma atitude teocêntrica e passou a assumir uma atitude antropocêntrica.

criador e as coisas que criou – o metafísico e o material. Importa referir que os elementos que integram estes dois planos também se encontram ordenados hierarquicamente. De acordo com esta orientação encontrava-se já a obra de Cassiodoro (490-c. 580), *De artibus ac disciplinis liberalium litterarum*. Nesta obra, onde se consagra o modelo que se adoptaria ao longo da Idade Média, como já referimos, o *Trivium* e o *Quadrivium*, o autor estrutura as sete Artes Liberais segundo uma organização hierárquica.

Os interesses do Homem moderno são terrenos, pautam-se por características de natureza prática e factual. Com base nestes fundamentos, pretendia-se um tipo de ensino que respondesse às questões de uma sociedade laica. A Escolástica, que se impôs nas Universidades medievais e outras estruturas institucionais de ensino, vinculada essencialmente às Sagradas Escrituras e aos Padres da Igreja, é, no século XVI, substituída pelas obras dos autores clássicos e pelas de novos autores que vinculam o seu conhecimento à Razão e à Fé. A exegese dá lugar à livre interpretação dos textos.

Privilegiava-se o inédito e o diferente que emergia de uma forma voraz e alucinante. O conhecimento era, na maioria dos casos, produto das descobertas portuguesas e espanholas,[123] que abriram novos mundo ao mundo até então conhecido.

Emerge pela primeira vez o culto da curiosidade "científica" alicerçada no valor e na capacidade de interpretação do Homem e não de Deus.

É dentro desta conjuntura, laica e racionalista, que a organização do conhecimento se irá desenvolver.

No século XVI Rabelais introduz o termo *Enciclopédia* nas línguas nacionais.

O Homem renascentista pretende ser, ele próprio, a totalidade do conhecimento. Neste sentido, tenta abarcar todo o conhecimento possível: por um lado o saber já consolidado dos clássicos e árabes, por outro os novos saberes, que vão emergindo de uma forma exponencial mas ainda desordenada.

Foi a simbiose deste conhecimento "híbrido", composto de novos e de velhos saberes, que os humanistas procuraram organizar.

A organização do conhecimento observada ao longo dos séculos XV e XVI, apesar de ser abundante, enferma por ser pouco rigorosa. O Homem sente-se perdido perante o volume excessivo e a grande diversidade de conhecimento produzido,[124] não conseguindo encontrar critérios uniformes para o organizar.

---

[122] Esta característica é apontada por Santo Agostinho. Este autor entende que deve ser reunida numa única obra toda a informação necessária para a interpretação e ensino dos textos sagrados. É neste sentido que a sua obra "enciclopédica" traduz todos os conhecimentos, desde os de natureza física (medicina, agricultura, geografia, etc.) aos que eram considerados na altura de natureza transcendental (astronomia, geometria, matemática, etc.).

[123] A viagem de Marco Polo ao Extremo-Oriente (1272-1295), a de Cristóvão Colombo à América (1492) e a de Vasco da Gama à Índia (1498).

[124] Como temos referido ao longo deste excerto de texto, o Homem renascentista não só se preocupou em organizar os novos conhecimentos como em interpretá-los; numa tentativa de repor a *verdade* dos textos antigos, ele procura, nestes séculos, voltar a ler os originais interpretando-os, agora, com base na Razão e validando esses saberes com o recurso à experiência.

Nesta tentativa de organização do conhecimento salientam-se os humanistas italianos: Domenico Bandini (1335-1418) com a obra *Fons memorabilium universi* e Giorgio Valla (1430-1500) com *De expetendis et fugiendis rebus*.

Mais do que uma sistematização propriamente dita, nestas obras observa-se a compilação de um conjunto de diversos conhecimentos entre os quais se destacam a Filosofia, a Física, a Metafísica, a Música, a Astrologia, a Política, a Moral, a Medicina, etc.

Ainda[125] no século XVI, não podemos deixar de mencionar a obra *Dictionarium historicum, geographicum et poeticum* (1553), do humanista francês Charles Estienne (1504--1564).

Outra obra a considerar também é o *Tradentis disciplinis* (1531), do humanista e pedagogo espanhol Juan Luís Vives (1492-1540).[126]

Embora a obra de Luís Vives apresente os conhecimentos desordenados, à semelhança das obras de outros humanistas, assume-se como uma das mais importantes dentro do enciclopedismo renascentista.

Na nossa perspectiva, apesar da notória ausência de critérios de que enferma a organização do saber na época renascentista, esta assumiu enorme importância, na medida em que permitiu rectificar os erros que foram introduzidos pelos medieva-

Fig. 5 - *Dictionarium historicum, geographicum et poeticum* [125]

---

[125] Ver:http://chez.mana.pf/~sunset.tubuai/1671dictionarium.html [Consult. 12 de Dez. 2009].

[126] Humanista espanhol, Juan Luís Vives é um homem do seu tempo. Embora tenha sido um preconizador das ideias aristotélico-tomistas, na sua obra observam-se características de um homem comprometido com os ideais humanistas. Foi um pensador que se preocupou com a educação do espírito mas que também não descurou os cuidados a ter com o corpo. Além disso, valorizou os métodos indutivos e experimentais como meios de atingir o conhecimento. Esta orientação é notória na obra *Tradentis disciplinis*, na qual apresenta um programa de estudos cujo conhecimento é estruturado segundo a observação dos factos e da razão.

listas nas *Sumae* elaboradas ao longo da Idade Média, sobretudo no que diz respeito aos textos da Antiguidade.[127]

Cumpre referir que, até finais do século XV, não era hábito elaborar sistemas para classificar as ciências, porque este objectivo não era considerado um fim em si mesmo; além disso, pesa também o facto de a maioria das ciências não se encontrarem definitivamente autonomizadas.

Objectivos	- Divulgar o conhecimento laico - Divulgar a cultura da Antiguidade
Conteúdos	- Conhecimento universal (construído com base na Razão e na Experiência)
Estrutura	- Hierárquica Organização do conhecimento em áreas epistemológicas (estrutura inconsistente)

Tabela 3. Movimento enciclopédico no Renascimento

3.1.2.4 A organização do conhecimento na Idade Moderna

No século XVII assiste-se à organização enciclopédica do conhecimento, tal como a entendemos hoje. Às grandes compilações avulsas e dispersas do saber elaboradas no século precedente sucedem, agora, compilações sistemáticas, que se caracterizam por assentarem num princípio orientador comum e simultaneamente uniforme.

Foram introduzidos novos elementos epistemológicos e metodológicos na organização do conhecimento que concorreram, desta forma, para a sua nova estruturação. Partindo-se de critérios rigorosos e racionais, procedeu-se a uma *classificação* dos saberes.

Ao dogmatismo metafísico conducente a uma hierarquia de saberes fundada em bases teológicas, e que caracterizou a "sistematização" na Idade Média, sucede agora uma *sistematização* baseada em critérios lógicos, racionais e metodológicos, todavia, hierarquizada.

Deste modo e, tal como se tinha verificado nos séculos anteriores, também no século XVII se observou o interesse para sistematizar o saber, por parte de alguns filósofos; contudo, desta vez essa sistematização foi feita em moldes diferentes.

Expressão desta nova orientação epistemológica são as obras dos filósofos Johann Heinrich Alsted (1588-1638), *Encyclopaedia omnium scientiarum septem tomis distincta, (1630),* e de Juan Amós Coménio (1592-1670), *Pansophia* (1639), entre outras.

---

[127] Além disso, estes textos, que resultaram de uma nova sistematização, irão também conhecer novos públicos, pela primeira vez, graças ao aparecimento da imprensa.

ORGANIZAÇÃO DO CONHECIMENTO

Todos estes autores, nas suas obras, tentaram organizar o conhecimento que se encontrava disperso, elaborar novos esquemas, enfim, unificar o conhecimento existente, conservando, todavia, a especificidade de cada ramo do saber. Este movimento de organização desenvolveu-se no sentido de perpetuar a especificação de cada saber. Ao mesmo tempo que se pretendia unificar o conhecimento, concorria-se de forma ingénua e inconsciente, na nossa perspectiva, para a interdisciplinaridade.

Neste tipo de organização do conhecimento, as preocupações assentavam indirectamente na sua centralização porque, como referimos, este apresentava-se fragmentado, umas vezes de forma implícita, outras de forma explícita.

Nesta perspectiva, assistimos a um empreendimento por parte de alguns autores, destinado a esbater as barreiras entre os ramos do saber. Neste percurso aproximavam-se os saberes pelas suas afinidades semânticas, preconizando, desta forma, a interdisciplinaridade, como já referimos. Ao mesmo tempo que os identificavam, agrupavam-nos de forma sistemática, criando desta forma novos ramos do saber.

Na obra *Encyclopaedia omnium scientiarum septem tomis distincta*,[128] Alsted, imbuído de um espírito integrador e conciliador, procurou combinar, de forma pacífica, a cultura cristã com a cultura clássica. De acordo com esta orientação, colocou ao mesmo nível as ciências teóricas, as ciências práticas e as artes mecânicas. Revelando um espírito universal, procurou organizar nela todas as áreas do conhecimento humano.

Importa referir que os primeiros quatro livros desta obra apresentam uma reflexão epistemológica na qual, entre outros temas, são abordados os que estão relacionados com a origem e a classificação das ciências.

Outro ponto inovador, no que se refere à organização dos saberes, que se inicia no século XVII e que se irá afirmar e consolidar no século seguinte, é a adopção das línguas individuais na produção destas obras enciclopédicas.

Embora se tenham ainda publicado no início do século XVII algumas enciclopédias em latim, como a obra *Idea methodica* (1606), de Mathias Martini, na qual se aborda a classificação do conhecimento, e a obra *Anatomia ingeniorum et scientiarum* (1614) de Antonio Zara (1574-1621), a partir dos meados do século assistiu-se ao início da produção deste tipo de obras nas línguas nacionais; simul-

---

[128] Esta obra é composta por 35 volumes, divididos em sete partes. Na primeira parte (4 primeiros livros), Alsted apresenta um estudo introdutório de natureza epistemológica sobre a ciência. Nas outras três partes apresenta todos os ramos do conhecimento. Em primeiro lugar apresenta a Filologia, que integra as disciplinas do *Trivium*; segue-se a Filosofia teórica, que integra, por sua vez as disciplinas do *Quadrivium* e outras disciplinas; segue-se a Filosofia prática, que engloba um conjunto exaustivo de disciplinas de natureza diversa, mas o denominador comum a todas elas é o enfoque empírico.

CLASSIFICAÇÕES BIBLIOGRÁFICAS: PERCURSO DE UMA TEORIA

taneamente a apresentação dos esquemas temáticos e os respectivos assuntos passam a ser sujeitos à ordenação alfabética.

Das primeiras obras a serem produzidas neste novo modelo destacamos o *Grand dictionnaire historique, généalogique, géographique, etc...*, (1674), organizado por Louis Moréri, o *Le dictionnaire universel des arts et sciences* (1694), encomendado pela Academia das Ciências de Paris e, sob a direcção de Thomas Corneille é publicado o *Dictionnaire historique et critique* (1697), organizado sob a responsabilidade de Pierre Bayle.[129]

Após esta exposição, podemos concluir que, se o Renascimento se viu confrontado com uma grande quantidade de informação avulsa, uma herdada e outra inédita, para a qual teve dificuldade em construir técnicas e esquemas de classificação, o século XVII caracterizou-se sobretudo pelas experiências e estudos efectuados para uma possível construção de um modelo de classificação do conhecimento.

Tal situação concorre para que possamos afirmar que, nos séculos XVI e XVII, a organização do conhecimento não passou de um projecto que foi umas vezes melhor concebido do que outras.

No que diz respeito à organização do conhecimento, o século XVIII traz consigo a afirmação e a consolidação de dois critérios que já tinham sido introduzidos no século XVII. Por um lado, a consolidação e a valorização das línguas individuais no mundo científico e filosófico em detrimento do latim, facto que concorre para uma maior divulgação do conhecimento universal, na medida em que este tipo de obras começa a ser consumido por todos aqueles que sabem ler a sua língua e não por um pequeno grupo de eruditos, na maioria dos casos eclesiásticos. A adopção das línguas individuais também concorre para que a produção científica e académica se dissocie e corte o cordão umbilical com o poder e a produção eclesiástica, que também usava o latim, ao tempo a língua oficial.

Por outro lado, assiste-se à afirmação e consolidação da ordem alfabética em detrimento da organização disciplinar do conhecimento, critério que tinha sido usado até então.

Este novo modelo de organização do conhecimento vai ao encontro da mentalidade e da sensibilidade deste século.

Se é um facto que a introdução da ordem alfabética concorre para um acesso mais rápido e linear à informação, é também uma evidência que esta nova ordem contribui para a desestruturação do mundo disciplinar que se tinha instituído e

---

[129] Esta última obra teve uma grande repercussão na Europa e teve também uma enorme influência na produção da *Encyclopédie* de *Diderot* e de *D'Alembert*. Por seu lado, a obra de Moréri, foi aquela que mais se divulgou na Europa; até ao final do século foi editada seis vezes, tendo também sido traduzida para inglês. Em relação às outras obras produzidas, apresentava a particularidade de introduzir dados geográficos e biográficos.

ORGANIZAÇÃO DO CONHECIMENTO

consolidado na Idade Média e que chegou até à Idade Moderna constituindo, na nossa perspectiva, uma ordem sagrada do mundo cognitivo.

Mais uma vez, a organização do conhecimento teve de se ajustar às novas realidades dos quadros mentais. Para isso, a apresentação sistemática por assunto é preterida em relação à apresentação por ordem alfabética. Concordamos com Olga Pombo, quando se refere esta situação. Fá-lo nos seguintes termos: *Ela ajusta-se ao mundo dessacralizado com que o século XVIII se confronta.*[130]

A adopção desta nova concepção na organização dos saberes concorreu para que a organização do conhecimento, em termos formais, se aproximasse da de um dicionário.

Entre as obras publicadas de acordo com este novo conceito destacamos o *Dictionnaire des arts et des sciences* (1694), de Theodore Corneille (1606-1684), elaborado a pedido da Academia das Ciências de Paris, e o *Lexicon technicum or a Universal English dictionary of the arts and sciences* (1704-1710), de John Harris,[131] que foi encomendado pela Royal Society of London. Apesar de a primeira ter sido ainda publicada nos finais do século XVII, estas duas obras assumiram-se como as grandes obras nas quais a organização dos saberes se efectuou com bases nos dois princípios enunciados:

- o conhecimento aparecia disposto sob apresentação alfabética;
- o conhecimento encontrava-se registado nas línguas nacionais, no caso vertente em francês e em inglês, respectivamente.

O século XVIII assume-se como o corolário do enciclopedismo. Expressão desta afirmação é a publicação de duas grandes obras: a *Cyclopaedia or an General dictionary of Arts and Sciences* (1728)[132], de Ephraim Chambers (1680-1740) e a *Encyclopédie*, de Diderot e de D'Alembert.

No que concerne à obra *Cyclopaedia or a General dictionary of Arts and Sciences*, esta é apresentada como uma obra original, na medida em que o seu autor constrói uma teia de referências entre as entradas, que vão do geral para o particular, concorrendo, desta forma, para a unidade. Usando este expediente, o autor tenta dar uma ordem lógica e unitária aos assuntos nela tratados e que foram dispersos, naturalmente, pela ordem alfabética.

Esta obra seguiu a mesma orientação adoptada pelo *Lexicon technicum or a Universal English dictionary of the arts and sciences*, que tem como particularidades o facto de ser escrita em inglês, não fazer referência a biografias e favorecer todas

---

[130] POMBO, Olga – *O século de ouro do enciclopedismo*. [Consult. 8 Jun. 2008]. Disponível em WWW:<URL: http://www.educ.fc.ul.pt/hyper/enc/cap2p4/secour.htm.

[131] John Harris foi o primeiro autor a organizar uma enciclopédia em inglês.

[132] Nesta obra as entradas apresentam-se sob ordenação alfabética. Acresce referir que ela influenciou a *Encyclopédie* de Diderot e de D'Alembert, pelo facto de ter sido proposto a Diderot que a traduzisse.

103

as informações sobre ciências, artes e aquelas que estão relacionadas com o pensamento clássico e contemporâneo.[133]

Cumpre referir que, esta obra, no que diz respeito à sua organização, apresenta dois quadros de classificação das ciências. Um deles caracteriza-se por ser breve e nele poderem observar-se influências da classificação de Francis Bacon. O outro quadro que é, no essencial, a base desta obra, caracteriza-se pela evidente influência aristotélica e por ser mais extenso.

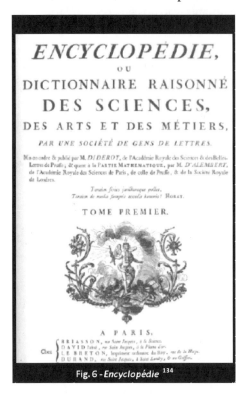

Fig. 6 - *Encyclopédie* [134]

Sob a orientação de Denis Diderot e de Jean Baptiste le Rond D'Alembert, foi publicado em Paris, em 1751, o primeiro volume da *Encyclopédie ou Dictionnaire raisonné des sciences,*[134] *des arts et des métiers*. Esta obra que, originalmente, tinha começado por ser uma tradução das obras *Lexicon technicum*, de John Harris e *Cyclopædia*, de Chambers, seguiu uma trajectória diferente daquela que se tinha projectado inicialmente, acabando por ser uma nova obra alicerçada em novos conceitos.

A maior das obras inseridas neste movimento foi, sem dúvida, a *Encyclopédie ou Dictionnaire raisonné des sciences, des arts et des métiers,* de Diderot e de D'Alembert, cujos últimos volumes foram publicados em 1772. Durante o período em que foi publicada, assumiu-se como o expoente máximo da organização do conhecimento.

O impacto desta obra na época foi imenso, graças aos temas que abordava e à forma como o fazia. De entre eles salientamos os temas sociais, os económicos, os políticos, os jurídicos e os teológicos.

A *Encyclopédie* foi mesmo considerada nos meios académicos e culturais do tempo, como o baluarte do movimento iluminista na Europa.

---

[133] Note-se que a *Encyclopaedia Britannica* (1768-1771) adoptou este modelo.
[134] Ver: http://clionauta.files.wordpress.com/2010/01/encyclopedie.jpg [Consult. 12 Dez. 2009].

Era composta por uma taxonomia do conhecimento humano inspirada na obra de Bacon, *Advancement of knowledge*. Devido a esta circunstância, o conhecimento apresentava-se dividido em três ramos: Memória, Razão e Imaginação. Estes ramos encontravam-se depois subdivididos em outros ramos do saber, como poderá observar-se na figura que apresentamos.

Neste esquema, que é o reflexo da mentalidade da época, a *Religião* aparece integrada na categoria da *Razão*, mais concretamente na parte relativa à Ciência de Deus.[135] Por curiosidade refira-se que, na mesma "subcategoria", também se encontra integrada a Magia Negra.

De uma forma geral, o princípio que estava subjacente a estas classificações assentava em divisões que se encontravam subordinadas umas às outras, tal como se observava nas classificações taxonómicas. Este tipo de classificação, construído com base nesta estrutura, foi o modelo que se impôs para organizar o conhecimento.

Nos séculos XIX e XX continua a tendência para organizar o conhecimento universal e para o publicar em grandes obras enciclopédicas ou em forma de verbetes, nos quais eles se encontravam organizados por ordem alfabética. Muitas destas obras de tipo enciclopédico já obedeciam a um plano prévio, no qual se encontravam desenhados os conteúdos que iriam compor a obra, assim como a ordem que eles assumiriam uns em relação aos outros. Exemplo desta orientação é a *Encyclopédie*.[136]

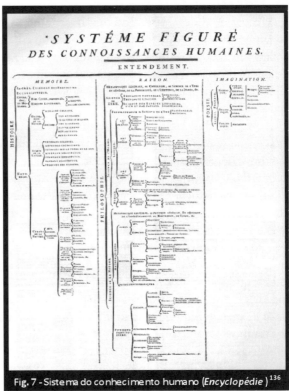

Fig. 7 - Sistema do conhecimento humano (*Encyclopédie*)[136]

---

[135] A propósito referir-se-á que, o facto de a religião aparecer subordinada a uma capacidade do Homem, provocou alguns problemas na época.
[136] Ver: http://aix1.uottawa.ca/~sperrier/europe/cours9/images/tree.french.jpg [Consult. 12 Dez. 2009].

Dentro desta linha, foi no século XIX que se construíram as primeiras classificações bibliográficas de tipo enciclopédico, de entre as quais salientamos a Classificação Decimal Universal.

Objectivos	- Divulgação do conhecimento laico. Difusão junto de todos os cidadãos: emprego das línguas nacionais
Conteúdos	- Conhecimento universal (construído com base na Razão e na Experiência)
Estrutura	- Hierárquica - Organização do conhecimento em áreas epistemológicas (estrutura inconsistente) - Ordenação alfabética.

Tabela 4. Movimento enciclopédico na Idade Moderna

A título de síntese, apresentamos os seguintes pontos conclusivos:

Interessa referir que toda a organização do conhecimento tinha subjacente uma estrutura hierárquica mais ou menos vincada. Ao longo dos períodos considerados, observamos saberes que são, ou subordinantes ou subordinados em relação a outros, de acordo, naturalmente, com as mentalidades vigentes na época.

A estrutura hierárquica considerada em si mesma, foi uma característica irrefutável que se manifestou, de uma forma implícita e/ou explícita, na apresentação dos saberes dentro de uma estrutura lógica e organizada de acordo com os valores da época à qual se refere. É neste sentido, por exemplo, que observamos a Teologia na Idade Média ser considerada o topo numa escala hierárquica, e na Idade Moderna a mesma disciplina aparecer subordinada à Razão. As classificações bibliográficas, embora partam de princípios de natureza diversa, de natureza lógica – também apresentam, na sua maioria, uma estrutura hierárquica.

No que respeita à organização do conhecimento enciclopédico, será de referir que lhe subjazem critérios definidos *a priori*, que se assumem como coordenadas de referência servindo para individualizar e identificar com precisão as várias tipologias relativas à organização do conhecimento ao longo dos tempos.

As classificações bibliográficas também foram, salvo raras excepções, construídas partindo de princípios considerados *a priori*. Este princípio salienta-se pela relevância conceptual e porque é considerado um eixo estruturante. Por exemplo na Classificação Decimal Universal, a um assunto corresponde sempre o mesmo código na respectiva tabela de classificação, sendo este determinado, *a priori*, independentemente de um documento.

ORGANIZAÇÃO DO CONHECIMENTO

Para concluir esta breve síntese, cumpre referir que, tal como aconteceu com o movimento enciclopedista, as classificações bibliográficas souberam interagir com a dinâmica social, o que se traduziu, na prática, por uma adaptação às novas realidades emergentes.

No quadro que apresentamos de seguida, pretendemos estabelecer uma melhor visualização das afinidades existentes entre as principais características que pautaram este movimento e as principais características das classificações bibliográficas.

	Enciclopedismo	Classificações bibliográficas
Objectivos	Organização do conhecimento	Organização do conhecimento
Conteúdos	Representação do conhecimento universal	Representação do conhecimento universal
Estrutura	- Sistemas epistemológicos (até à Idade Moderna) - Alfabética e em sistemas epistemológicos	- Sistemas epistemológicos

Tabela 5. Afinidades entre o movimento enciclopédico e as classificações bibliográficas

3.2 A organização do conhecimento [Segundo o critério da sistematização]

Neste ponto, por uma questão de consistência conceptual e metodológica, continuaremos a utilizar a designação *organização do conhecimento* em vez de *classificação do conhecimento*, apesar de este tipo de organização se alicerçar, embora de forma embrionária, em quadros classificatórios.

Ao longo da história do conhecimento e no que se refere à sua formalização em termos de organização, observamos que a sistematização foi uma actividade que esteve sempre presente nas preocupações culturais e científicas. Isto é, assistimos sempre à construção de sistemas, que consiste na disposição de forma estruturada dos elementos que constituem um conjunto, com o fim de formarem um todo organizado. Os elementos que formam essa estrutura são interdependentes na sua formação e obedecem a um critério único, de aplicação metódica, como um todo.

Desde sempre se assistiu a uma pretensão de sistematizar o conhecimento. O movimento de tipo enciclopédico a que fizemos referência no ponto anterior surge como uma das primeiras formas arcaicas de o sistematizar. Em paralelo com ele, a partir do século XVI, começam as primeiras tentativas de classificar as ciências, baseadas em critérios de natureza sistemática e científica.

Com a introdução deste ponto pretendemos apresentar os primeiros esquemas formais da classificação do saber, conhecer e analisar as suas estruturas e as suas características. Este ponto, tal como o anterior (1.1), assume no estudo do

CLASSIFICAÇÕES BIBLIOGRÁFICAS: PERCURSO DE UMA TEORIA

tema em análise um grande interesse, pelo facto de ter vindo a influenciar a construção dos planos de classificação bibliográfica.

Para dar cumprimento a este propósito iremos basear-nos em argumentos de carácter filosófico ou científico que marcaram uma posição irrefutável, ao longo dos tempos, relativamente à classificação do conhecimento.

Apesar de neste ponto colocarmos a ênfase na classificação das ciências, todavia, nos pontos (1.2.1; 1.2.2; 1.2.3) falamos em classificação do conhecimento e não em classificação das ciências. Esta circunstância prende-se com o facto de, nos períodos aos quais se referem os pontos que mencionamos, a ciência ainda não se considerar na acepção que teve a partir do século XVII. Independentemente desta situação, não obstante, ao longo dos períodos considerados, observou-se a vontade e a tentativa de se construírem planos para sistematizar o conhecimento, como iremos observar.

3.2.1 A classificação do conhecimento [Percurso histórico]

Ao longo deste percurso propomo-nos analisar a obra e o pensamento de alguns autores que entendemos terem influenciado, de forma directa e/ou indirecta, a construção das primeiras classificações bibliográficas de tipo enciclopédico como a Classificação Decimal Universal.

3.2.1.1 A classificação do conhecimento na Antiguidade

Na Antiguidade clássica as classificações propostas tinham como objectivo a classificação do conhecimento, e não a das ciências na verdadeira acepção da palavra.

Deste modo, as classificações propostas para a organização do conhecimento tinham como pressupostos princípios filosóficos.

Platão (428/427 a.C – 348/347 a.C) foi o primeiro filósofo a classificar o conhecimento humano segundo bases filosóficas. Dividiu-o em três partes: Física, Ética e Lógica.

Aristóteles (384 a.C – 322 a.C), filósofo grego, contribuiu com os seus princípios filosóficos para a classificação do conhecimento no Ocidente durante mais de dois mil anos e foi o primeiro filósofo a debruçar-se sobre a classificação das ciências.

Os seus fundamentos filosóficos em obras posteriores, no que respeita à classificação das ciências, serão notórios em autores como: Roger Bacon (1214?--1294),[137] Descartes (1596-1650),[138] Comte (1798-1857),[139] Spencer (1820-

---

[137] Gramática e Lógica; Matemática, Física, Metafísica e Moral e Teologia.
[138] Lógica; Matemática, Filosofia, Medicina, Ciências Mecânicas e Ética.
[139] Matemática, Astronomia, Física, Química, Filosofia e Sociologia.

ORGANIZAÇÃO DO CONHECIMENTO

-1903)[140] e Bliss (1870-1955)[141], entre outros. Todos estes autores seguiram a proposta aristotélica na classificação que propuseram para o conhecimento.

Partindo do princípio de qual é o fim das ciências, Aristóteles dividiu-as baseando-se nas três operações básicas do Homem, a saber: pensar, agir e produzir. Tendo como alicerces estas três faculdades, divide-as em: ciências teóricas, ciências práticas e ciências produtivas ou poéticas.

Às ciências teóricas (Moral, Ética, Economia e Política) estava destinado contemplarem a verdade; às ciências práticas (Matemática, Física e Filosofia) competia determinarem as regras através das quais se devem reger os actos humanos e às ciências produtivas (Poética, Retórica e Dialéctica), competia indicarem os meios a empregar na produção das obras exteriores.

Segundo Lahr[142], entre outras críticas, esta divisão enferma, por um lado, por conferir pouca relevância às ciências contemplativas e omitir a História, por outro, pelo facto de as três faculdades: pensar, agir e produzir se relacionarem de forma intrínseca umas com as outras e, deste modo, não deixarem espaço para uma classificação.

Apesar das críticas que lhe foram feitas, esta divisão das ciências veio a influenciar as obras de Juan Huarte (1535-1592), Francis Bacon e a própria *Encyclopédie*.

Ainda na Antiguidade, é de salientar a classificação binária de Porfírio. Tal como referimos no capítulo anterior, mais do que uma classificação, o sistema de Porfírio assume-se como a demonstração incipiente da técnica de uma classificação. Como observámos, esta técnica, no essencial, traduz-se na relação inversa da ideia de extensão e da de compreensão.

3.2.1.2 A classificação do conhecimento na Idade Média

Relativamente à Idade Média, a divisão do conhecimento pautou-se pela existência de um modelo que dominou todo o Ocidente cristão. Foi o modelo escolástico de Cassiodoro (490-c580), designado por *Trivium* e *Quadrivium*. Este modelo de classificação do conhecimento baseou-se nas Sete Artes Liberais[143], de Martius Capella (439). Talvez mais do que um quadro classificatório, este tenha sido um quadro construído com o fim de dividir e não de classificar. No

---

[140] Ciência abstracta (Lógica, Matemática), Ciência abstracta-concreta (Mecânica, Física, Química), Ciência concreta (Astronomia, Geologia, Biologia, Psicologia e Sociologia).

[141] Ciências abstractas, Ciências naturais, Ciências físicas, Ciências astronómicas, Ciências biológicas, Ciências antropológicas.

[142] LAHR, C. – *Manual de Filosofia: resumido e adaptado do "Cours de Philosophie"*. P. 344.

[143] Das Sete Artes Liberais faziam parte: a Gramática, a Dialéctica, a Retórica, a Geometria, a Astronomia, a Música e a Aritmética.

CLASSIFICAÇÕES BIBLIOGRÁFICAS: PERCURSO DE UMA TEORIA

entanto, entendemos que seria legítimo fazer-lhe uma referência neste ponto, porque, na prática, ele apresenta-se como uma verdadeira classificação do conhecimento usado como plano de estudos nas Universidades da Idade Média, e veio a ter uma forte influência em outros sistemas filosóficos de classificação posteriores. São exemplo desta influência a obra de Konrad Gessner (1516-65) e a de Francis Bacon.

3.2.1.3 A classificação do conhecimento no Renascimento

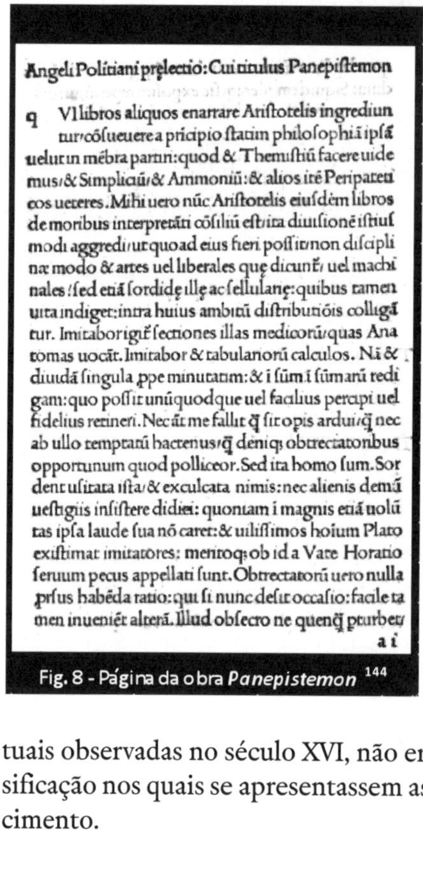

Fig. 8 - Página da obra *Panepistemon* [144]

Em relação a este período, no que respeita à classificação do conhecimento, no final do século XV, importa referir a obra do humanista florentino Angelo Poliziano[144] (1454--1494) *Panepistemon*[145] (1491).

Nesta obra, Poliziano expõe um sistema classificatório para o conhecimento, no qual, segundo Ingetraut Dahlberg, apresenta, de forma esquemática, as relações entre as ciências ou áreas do conhecimento. Segundo a mesma autora, foi com este texto que [...] *foi iniciado o "movimento" de elaboração de sistemas de classificação.*[146]

Cabe aqui referir que, no Renascimento, se esgotava em si próprio o princípio que era determinado para servir de base à sistematização.

Apesar de algumas experiências pontuais observadas no século XVI, não era usual construírem-se sistemas de classificação nos quais se apresentassem as relações entre as várias áreas do conhecimento.

---

[144] Ver: http://www.library.illinois.edu/rbx/exhibitions/Florentine%20Printing/POLIZIANOPANEPIS-TEMON_001.GIF [Consult. 10 Dez. 2009].

[145] Nesta obra o autor agrupou as ciências em três áreas, a saber: Teologia, Filosofia e Adivinhação. Subdividiu a Filosofia também em três partes: Teorética, Prática e Racional. Da Filosofia faziam parte a Gramática, a História, a Lógica, a Retórica e a Poética.

[146] DAHLBERG, Ingetraut – *Teoria da classificação, ontem e hoje.* [Consult. 28 Mai. 2009]. Disponível em WWW:<URL:http://.conexario.com/biti/dahlbergteoria/dahlberg_teoria.htm>.

De uma forma geral, ao longo deste período procuravam-se esquemas classificatórios que permitissem classificar todos os domínios do saber de uma forma autónoma, sem que houvesse possibilidades da existência de qualquer tipo de relações entre as respectivas áreas. Uma ciência poderia apenas ocupar um único lugar dentro de um dado esquema global. O contrário era considerado uma "heresia" científica. Admitir as possíveis relações que se poderiam estabelecer entre os distintos ramos do saber ou as perspectivas sob as quais poderia ser considerada uma determinada área, era algo impensável na época.

Esta posição determinista quanto ao espaço que uma certa área do saber poderia ocupar num esquema de classificação, manifesta-se nas obras de Mário Nizolio (1488-1567) e de Juan Huarte, ambas publicadas na segunda metade do século XVI.[147] Ao conceberem um plano classificatório para os saberes, os dois autores não consideram as suas relações.

Juan Huarte, que é considerado o percursor do cartesianismo e do cognitivismo, na obra *Examen de ingenios (1575)*, entre outros temas, desenvolveu metodologicamente uma sistematização enciclopédica da classificação dos saberes. Nela apresenta uma distinção inequívoca dos diferentes ramos de cada saber. De acordo com esta distinção cada ramo assenta numa faculdade humana diferente. Nesta obra, no capitulo XII, ele apresenta esta ideia nos seguintes termos: *Esta misma diferencia hay entre el teólogo escolástico y el positivo: que el uno sabe la razón de lo que toca a su facultad; y el otro las proposiciones averiguadas y no más [...]*.[148]

Fig. 9 - Portada da obra: *Examen de ingenios* [147]

---

[147] Ver: http://cvc.cervantes.es/img/conjuro_libros/09_examen_ingenios01_600.jpg [Consult. 20 Nov. 2009].
[148] HUARTE DE SAN JUAN, Juan – *Examen de ingenios para las ciencias*.1989. (Facs. De 1593). Capitulo XII. [Consult. 12 Jan. 2008]. Disponível em WWW:<URL:http://.books.google.pt/>.

No corpo deste mesmo capitulo, distingue a Teologia positiva da Teologia escolástica argumentando o seguinte: [...] *la teórica de la teologia pertenece al entendimiento y el predicar, que es su práctica, a la imaginativa.*[149]

Se no capítulo XII separa o Direito teórico do Direito prático, no capítulo XIV, divide a Medicina em duas partes: Medicina teórica e Medicina prática.

O autor justifica as outras duas divisões com razões análogas às que foram invocadas para a Teologia.[150]

Fig. 10 - Portada da obra: *Bibliotheca Universalis* [150]

Terminamos este ponto com a referência a Konrad Gessner, naturalista e bibliófilo que, com a sua obra *Bibliotheca Universalis (1545)*, trouxe um decisivo contributo à história das classificações.

Este autor, num suplemento à referida obra chamado *Pandectarium sive partitionum universalis*, classificou por assunto os livros que compunham a obra *Bibliotheca Universalis*.

Apesar de ser uma classificação para livros de uma bibliografia impressa e não para uma colecção de obras de uma biblioteca, não deixa, contudo, de ser a primeira tentativa para organizar de forma metódica os livros. Por isso se reconhece este sistema como o primeiro esquema de classificação bibliográfico.

---

[149] *Ibidem.*
[150] Ver: http://www.ngzh.ch/Nj1966.gif [Consult. 21 Nov. 2009].

3.2.1.4 A classificação do conhecimento na Idade Moderna: a classificação das ciências

A Idade Moderna trouxe consigo uma nova forma de classificar o conhecimento, que foi a classificação das ciências.

Uma das primeiras classificações de relevo a considerar nesta época é a de Francis Bacon. A sua importância e o seu destaque devem-se à influência que viria a assumir noutras classificações posteriormente elaboradas.

Bacon, partindo de um pressuposto subjectivo na orientação aristotélica, classifica as ciências de acordo com as três faculdades intelectuais do Homem.[151] Assim, segundo esta orientação, no II Livro *De dignitate et augmentis scientiarum*,[152] na primeira parte, denominada *Partitiones scientiarum*, este autor apresentou o seguinte plano: as Ciências da Memória, as Ciências da Imaginação e as Ciências da Razão.

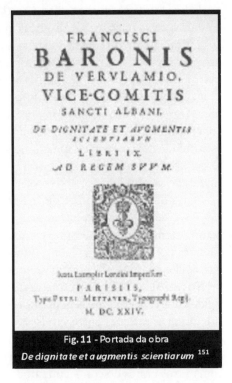

Fig. 11 - Portada da obra *De dignitate et augmentis scientiarum* [151]

À Memória correspondia a História (História natural, História civil e História sagrada), à Imaginação a Poesia (épica, dramática e alegórica) e à Razão a Filosofia (cujo objecto de estudo são Deus, o Homem e a Natureza). Esta classificação é expressa pelo autor no seguinte excerto: *Partitio universalis doctrinae humanae, in Historiam, Poesim, Philosophiam, secundum tres intellectus facultates, Memoriam, Phantasiam, Rationem* [...].[153]

Esta classificação, tal como acontecia com aquela que fora proposta por Aristóteles, segundo alguns autores não distingue suficientemente as duas ciências em termos de classificação, por aproximar a História civil da História natural, já que entre as duas não há analogia possível.[154]

---

[151] Ver: http://www.library.dal.ca/duasc/Bacon/images/thumbnails/G130_DeAugmentisScientiarum_1stParisEd.jpg [Consult. 15 Dez. 2009]
[152] Este texto é o primeiro da obra *Instauratio magna*.
[153] BACON, Francis – *De dignitate et augmentis scientiarum*. 1645. P. 121.
[154] LAHR, C. – *Manual de Filosofia: resumido e adaptado do "Cours de Philosophie"*. P. 344.

CLASSIFICAÇÕES BIBLIOGRÁFICAS: PERCURSO DE UMA TEORIA

Esta preocupação de sistematizar e de construir um "esquema" hierárquico do conhecimento, encontra-se também na obra do mesmo autor, *Novum organum sive Indicia de interpretatione naturae (1620)*. Nela, Bacon expõe o método indutivo e estabelece as relações hierárquicas que os saberes devem ter uns em relação aos outros. Expressão desta ideia é o que pode ler-se na seguinte passagem da referida obra: [...] *a esas dos ciencias teóricas estarán subordinadas dos ciencias prácticas: á la física, la mecânica; á la metafísica, la magia* [...].[155]

Bacon pretendia que todas as informações que estão apresentadas nas suas obras fossem sujeitas a rigorosos critérios científicos. O seu grande projecto era construir uma enciclopédia, na qual o conhecimento humano se encontrasse estruturado em três partes: uma sobre a Natureza, outra sobre o Homem e uma terceira sobre a acção do Homem na Natureza; todavia, este seu projecto nunca viria a ser concluído.

Outra obra que importa referir a propósito do tema em análise é a de Juan Amós Coménio *Pantaxia* ou *Universalis Sapientia*.[156] Nesta obra é apresentado um plano sistemático das diferentes ciências e a relação que se estabelece entre elas. Começa por apresentar as Ciências da natureza, seguindo-se as Ciências humanas, a Filosofia, e finaliza o seu esquema com a Teologia.

Nos séculos XVII e XVIII, apesar de se terem observado algumas alterações à rigidez dos esquemas de sistematização, que se traduziram no facto de se considerarem as relações entre várias áreas, predominava o princípio da exclusividade baseada no determinismo. De acordo com ele, um dado domínio do conhecimento só podia ser classificado numa única área, sendo-lhe interdita a relação com outros ramos do conhecimento.

Entre os opositores à ideia de monohierarquia, no século XVIII, encontramos, entre outros percursores, André-Marie Ampère (1707-1788).

Ampère, na sua classificação das ciências, ao contrário de Bacon, parte de um pressuposto objectivo, facto que concorre para que a sua classificação adquira características científicas. Partindo de dois princípios: matéria e espírito, divide as Ciências em Ciências cosmológicas e em Ciências noológicas ou Ciências do mundo espiritual.[157-158]

---

[155] BACON, Francis – *Nuevo órgano*. 1892. P. 18-19.

[156] Esta obra divide o mundo hierarquicamente em oito níveis: o Possível, o Ideal, o Inteligível, o Natural, o Artificial, o Moral, o Espiritual e o Eterno.

[157] As ciências cosmológicas propriamente ditas correspondem à matéria inorgânica e podem ser consideradas abstractas, como a matemática, ou concretas, como a física. As ciências fisiológicas correspondem à matéria orgânica, e destas fazem parte outros dois tipos de ciências: as ciências médicas e as ciências naturais. As ciências noológicas dividem-se em Ciências noológicas propriamente ditas, tais como as Ciências filosóficas e as Ciências dialogmáticas (como, por exemplo, a linguística); estas Ciências integram ainda as Ciências sociais que, por sua vez, se dividem em Ciências políticas e Ciências etnológicas.

[158] Ver: http://www.sabix.org/bulletin/b37/37-28.gif. [Consult. 20 Dez. 2009].

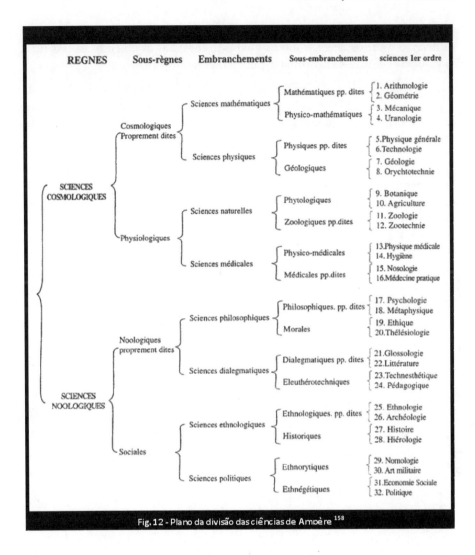

Fig. 12 - Plano da divisão das ciências de Ampère [158]

Entre as críticas que foram feitas a esta classificação, destacamos as seguintes: possuir um número excessivo de subdivisões, por vezes ser arbitrária nos pormenores e não mostrar, de forma evidente, a relação que existe entre as ciências.

Na obra *Essai sur la philosophie des sciences, or Exposition analytique d'une classification naturelle* [...],[159] Ampère afirma que, na classificação das ciências, não poderá

---

[159] AMPÈRE, André-Marie – *Essai sur la philosophie des sciences...* 1838. P. VI.

CLASSIFICAÇÕES BIBLIOGRÁFICAS: PERCURSO DE UMA TEORIA

apenas ser considerada a sua natureza, mas também deverão ser considerados os diversos pontos de vista sob os quais são tomados os objectos a classificar. Esta ideia encontra-se de forma explícita no seguinte excerto:

> *Depuis long temps j'avais remarqué qu'il est nécessaire, dans la détermination des caractères distinctifs d'après lesquels on doit définir et classer les sciences, d'avoir égard non seulement à la nature des objects [...] mais encore aux divers points de vue sous lesquels on considère les objects.*

Independentemente do nível de maior ou menor flexibilidade, pretendia-se que a hierarquização das ciências contribuísse para a localização inequívoca de cada ciência. Dentro de um quadro classificatório global, cada uma deveria ter um lugar predeterminado e imutável.

Nesta linha de pensamento e, como expoente máximo deste tipo de classificações que são baseadas na hierarquização, referiremos Lineu (1707-1778), que é considerado o "pai" da moderna classificação biológica e a sua obra constitui, ainda hoje, uma ferramenta indispensável para a investigação dos seres vivos. Na obra *Systema Naturae (1735)*[160] expõe um esboço das suas ideias para uma classificação hierárquica das espécies.

---

[160] Na obra *Systema naturae*, Lineu classifica as plantas, os animais e os minerais. Para classificar as plantas baseou-se nas características sexuais, para os animais e minerais classificou-os pela sua aparência externa. A hierarquia das taxonomias de Lineu, eixo estruturante deste sistema, partia da noção de Reino que, por sua vez era dividido em *Filos*, estes em classes, ordens, famílias, géneros e espécies e, dentro de cada um, em subdivisões. Foi neste trabalho (10ª ed. 1758), que Lineu iniciou a aplicação geral da nomenclatura binominal zoológica.

O[161] sistema que apresenta, e que dá o nome à obra, baseava-se no conceito de taxonomia,[162] assente numa hierarquia absolutamente redutora, que geralmente usava apenas uma característica para classificar os objectos, como acontecia nas plantas. Tal ideia concorreu para que esta classificação fosse criticada por outros autores, entre os quais Georges Buffon, que contrapunha ao *fixismo* de Lineu uma classificação mais flexível, fundada na observação das formas inalteráveis da natureza, na identificação dos caracteres essenciais, relativos aos géneros, às espécies e às classes.

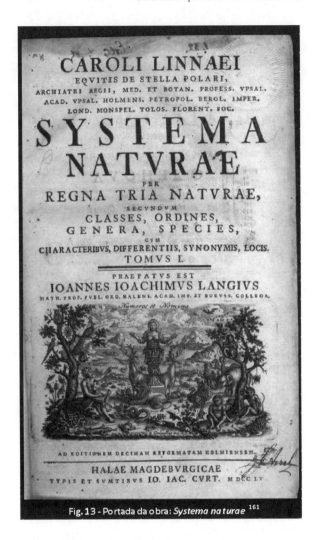

Fig. 13 - Portada da obra: *Systema naturae* [161]

Nas taxonomias enumeravam-se todas as espécies de forma exaustiva. Este processo iria influenciar, de uma forma geral, as classificações bibliográficas de

---

[161] Ver: http://bibbild.abo.fi/hereditas/linneana/syn.jpg [Consult. 14 Dez. 2009].

[162] A ideia de taxonomia não é inédita. No século XVI, entre outros humanistas que se insurgiam e lutavam contra o método escolástico, baseado no *Trivium* e no *Quadrivium*, na maioria das Universidades Europeias destaca-se Pierre de La Ramée (1515-1572), lógico e filósofo francês. Este filósofo, influenciado pelo tratado de Porfírio, no qual se defende uma classificação do conhecimento baseada em dicotomias, numa tentativa de reformar o ensino tradicional, apresenta a substituição dos antigos métodos de memorização pelo método de memória artificial baseado em tabelas taxonómicas.

CLASSIFICAÇÕES BIBLIOGRÁFICAS: PERCURSO DE UMA TEORIA

tipo enciclopédico pois, tal como o sistema de organização das espécies proposto por este naturalista, também os assuntos neste tipo de classificações se encontram enumerados. Por tal ocorrência caracterizam-se estes tipos de classificações como enumerativas.

A classificação de Lineu foi criticada por outros filósofos naturalistas, que viram nela um instrumento extremamente compartimentado e assente em princípios redutores.

Como referimos, entre os autores que criticaram a proposta de Lineu, como já referimos, destaca-se Georges Buffon, naturalista francês, que contrapõe ao "imobilismo descritivo" da classificação esquemática de Lineu, uma observação e descrição baseadas na variedade de formas e do comportamento dos objectos a classificar. Na interpretação dos fenómenos, este autor assume uma dimensão antropológica: o Homem é o centro. Para Buffon uma classificação dos objectos apenas faz sentido se tiver em conta a relação que se estabelece entre o Homem e eles. Ao contrário de Lineu, que isola e "disseca" os objectos em si próprios, Buffon para efeitos de classificação dos mesmos, considera a sua relação com o meio envolvente. Para este naturalista, a natureza só podia ser entendida como um todo. Sistematizando o seu pensamento em relação à classificação de conhecimento, podemos afirmar que Buffon considera o *Homem* como fundamento primeiro na sua classificação.

Buffon, contrário ao "fixismo" de Lineu, entende que é impossível compartimentar de forma categórica os objectos em classes, géneros e espécies, estabelecidos *a priori*, na medida em que existem sempre determinadas particularidades que são comuns a objectos de outras classes, géneros e espécies. Desta forma, classificar um objecto em qualquer destas divisões será sempre um processo *arbitrário*.

Partindo destes princípios, Buffon divide as Ciências em duas classes principais, a saber: História civil e História Natural. Fá-lo na expressão que se segue: *On pourroit donc diviser toutes les sciences en deux classes principales [...] la première est l'Histoire Civile, & la seconde, l'Histoire Naturelle [...]*.[163]

Destas ciências irão ramificar outras, naturalmente.

---

[163] BUFFON, Georges Louis Leclerc – *Histoire naturelle, générale et particulière: avec la description du Cabinet du Roy*. 1749-1804. P. 31.

Importa referir o importante papel que Buffon teve na classificação do conhecimento. Traduziu-se numa divisão assente em critérios flexíveis e métodos que se tentavam adequar às particularidades dos objectos a classificar. Buffon, ao contrário de outros filósofos racionalistas/experimentalistas, não se preocupou em estudar um único método, pois entendia que não havia um método perfeito que se adequasse à multiplicidade dos seres.[164]

Pelo que fica exposto, em relação à sistematização, observamos que o século XVIII se caracterizou pela preocupação de classificar as Ciências Naturais partindo de critérios racionais e científicos. A pretensão de classificar as Ciências irá estender-se ao século XIX, no qual assistiremos aos primeiros ensaios e estudos de sistematização, agora também nas Ciências Sociais.

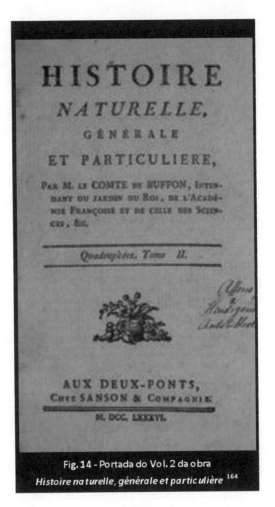

Fig. 14 - Portada do Vol. 2 da obra *Histoire naturelle, générale et particulière* [164]

3.2.1.5 A classificação do conhecimento no século XIX: a classificação das ciências

No século XIX, embora haja algumas excepções, continuou a prevalecer a sistematização do conhecimento alicerçada na hierarquia.

Esta ideia desenvolveu-se e consolidou-se a ponto de o próprio acto de construir planos de classificação com vista à sistematização do conhecimento se ter

---

[164] Ver: http://images.google.pt/images?hl=pt-PT&source=hp&q=Histoire%20naturelle%2C%20g%C3%A9n%C3%A9rale%20et%20particuli%C3%A8re%3A%20avec%20la%20description%20du%20Cabinet%20du%20ro&um=1&ie=UTF-8&sa=N&tab=wi [Consult. 14 Dez. 2009].

tornado uma actividade natural entre os filósofos. Era necessário criar novos quadros classificatórios que, por um lado permitissem classificar as novas ciências que se emancipavam da Filosofia natural e, por outro, servissem para classificar as novas ciências emergentes, sobretudo das áreas sociais, como a Sociologia e a Psicologia.

Os quadros classificatórios deveriam estar, naturalmente, de acordo com os quadros mentais da época, no caso concreto dentro dos padrões do Positivismo.

Um dos fundamentos mais relevantes no pensamento do século XIX era a ideia de progresso. A formalização deste princípio assentava na ordem que se deveria basear na noção de hierarquia. No século XIX, esta ideia encontrava-se subjacente a qualquer actividade. Deste modo, vamos encontrar o conceito de hierarquia na generalidade dos quadros sistemáticos deste século relativos ao conhecimento, em particular no que se refere à classificação das ciências. De um modo geral, estes caracterizam-se por apresentarem esquemas de classificação rígidos, excepcionalmente abertos a alguma flexibilidade.

Foi desta forma que, ao longo do século XIX, se assistiu à proliferação de esquemas de classificações, seja nas Ciências naturais, seja nas Ciências sociais.

Esta prática repercutiu-se também na área da biblioteconomia, onde se iniciou a construção de sistemas de classificação. Este movimento traduziu-se na publicação dos primeiros planos enciclopédicos de classificação biblioteconómica, cujo objectivo se manifestava na organização do conhecimento: em catálogos de livreiros, em catálogos de bibliotecas e na arrumação física das espécies numa biblioteca. É no século XIX que aparecem formalizados e instituídos os primeiros esquemas enciclopédicos de classificação bibliográfica.

Entre outras classificações que apareceram no século XIX, salientamos as de Auguste Comte e Herbert Spencer, dada a importância que tiveram na construção de outras classificações.

Auguste Comte foi um filósofo que marcou o pensamento da segunda metade do século XIX. Da sua obra destaca-se, pela sua novidade e particularidade conceptual, o facto de ter fundado o Positivismo e a Sociologia.[165]

---

[165] Cumpre referir que Comte procurou sistematizar o progresso humano, num processo que designou a Lei dos três estados, considerado por alguns autores como o fundamento indiscutível de toda a sua obra. Partindo da observação da percepção da ideia de progresso humano, Comte divide a sua evolução em três estados, a saber: o estado teológico ou fictício, o estado metafísico ou abstracto e o estado científico ou positivo.

No estado teológico os fenómenos são explicados com o recurso ao sobrenatural, pela arbitrariedade de entidades sobrenaturais. Nesta fase procuravam-se as primeiras e últimas causas dos fenómenos.

O segundo estado, o metafísico, apresenta-se como um estado de transição entre o estado teológico e o estado positivo. Neste estado, apesar de se encontrar ainda a presença de entidades sobrenaturais na

ORGANIZAÇÃO DO CONHECIMENTO

De uma forma geral, podemos dizer que o Positivismo[166] caracteriza-se pela subordinação da Imaginação à Razão.

O facto de Comte subordinar a Imaginação à Razão, naturalmente não é sinónimo da sua negação. Para Comte não é possível existir ciência sem imaginação. A participação da subjectividade, que radica na imaginação, é um factor imprescindível na elaboração da ciência, o que não se pode perder de vista é a realidade – a objectividade dos factos.

Partindo deste princípio chegamos à seguinte conclusão epistemológica: a compreensão da realidade apenas é possível partindo da relação contínua entre o objectivo e o subjectivo e o abstracto e o concreto. É neste fundamento, simultaneamente dicotómico e dialéctico, que Comte vai basear todo o seu pensamento, inclusive a própria classificação das ciências.

No geral, o método positivo caracteriza-se pela observação. Para Comte, qualquer plano de classificação das ciências deveria passar pelo método positivo, fossem as Ciências naturais ou outras. A este propósito, registamos o seguinte excerto:

> D'un autre côté, la théorie générale des classifications, établie dans ces derniers temps par les travaux philosophiques des botanistes et des zoologistes, permet d'espérer un succès réel dans un travail, en nous offrant un guide certain par le véritable principe fondamental de l'art de classer, qui n'avait jamais été conçu distinctement jusqu'alors. Ce principe est une conséquence nécessaire de la seule application directe de la méthode positive à la question même des classifications, qui, comme toute autre, doit être traitée par observation, au lieu d'être résolue par des considérations à priori.[167]

explicação dos factos, já se procuram as causas na própria realidade. Este estado é caracterizado pelas abstracções personalizadas.

O terceiro estado surge no seguimento e como o corolário dos outros dois. Os factos são explicados por leis gerais, abstractas e positivas. A procura do absoluto dá lugar ao relativo, o absoluto, dada a sua natureza, considera-se inacessível.

Importa referir que esta sistematização não é original de Comte. Ela radica na doutrina de Torgot e, mais tarde, de Condorcet, que também tiveram a pretensão de dividir e classificar a evolução humana partindo da faculdade intelectual do Homem.

Cumpre referir que esta Lei não é apenas aplicada ao Homem no que diz respeito à sua evolução colectiva, mas é também aplicada ao ser individual. Assim, a criança explica os factos através do sobrenatural, o adolescente corresponde ao estado metafísico e o ser adulto consegue atingir o nível "positivista" das coisas.

[166] Numa visão geral, a filosofia positivista caracteriza-se essencialmente pela negação da aplicação de um único princípio no que concerne à explicação dos fenómenos naturais e sociais e pela aplicação do método positivo às ciências. Relativamente ao método, este não poderia ser o mesmo para todas as ciências, dado o facto de a sua natureza ser diversa.

[167] COMTE, Auguste – Cours de philosophie positive. 1877. P. 49.

Concretamente, em relação à classificação das Ciências, Comte preconiza que estas se devem classificar considerando o seu objecto, partindo do nível mais simples para o mais complexo. É com base nesta ideia (do nível mais simples para o mais complexo) que Comte estabelece o seu plano de classificação das ciências, assente, naturalmente, numa hierarquização.[168]

Fig. 15 - Plano da classificação das Ciências de Comte [168]

De acordo com este raciocínio, e segundo este autor, as ciências não atingiriam o nível "positivo" ao mesmo tempo. As primeiras a conseguirem atingir esse estádio foram as Matemáticas, na medida em que esta ciência se caracteriza por um elevado nível de generalidade e, ao mesmo tempo, apresenta um objecto de estudo simples e indeterminável. Com base no mesmo raciocínio seguem-se a Astronomia, a Física, a Química, a Biologia e, por último, a Sociologia.

Como já referimos, a ordem de organização desta classificação parte do simples para o complexo e do abstracto para o mais concreto, apresentando-se este

---

[168] Ver: http://images.google.pt/images?hl=pt-PT&um=1&q=Classification+des+sciences+%22Auguste+Comte%22&sa=N&start=63&ndsp=21 [Consult. 14 Dez. 2009].

ORGANIZAÇÃO DO CONHECIMENTO

último critério como a principal base da classificação de Comte, como podemos observar na seguinte passagem do *Cours de philosophie*:

> *Il faut distinguer, par rapport à tous les ordres de phénomènes, deux genres de sciences naturelles: les unes abstraites, générales, ont pour objet la découverte des lois qui régissent les diverses classes de phénomènes, en considérant tous les cas qu'on peut concevoir; les autres concrètes, particulières, descriptives, et qu'on désigne quelquefois sous le nom de sciences naturelles [...]*[169]

Partindo desta ordem de ideias, a Sociologia, num primeiro momento designada Física social, é a ciência que Comte considera mais complexa, na medida em que apresenta como objecto de estudo a Economia, a Ética, a Filosofia da história, uma parte da Psicologia (a outra parte da Psicologia encontra-se na Biologia) e a Política. É, portanto, um objecto complexo, acrescendo ainda a sua dimensão concreta. Devido a este facto, a Sociologia é a última a atingir o estado positivo.

Dentro deste sistema hierárquico, convém referir que as ciências concretas se encontravam subordinadas às abstractas e, por, seu lado as complexas dependiam das mais simples. Além desta dependência, os objectos de cada ciência particular dependiam dos objectos das outras ciências. Deste modo, Comte construiu um esquema de classificação hierarquizado mas ao mesmo tempo criou também uma teia de inter-relações entre as várias ciências.

Resumindo: Comte, na sua classificação das ciências, parte dos seguintes princípios:

Que na natureza os factos mais simples são também os mais gerais; que toda a ordem de existência superior considera como pressuposto ordens de existência mais simples e consequentemente mais gerais.

Conclui-se destes princípios que a dificuldade de conhecer os objectos é directamente proporcional à sua complexidade. Deste modo, os fenómenos físicos e químicos, que são os mais gerais e os mais simples, são os que se apresentam mais fáceis de estudar.

Partindo destas premissas, Comte conclui que a complexidade crescerá na razão inversa da generalidade e que cada uma das ciências suporá as ciências mais elementares e gerais. Dado este facto, deve partir-se do estudo das ciências mais simples e subir gradualmente até às mais complexas.

A classificação de Comte, construída com base nestes fundamentos, tem a vantagem de ser objectiva e de apresentar com grande clareza o vínculo e a hierarquia das ciências. Todavia, esta posição relativamente à classificação das ciên-

---

[169] *Ibidem*, p. 54.

CLASSIFICAÇÕES BIBLIOGRÁFICAS: PERCURSO DE UMA TEORIA

cias vai ser criticada por alguns autores, que a consideram demasiado incompleta e redutora, na medida em que não toma em linha de conta as ciências que têm por objecto o mundo e o espírito; além disso, criticam também a dependência que algumas ciências apresentam em relação a outras.

Embora adoptando a mesma base que ele, um dos autores que criticou Comte foi Herbert Spencer. Trata-se de um filósofo inglês, positivista e seguidor das ideias evolucionistas de Charles Darwin, que trouxe para a Filosofia. Um dos seus objectivos era sistematizar todos os conhecimentos no âmbito da Ciência moderna, aplicando nessa sistematização os princípios do evolucionismo. Foi dentro deste espírito que construiu uma classificação para as ciências.

A construção deste novo sistema, no fundo, surge como uma reacção ao sistema que fora proposto por Comte. Ao mesmo tempo que critica o sistema e os fundamentos apresentados por este autor na obra *Cours de Philosophie*, concebe um novo sistema. Expressão desta ideia é o seguinte excerto, que foi extraído da obra *Classification des sciences*:

> *Dans cet opuscule, consacré en partie à la critique de la classification de Comte, j'ai prouvé que ni l'ordre de succession suivant lequel cet auteur dispose les sciences, ni tout autre ordre suivant lequel on peut les disposer, ne représent, soit leur dépendance logique, soit leur dépendence historique.*[170]

Concretamente, Spencer classifica as ciências em dois grandes domínios, de acordo com os seus diferentes aspectos, com os seus *objectivos* e com os seus *métodos*, como ele próprio refere: *Elles se partagent en deux classes, différentes d'aspect, de but et de méthodes.*[171]

Partindo deste princípio, este autor classifica as ciências em dois grupos:

- Ciências que estudam as formas sob as quais os fenómenos se nos apresentam;
- Ciências que estudam os fenómenos em si mesmos.

No primeiro grupo encontramos as Ciências abstractas, das quais fazem parte a Lógica e as Matemáticas.

No segundo grupo Spencer subdivide-as. Fá-lo em dois grupos de acordo com os seguintes critérios: aquelas que são estudadas de acordo com os seus elementos designa-as de Ciências abstracto-concretas, e exemplifica com a Mecânica, a Física e a Química; e aquelas que são estudadas integradas no seu con-

---

[170] SPENCER, Herbert – *Classification des sciences*, 1930. P. 1.
[171] *Ibidem*, p. 5.

junto; a este último grupo chama-lhe Ciências concretas e delas fazem parte a Astronomia, a Geologia biológica, a Psicologia e a Sociologia.

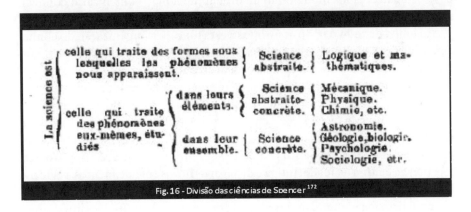

Fig. 16 - Divisão das ciências de Spencer[172]

Os critérios que estão subjacentes à sua classificação diferem daqueles que foram considerados por Comte, o que concorre para que o seu esquema de classificação seja diferente. Enquanto Comte considera cada ciência contendo uma parte abstracta e uma parte concreta, Spencer atribui apenas uma destas dimensões a cada ciência.[172]

3.3 Enciclopedismo e classificação do conhecimento: pontos de convergência e influências nas classificações bibliográficas

Ao longo do percurso descrito, no que concerne ao enciclopedismo e à classificação das ciências, não podemos ignorar a influência que estes dois movimentos exerceram sobre as classificações bibliográficas de tipo enciclopédico.

Não pretendendo sermos exaustivos quanto aos pontos em que convergem, referiremos apenas aqueles que, na nossa perspectiva, exerceram uma influência significativa, nomeadamente quanto aos *objectivos*, ao *conteúdo* e à *estrutura*.

Relativamente aos *objectivos* há uma convergência total, na medida em que, tanto as classificações bibliográficas, como o enciclopedismo e a classificação das ciências, propunham, como principal objectivo, a *organização do conhecimento humano para uma melhor localização e compreensão*.

Da leitura do exposto ficou claro que a pretensão de todos estes autores foi a de organizar o conhecimento, independentemente do seu nível de sistematização, pretensão que é também constatada em qualquer classificação bibliográfica de tipo enciclopédico. Radicando em razões diversas, assiste-se, em todos

---

[172] SPENCER, Herber – *Classification des sciences*. 1930. P. 6.

estes meios, a uma procura incessante de representar o conhecimento universal com o fim de o tornar acessível. Baseado nesta ideia entendemos que todos eles nasceram alicerçados numa razão de ordem funcional – organizar o conhecimento para o tornar acessível.

Ao longo de todo o texto assistimos a esta função da organização do conhecimento, umas vezes radicada em necessidades de natureza empírico-culturais, outras radicada em necessidades de ordem científico-culturais.

De acordo com este contexto, e para responder a necessidades de natureza empírico-culturais, na Antiguidade procedera-se à organização do saber com o intuito de conservar os valores e a cultura Antiga. Na Idade Média a organização do conhecimento esteve ao serviço da Igreja e, directamente, do movimento escolástico. No Renascimento pretendeu-se, com a organização dos saberes, recuperar a cultura da Idade Antiga e divulgar os novos conhecimentos. Na Idade Moderna, imbuída do espírito empírico-racionalista, a organização do conhecimento baseada em fundamentos, agora de natureza científico-culturais, teve como função sistematizar os saberes existentes e emergentes, de acordo com os novos parâmetros inerentes ao conceito da Ciência moderna, para que fossem acessíveis a todos os indivíduos.

Nas classificações das ciências, esta preocupação manifesta-se na elaboração de planos estruturados, onde pudesse organizar-se o conhecimento de forma sistemática.

Esta característica funcional também se encontra nas classificações bibliográficas. A sistematização do conhecimento nelas contida assume, no essencial, uma função empírica, tal como o enciclopedismo e as classificações das ciências. Ao organizarem o conhecimento, disponibilizam-no de forma ordenada à sociedade, em catálogos impressos ou em linha e na arrumação física das obras numa Biblioteca. Com elas, o acesso e a localização do saber tornam-se mais rápidos, constituindo, deste modo, o elo entre a informação e aquele que dela necessita.

Relativamente ao *conteúdo*, quer nas obras de tipo enciclopédico, quer nos planos de classificação das ciências, quer nas classificações bibliográficas ele é o mesmo – o *conhecimento universal*.

É para dar cumprimento a esta função, que encontramos todo o saber conhecido representado, umas vezes de forma incipiente ou elaborada, outras de forma simples ou complexa, consistente ou dispersa ou, outras vezes, exaustiva e/ou incompleta, nestas obras e nos planos de classificação. As primeiras classificações bibliográficas tiveram também esta pretensão de expressarem o conhecimento universal, todavia sob forma codificada. Assim, as primeiras classificações enciclopédicas pretenderam representar nos seus planos todo o conhecimento que se encontrava já depositado nas bibliotecas e aquele que deveria, num futuro próximo, nelas ser incorporado. Uma das mais significativas foi a Classificação da Biblioteca do Congresso, desenvolvida pela Biblioteca que lhe deu nome, e que surgiu da necessidade sentida por esta Instituição, de organizar por assunto os seus documentos. Outro caso foi o da Classificação Decimal de Dewey, que foi fruto da mesma necessidade, esta desenvolvida para responder à organização por assunto das obras do Colégio de Amherst (Nova Iorque). Por último, a Classificação Decimal Universal, que surgiu para classificar os assuntos das obras que integrariam o Repertório bibliográfico universal. Este repertório seria constituído por todas as obras impressas desde Gutenberg até finais do século XIX. Esta classificação, mais do que as outras, assume a pretensão de integrar todo o saber conhecido. A expressão da mesma encontra-se no seu próprio nome – Classificação Decimal *Universal*. Todavia, e independentemente deste aspecto particular, consideramos as classificações mencionadas como as primeiras classificações bibliográficas de tipo enciclopédico.

De todas as afinidades comuns que é possível identificar entre o enciclopedismo, os planos de classificação das ciências e as classificações bibliográficas, o *conteúdo* é aquele que é, na nossa perspectiva, mais evidente.

Ousamos a afirmar que estas classificações bibliográficas não são mais do que obras de tipo enciclopédico, cujo conteúdo se apresenta codificado.

A *estrutura* das classificações foi, no nosso entender, a característica que maior influência sofreu dos planos que foram desenhados para a classificação das ciências.

Em todos os planos de classificação manifesta-se uma hierarquia mais ou menos explícita. No que diz respeito à estrutura observa-se que, dentro de cada sistema do saber, há a considerar o facto de determinados autores, como Comte, já considerarem as relações entre as diversas ciências e atribuírem a uma ciência, por exemplo, uma dimensão prática e uma dimensão teórica.

Observa-se também que há outros autores que limitam os campos do conhecimento em verdadeiras taxonomias estanques, nas quais o conhecimento, uma vez registado numa dada classe de acordo com um dado critério, não poderia pertencer a outra, como é o caso da classificação proposta por Lineu.

Outros autores são de opinião que, uma vez registada uma ciência como prática, não poderá ser considerada como teórica, aplicando-se o mesmo raciocínio no que respeita ao concreto e ao abstracto, como Spencer propõe nos princípios que estão subjacentes à sua classificação.

Todas estas características estruturantes vieram a ter uma influência decisiva nas primeiras classificações bibliográficas. Na maioria os sistemas de classificação apresentam uma estrutura hierárquica, em que os assuntos, em teoria, se encontram registados em classes com características de uma taxonomia onde, uma vez registado um assunto, não poderá vir a pertencer a outra classe.

CLASSIFICAÇÕES BIBLIOGRÁFICAS: PERCURSO DE UMA TEORIA

No entanto, e no que se refere à prática e neste tipo de classificações, em determinados casos, um assunto poderá ser registado numa outra classe, representando a notação o mesmo assunto, mas numa outra dimensão; o mesmo facto poderá ocorrer dentro de uma mesma classe. É nesta acepção dinâmica e interactiva que os assuntos se associam semanticamente. Ao mesmo assunto poderá ser atribuída uma dimensão concreta e abstracta, prática e teórica, de acordo com o valor conceptual do assunto, num determinado contexto, e nesta situação serem-lhe atribuídas duas notações diferentes.

No estudo que apresentamos, concluímos que o enciclopedismo como movimento dinâmico se foi adaptando às novas mentalidades emergentes, manifestando-se esta atitude na alteração e introdução de novos conteúdos e na alteração da sua estrutura, de forma a responder, com maior eficácia, às necessidades e questões que lhe eram colocadas. O mesmo se verifica com as classificações bibliográficas. Para conseguirem dar resposta à emergência dos novos paradigmas, as classificações bibliográficas tiveram, ao longo do tempo, de alterar os seus quadros epistemológicos.

II Parte
Classificações bibliográficas: fundamentos e dinâmica estrutural

Capítulo IV
Classificações bibliográficas: sistemas percursores

4 Classificações percursoras dos sistemas de classificação de tipo enciclopédico

Como observamos ao longo do III capítulo, o Homem, desde os tempos mais remotos, demonstrou a preocupação de construir esquemas que o ajudassem a organizar o conhecimento e, para tal, tentou organizar o conhecimento em grandes classes epistemológicas.

Esta necessidade levou a que fossem criados planos de classificação que tinham como principal objectivo servir de formato para a organização do conhecimento; primeiro dividindo-o, para uma melhor arrumação; depois sistematizando-o, obedecendo a métodos e critérios rigorosos.

Porém, chegou uma altura em que foi necessário arrumar os suportes onde se manifestava o conhecimento – os livros. Nos finais do século XVIII e inícios do XIX, com a criação das grandes bibliotecas nacionais e universitárias que trouxeram consigo o livre acesso, (início do século XX) sentiu-se a necessidade de conferir aos livros uma determinada ordem nas estantes. Essa ordem, em vez de ser ditada por características físicas como o tamanho, passou a ser imposta pelo assunto que os livros abordavam.

Assim, neste capítulo, além de apresentarmos as classificações de tipo enciclopédico, serão ainda abordados pontos que entendemos fundamentais para a sua compreensão e contextualização. Para cumprir este propósito iremos referir as classificações que, não sendo bibliográficas, exerceram, todavia, uma influência relevante na sua construção.

4.1 As classificações filosóficas e as classificações científicas [Breve síntese]

Para uma maior compreensão dos sistemas de classificação considerados, importa apresentar uma breve suma dos sistemas de classificação que, embora não tendo sido construídos com o objectivo de organizar o conhecimento numa biblioteca, não deixam de ser uma referência na história da classificação, dada a influência que vieram a ter sobre os sistemas bibliográficos. Falamos, naturalmente, dos sistemas de classificação filosóficos e dos sistemas de classificação

CLASSIFICAÇÕES BIBLIOGRÁFICAS: PERCURSO DE UMA TEORIA

científicos, que já abordámos de forma mais pormenorizada no capítulo anterior, a propósito da organização e sistematização do conhecimento.

Como já observamos antes, as classificações bibliográficas sofreram grande influência deste tipo de classificações.

Assentes sobre pressupostos filosóficos e/ou científicos, foram essenciais na concepção e desenvolvimento das classificações bibliográficas que, apesar de todos os constrangimentos, ainda hoje continuam a ser o instrumento mais usado para a organização do conhecimento em geral e da arrumação por assunto, numa parte considerável das bibliotecas.

Apesar da sua natureza e função serem diversas, na medida em que lhes subjazem fundamentos ontológicos e cognitivos, pelo facto de pretenderem organizar os saberes e os seres, elas constituíram os seus alicerces. As classificações bibliográficas, além de pretenderem organizar o conhecimento e, neste sentido, apresentarem uma faceta cognitiva, também pretendem arrumar o conhecimento fisicamente nas estantes. Por isso concordamos com Langridge, quando ele afirma que as classificações filosóficas estão relacionadas apenas com a natureza do conhecimento e as classificações bibliográficas não só consideram esta particularidade como também estão relacionadas com as necessidades do utilizador.[173]

Apesar de em alguns casos terem existido sistemas que nasceram por reacção a outros, o facto mais evidente é que em todos eles se encontram linhas de continuidade, mesmo que em alguns casos elas sejam apenas residuais. A influência que exerceram uns sobre os outros é por demais evidente. É por isso que consideramos a influência destes nas classificações bibliográficas um percurso absolutamente natural, quer seja a nível de pressupostos, quer seja a nível de estrutura.

Assim, se fizermos uma breve retrospectiva dos sistemas filosóficos que abordamos no respectivo ponto, verificamos que o sistema proposto por Capella influenciou o sistema proposto por Cassiodoro e este, por sua vez, influenciou o sistema de Konrad Gessner que, como referimos no ponto (1.2) do III capítulo, classificou por assunto os livros que constituíam a obra *Bibliotheca universalis*, facto que trouxe um grande contributo à história das classificações.

Não sendo uma classificação para arrumação dos livros numa biblioteca, mas sim uma bibliografia impressa, não deixou de ser inovadora a preocupação de arrumar os livros por assunto; por isso o seu sistema é considerado como o primeiro esquema de classificação bibliográfica, como já tivemos oportunidade de mencionar.

---

[173] LANGRIDGE, D. W. – *Subject analysis: principles and procedures*. 1989. P. 100.

No entanto é a Bacon que se deve a maior contribuição para o estudo dos sistemas de classificação bibliográficos. A classificação que este propõe para a divisão do conhecimento, apesar de algumas críticas que a apontavam como linear e redutora, constituiu-se ao longo dos tempos um modelo de referência na construção de outros sistemas de classificação.

Este novo modelo epistemológico viria influenciar outros pensadores nos séculos posteriores como Diderot e D'Alembert na elaboração da *Encyclopédie*, assim como Thomas Jefferson (1743-1826). Este último adoptou este modelo na classificação da sua biblioteca particular, concepção que, mais tarde, viria a reflectir-se na classificação da Biblioteca do Congresso, que incorporou a sua biblioteca.

Também teve influência na classificação proposta por Jacques-Charles Brunet (1780-1867), na de William Torrey Harris (1835-1909) que, invertendo a classificação proposta por Bacon, criou, desta forma, um novo sistema que, por sua vez foi influenciar, mais tarde, a classificação de Melvil Dewey (1851--1931).

Relativamente às classificações científicas é de salientar a classificação proposta por Lineu, na qual se apresenta a hierarquia da classificação científica dos seres vivos; esta hierarquia manifesta entre outras, as noções de classe, género, espécie e taxonomia.

A construção da estrutura desta classificação vai influenciar a estrutura das primeiras classificações bibliográficas, nomeadamente no que diz respeito à noção de classe e taxonomia.

Foi de facto, a nível da estrutura que as classificações científicas mais influenciaram as classificações bibliográficas. É também de referir que, tal como este tipo de classificações naturalistas, as classificações bibliográficas pretenderam ser exaustivas e enumerativas. Também elas tentaram esgotar todo o conhecimento relativo a um tema na respectiva classe, tal como aconteceu com as classificações dos animais e das plantas.

Tal como a maioria das classificações científicas, as classificações bibliográficas de tipo enciclopédico, procuraram, na teoria, enumerar os assuntos, não lhes conferindo qualquer tipo de relação explícita que não fosse a hierárquica, concorrendo, deste modo, para outra característica – a exclusividade.

4.2 As classificações utilizadas nos catálogos dos livreiros

Passamos de seguida a referir também, pela sua influência nos sistemas de classificação bibliográficos, as classificações que foram construídas por bibliófilos e livreiros para arrumarem os livros nos seus catálogos. Note-se que os séculos XVII e XVIII foram extremamente prolíficos na elaboração de catálogos de livreiros.

CLASSIFICAÇÕES BIBLIOGRÁFICAS: PERCURSO DE UMA TEORIA

À proliferação de classificações dos saberes e dos seres com bases filosóficas e científicas que apareceram a partir, essencialmente, do século XVII, vieram juntar-se as classificações que foram criadas para organizarem os livros nos catálogos dos livreiros e bibliografias relativas a bibliotecas públicas e a bibliotecas privadas.

Tal como aconteceu com as classificações com base filosófica, também as classificações com bases científicas e as classificações dos livreiros eram destituídas de características utilitárias. No geral, estes tipos de classificações não serviam para arrumar os livros por assunto numa biblioteca de forma sistemática. No entanto, quer umas quer outras, foram as classificações que mais se aproximaram das classificações bibliográficas.

Entre outros critérios, a organização das obras nos catálogos de livreiros assentava em classificações que tinham subjacente o assunto como norma de arrumação. Devido ao impacto que algumas das classificações que estiveram na base da organização destes catálogos tiveram no seu tempo e em trabalhos classificatórios posteriores, entendemos que seria de grande interesse salientar alguns desses catálogos no nosso estudo.

Assim, entre outros esquemas de classificação propostos para a ordenação de obras em catálogos impressos, salientamos a classificação proposta por Aldo Manuzio (1449?-1515), tipógrafo italiano, designada *Libri Graeci impressi*, (1498)[174], pela influência que exerceu nas classificações bibliográficas.

No século XVII há a considerar, essencialmente, duas obras: a de Gabriel Naudé (1600-1653), o *Bibliotheca Cordesianae Catalogus* (1643), na qual os livros se encontram classificados em doze classes[175] e o *Esquema dos Livreiros de Paris* (1678), conhecido também por *Sistema francês*, cuja a autoria é incerta. Uns atribuem-na ao jesuíta francês Jean Garnier (1612-1681), outros atribuem-na ao livreiro Gabriel Martin.

Este sistema exerceu grande influência em outras classificações como na do bibliógrafo francês Jacques-Charles Brunet.

---

[174] Esta obra consistia num catálogo de venda de livros gregos, publicado em 1498, no qual eles se encontravam classificados pela seguinte ordem: Gramática, Poética, Lógica, Filosofia e Sagrada Escritura.
[175] As classes são: Teologia, Medicina, Bibliografia, Cronologia, Geografia, História, Arte militar, Jurisprudência, Direito, Filosofia, Política e Literatura.

A obra que este autor escreveu, intitulada *Manuel du Libraire et de l'Amateur de Livres*, publicada em 1810, é uma bibliografia internacional da qual constam todos os livros raros editados até à data da sua publicação.[176]

Devido à extensão desta obra, numa tentativa de facilitar a pesquisa, Brunet elaborou um esquema de classificação que designou *Table méthodique*. Nesta classificação o conhecimento humano encontra-se dividido em cinco classes,[177] às quais correspondiam as cinco primeiras partes do catálogo. Para a sexta parte do catálogo utilizou o *Esquema dos livreiros de Paris*.

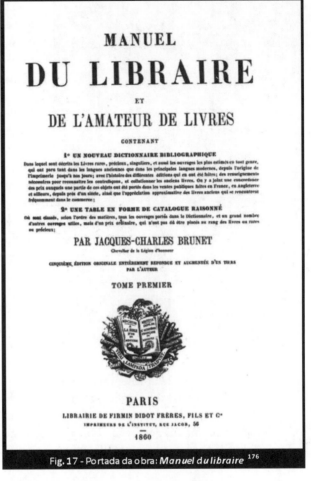

Fig. 17 - Portada da obra: *Manuel du libraire* [176]

Apesar de ser considerado um esquema de classificação pouco flexível, nomeadamente no que respeita às capacidades de adaptação aos novos campos do saber que começavam a emergir e de possuir uma notação complicada – notação mista (números romanos, árabes e letras), foi muito utilizado na Europa ao longo de todo o século XIX.

---

[176] Ver: http://www.bne.es/export/sites/BNWEB1/imagenes/COLECCIONES/Bibliografia8g.jpg [Consult. 15 Dez. 2009].
[177] Teologia, Jurisprudência, História, Filosofia e Literatura.

Deverá ainda referir-se que ele veio influenciar alguns esquemas de classificação: o proposto por Thomas Hartwell Horne (1780-1862), que foi publicado na obra *Outlines for the classification of a Library*, a Classificação do Museu Britânico e a classificação proposta por Edwards Edwards (1812-1886) na obra *Memoirs of Libraries*.

Ao longo deste ponto e, a título de conclusão, podemos dizer que as classificações bibliográficas têm como percursores os sistemas filosóficos e os sistemas das ciências, como os de: Aristóteles, Cassiodoro, Francis Bacon e Auguste Comte. Os tipos de classificação do conhecimento que apresentaram, viriam a influenciar directamente os modelos de organização bibliográfica, nomeadamente os de tipo hierárquico.[178]

Fig. 18 - Lombada da obra: *Memoirs of libraries*[175]

É de elementar justiça científica referir que os sistemas dos livreiros também foram importantes, na sua génese, embora muitos destes esquemas tenham sido construídos com base nos sistemas filosóficos e científicos.

4.3 Classificações bibliográficas percursoras dos sistemas enciclopédicos

Para concluir este ponto iremos abordar as primeiras classificações bibliográficas e as influências directas que tiveram nos grandes sistemas enciclopédicos do século XIX, inícios do século XX.

Face ao desajustamento dos sistemas existentes, pois os que se tinham construído, essencialmente a partir de finais do século XVI, serviam para sistematizar o conhecimento e não para arrumar os livros nas bibliotecas, foi necessário criar novos sistemas. Assim, no século XIX construíram-se os primeiros sistemas de classificação bibliográfica aceites pela maioria do mundo ocidental para classificar as obras que se encontravam nas bibliotecas.

[178] Ver: http://farm3.static.flickr.com/2479/3845173256_871f55ebc5.jpg [Consult. 16 Dez. 2009].

CLASSIFICAÇÕES BIBLIOGRÁFICAS: SISTEMAS PERCURSORES

Estes esquemas bibliográficos foram precedidos de outros esquemas, também bibliográficos, pois a urgência de arrumar os documentos nas bibliotecas foi uma necessidade que se fez sentir ao longo da História. Por volta de 640 a.C. já se encontram os primeiros resíduos de classificação nas tábuas de argila da Biblioteca Assíria do rei Assurbanípal. *Ashurbanipal's library was also classified and catalogued.*[179]

As bibliotecas da Grécia e da Roma Antiga estavam divididas em duas secções: a pagã e a cristã.

Pela sua importância na história da classificação, referimos mais uma vez o esquema de classificação de livros de Calímaco.[180] Este esquema foi inspirado na classificação de Aristóteles. Consistia num catálogo onde as obras se dividiam pelas profissões dos respectivos autores; o sistema obedecia a uma ordem cronológica relativamente aos períodos; no que se referia aos autores, obedecia à ordem alfabética; para indicar a localização dos livros usava a primeira palavra do texto. Este esquema era composto por oito grandes classes, a saber:[181]

1) Epic writers;
2) Dramatic writers;
3) Writers on law;
4) Philosophical writers;
5) Historical writers;
6) Oratorical Works;
7) Rhetorical Works;
8) Miscellaneous Works.

Segundo James Thompson,[182] pode dizer-se com alguma certeza que a Biblioteca de Alexandria foi organizada por assunto.

De acordo com o mesmo autor, as bibliotecas na Idade Média continuam a ser arrumadas por assunto, embora algumas vezes elas sejam também arrumadas pelo tamanho das obras ou pela sua ordem de aquisição.

A partir do século XII, e nos três tipos de bibliotecas existentes: privadas, pertença dos reis e de grandes senhores, universitárias e monásticas, sobretudo nestas últimas, das quais se conhecem catálogos, as obras eram arrumadas por tamanhos, autores e temas. As que se encontravam divididas por temas estavam divididas em classes.

---

[179] THOMPSON, James – *A history of the principles of librarianship*. 1974. P. 140.
[180] Bibliotecário da Biblioteca de Alexandria (c. 310-c. 240 a. C.)
[181] *Ibidem*, p. 141.
[182] *Ibidem*, p. 140-141.

CLASSIFICAÇÕES BIBLIOGRÁFICAS: PERCURSO DE UMA TEORIA

Geralmente, a sua divisão obedecia aos seguintes critérios: as obras seculares eram separadas das teológicas, as escritas em latim das escritas em outras línguas.

Os documentos teológicos eram divididos em categorias, como: escrituras, comentários, bibliografias, etc., os documentos seculares eram divididos com base no plano do *Trivium* e do *Quadrivium*, critério que de resto, permaneceu ao longo do tempo como ilustra o excerto que se apresenta: *The University library of the Sorbonne in the late thirteenth century, for exemple, was arranged in major subject divisions, including those of the trivium and quadrivium, plus theology, medicine and law.*[183]

Ao longo do Renascimento e da Idade Moderna permanece a organização das bibliotecas e das bibliografias por assunto. Na maioria dos casos, as classificações usadas na organização de bibliografias, listas de livreiros e colecções particulares aplicam-se também às bibliotecas. Entre outras, destacamos pela sua importância o sistema de classificação de Konrad Gessner que, segundo W. C. Berwick Sayers,[184] faz a transição entre a organização antiga e a organização moderna.

A par destas, utilizam-se ainda classificações arbitrárias e utilitárias, que enfermam pela inexistência de pressupostos filosóficos e científicos. Todavia, a arrumação das obras por tamanho continua a prevalecer sobre qualquer outro critério, dado o seu carácter prático.

Foi preciso chegar ao século XIX para se construírem os primeiros sistemas bibliográficos devidamente estruturados e aceites pelas bibliotecas da época. Todas as tentativas até então levadas a efeito para tal fim não tinham resultado. A tarefa de organizar os livros numa biblioteca apresentava-se mais árdua do que aquela que tinha sido a de classificar as ciências, isto é, o conhecimento. Devido à sua complexidade, esta tarefa para alguns autores era um absurdo, como por exemplo para Stanley Jevons, que na obra *Principles of science*, dedicou o XXX capítulo ao estudo da classificação; aí refere o seguinte:

> *Classification by subjects would be an exceedingly useful method if it were practicable, but experience shows it to be a logical absurdity. It is a very difficult matter to classify the sciences, so complicated are the relations between them. But with books the complication is vastly greater, since the same book may treat of different sciences, or it may discuss a problem involving many branches of knowledge.*[185]

Neste excerto do texto de Jevons, é manifesta a dificuldade de aplicar, como método, uma classificação por assunto às ciências, devido às relações de afini-

---

[183] *Ibidem*, p. 143.
[184] *Apud: Ibidem*, p. 146.
[185] JEVONS, W. Stanley – *The principles of science: a treatise on logic and scientific method.* 1913. P. 715.

CLASSIFICAÇÕES BIBLIOGRÁFICAS: SISTEMAS PERCURSORES

dade que se estabelecem entre elas. Para este autor, tal propósito ganha maior complexidade se se aplicar aos livros, na medida em que um livro particular pode tratar de diversos assuntos e, neste caso, ser difícil escolher uma perspectiva. A esse respeito, pode ler-se na mesma página:

> *A good account of the stean-engine will be antiquarian, so far as it traces out the earliest efforts at discovery; purely scientific, as regards the principles of thermodynamics involved; technical, as regards the mechanical means of applying those principles; economical, as regards the industrial results of the invention; biographical, as regards the lives of the inventors. A history of Westminster Abbey might belong either to the history of architecture, to the history of the church, or the history of England. If we abandon the attempt to carry out an arrangement according to the natural classification to the sciences, and form comprehensive practical groups, we shall be continually perplexed by the occurrence of intermediate cases and opinions will differ ad infinitum as to the details.*

Com este fragmento de texto, Jevons demonstra a sua perplexidade face às alternativas possíveis de classificação de determinados assuntos, motivo que concorre para a sua descrença na classificação dos livros.

Inconscientemente este autor pronuncia-se sobre o modo de classificar assuntos relacionados, interdisciplinares; esta situação seria apenas resolvida de forma cabal com as classificações facetadas, nomeadamente com a Classificação Colon.

Esta perplexidade e descrença nas classificações que tinham como propósito organizar os livros nas bibliotecas, foi ultrapassada com os grandes sistemas de classificação bibliográficos.

O percurso histórico dos grandes sistemas de classificação bibliográfica coincide com o percurso das grandes bibliotecas do séc. XIX.

Na sua essência, as classificações bibliográficas proporcionam a organização intelectual dos recursos de uma dada unidade de informação; reagrupam os mesmos assuntos e os assuntos semanticamente vizinhos e, ao mesmo tempo, reagrupam fisicamente os documentos que tratam do mesmo assunto ou de assuntos com afinidades semânticas. Para dar cumprimento a este objectivo, utilizam um código simbólico que serve para a organização das obras nas estantes.

Foi em meados do século XIX que se desenvolveram as grandes classificações bibliográficas, ainda hoje usadas; isso aconteceu devido ao crescimento das grandes bibliotecas, designadamente nos Estados Unidos da América, como o caso da Biblioteca do Congresso.

As classificações bibliográficas foram as primeiras linguagens documentais controladas. Um dos primeiros destes grandes sistemas foi a Classificação da Biblioteca do Congresso, à qual se seguiram outras classificações; quase em

CLASSIFICAÇÕES BIBLIOGRÁFICAS: PERCURSO DE UMA TEORIA

simultâneo, e também no mesmo espaço geográfico, apareceram formalmente as primeiras linguagens documentais controladas de tipo combinatório, sendo o primeiro instrumento normalizado a *List of Subject Headings for Use in Dictionary Catalogs* (1895), da Biblioteca do Congresso.

4.4 Os grandes sistemas de classificação bibliográfica do século XIX e inícios do XX [Definição, função, objectivos, composição e tipologia]

Embora as primeiras tentativas de classificação bibliográfica remontem à Antiguidade com a de Calímaco, em Alexandria, e se deva o primeiro sistema de classificação bibliográfico ao bibliófilo seiscentista Konrad Gessner, é no século XIX que aparecem os primeiros grandes sistemas bibliográficos. Como referimos, entre outros autores que se preocuparam com as classificações bibliográficas neste século destacamos, pelo interesse das suas classificações na história das mesmas: E. Edwards, J. C. Brunet, J. Brown, C. Cutter, T. H. Horne, W. T. Harris e, naturalmente, Melvil Dewey.

Todos estes autores foram herdeiros do espírito metódico, enciclopédico e racionalista do movimento das "Luzes", assim como do positivismo; para eles apenas um fundo devidamente organizado era digno do nome de biblioteca. A organização das matérias que continham as obras deveria seguir a "ordem natural das ciências". Devido a esta circunstância, é notória a influência que tiveram os esquemas de classificação das ciências criados no decurso dos séculos XVII, XVIII e XIX, sobre as classificações bibliográficas.

A ordem que preconizavam para os documentos deveria permitir uma organização gnoseológica, fundamentada e funcionalmente metódica, como se se tratasse de uma grande enciclopédia.

Devido a esta ideia e à influência dos modelos anglo-saxónicos do livre acesso ao documento, prática que iria tornar-se corrente na maioria das bibliotecas, o modelo de arrumação puramente material, baseada na natureza física do documento ou assente na ordem de entrada dos documentos, deixa de fazer sentido. Ao substituí-lo, emerge uma nova ordem de organização baseada no assunto do documento.

A aplicação deste novo paradigma organizacional pressupõe um plano de classificação para ordenar os documentos. É neste contexto e para dar cumprimento a esta pretensão que surgem, na segunda metade do século XIX, os primeiros sistemas de classificação bibliográfica.

À sua construção subjazem dois tipos de preocupações: uma, de natureza teórica, pretendia que estas classificações fossem sistemáticas e baseadas em princípios lógicos; outra, de natureza empírica que se prendia com o facto de estas terem de responder às necessidades das instituições para as quais eram criadas.

CLASSIFICAÇÕES BIBLIOGRÁFICAS: SISTEMAS PERCURSORES

Por isso, a sua estrutura traduzia, muitas vezes, a estrutura pedagógica e curricular das instituições académicas, assim como as diversas áreas de investigação que contemplavam, quando eram criadas, para responder a necessidades de tipo académico, como foi o caso da Classificação Decimal de Dewey. Outras traduziam necessidades de outra natureza, que não a académica, como foi o caso da Classificação da Biblioteca do Congresso, cuja origem assenta em pressupostos de natureza empírica.

Pelo facto de presidirem à sua criação razões idênticas, os primeiros sistemas apresentam, no seu conjunto, características comuns, a saber:

1) São classificações de tipo enciclopédico, pretendendo abranger todas as áreas dos saberes;
2) Têm origem no esquema de classificação filosófica do conhecimento de Francis Bacon;
3) Apresentam uma estrutura hierárquica traduzida na coordenação das classes principais e subordinação das subdivisões;
4) Todas elas se internacionalizaram.

Para concluir, podemos inferir que os grandes sistemas de classificação bibliográfica do século XIX assumem duas funções: destinam-se à classificação efectiva das obras, que se manifesta na ordenação dos documentos de uma biblioteca por classes temáticas, e são consideradas, também, na organização gnoseológica e informacional da biblioteca, entendida como um sistema de informação coerente e estruturado. Por isso, reconhecemos a este tipo de classificações duas dimensões: enquanto instrumento de classificação do conhecimento assumem uma dimensão abstracta; enquanto método de arrumação de documentos nas estantes de uma biblioteca e de estruturação dos respectivos catálogos sistemáticos, assumem uma dimensão pragmática e material.

4.4.1 Definição de sistema de classificação bibliográfica

A Norma ISO 5127/6-1983 (E/F), define sistema de classificação como:

Langage documentaire destiné à la représentation structurée de documents ou de données au moyen d'indices et de termes correspondants pour en permettre une approche systématique à l'aide, si nécessaire, d'un index alphabétique.[186]

Uma outra definição que nos pareceu importante, em termos de um maior esclarecimento, é aquela que apresenta a *Encyclopedia of library and information science* e que, por isso, passamos a transcrever:

---

[186] ISO 5127-6:1983 (E/F). In *Documentation et information: recueil de normes* ISO *I*, 1988. P. 93.

> *A library classification is a device for defining specific classes of information and for showing the relations which exist between them. In this way it performs its basic function, which is to assist the retrieval of information from stores (libraries, bibliographies, indexes) by allowing a searcher first to locate a specific class in which relevant material is believed likely to be and then to make adjustments to the search [...]˙by expanding or contracting the initial class according to whether too little relevant material or too much nonrelevant material is found in it. The second function is achieved by collocation, i.e, bringing together in propinquity those classes which are closely related.*[187]

Partindo destas definições, podemos inferir que um sistema de classificação bibliográfica é um esquema controlado e estruturado de conceitos; estes apresentam-se distribuídos sistematicamente de forma lógica em classes, organizados do geral para o particular, em níveis sucessivos de subordinação hierárquica.

Os assuntos que se encontram agrupados em classes, estabelecem entre si relações de coordenação e/ou subordinação conceptual hierárquica, ou seja: classes, subclasses, divisões, subdivisões, secções, etc., estruturadas do geral para o particular, sendo os assuntos definidos e relacionados de acordo com níveis opostos de *extensão* e *compreensão*.

Cada assunto é expresso por um código que o representa de forma geral ou específica indicando, geralmente, em que contexto ou perspectiva ele se encontra tratado.

A função de qualquer sistema de classificação é organizar o conhecimento para que este possa ser recuperado de forma precisa e pertinente. Para dar cumprimento a esta função, os códigos de uma classificação assumem dois objectivos: servem para o representar e para o recuperar.

4.4.2 Objectivos e função

A classificação bibliográfica tem como principal objectivo organizar o conhecimento humano em grandes classes epistemológicas, ao mesmo tempo que o organiza fisicamente nas estantes duma biblioteca.

Tem ainda como função recuperar a informação. Nesta perspectiva e, segundo Michèle Hudon,[188] a uma classificação bibliográfica cumprem três funções:

1) *L'organisation des concepts, des idées et des sujets (function cognitive);*
2) *L'organisation des représentations documentaires (fonction bibliographique);*
3) *L'organisation des documents eux-mêmes (fonction bibliothéconomique ou fonction de rangement).*[189]

---

[187] *Encyclopedia of library and information science.* 1969. Vol. 2. P. 369.
[188] HUDON, Michèle – *Le passage au XXIe siècle des grandes classifications documentaires.* 2006. P. 1.
[189] *Ibidem.*

CLASSIFICAÇÕES BIBLIOGRÁFICAS: SISTEMAS PERCURSORES

Na primeira função cabe a uma classificação organizar os assuntos extraídos de um documento num grande tema, em conjunto com outros semanticamente afins.

Na segunda função cumpre às classificações representar os documentos a partir dos assuntos neles contidos.

Na terceira função compete à classificação arrumar os documentos por assuntos numa biblioteca, fazendo-o através do recurso a uma notação que, nesta circunstância, serve igualmente de cota.

Na sua maioria as classificações bibliográficas foram criadas para dar cumprimento à terceira função, isto é, pretenderam responder a uma necessidade prática, utilitária – organizar o conhecimento em grandes sistemas temáticos.

4.4.3 Composição do sistema [Tabelas principais, tabelas auxiliares, índice e notação]

As classificações bibliográficas do século XIX, inícios do século XX, caracterizam-se por apresentarem uma estrutura muito semelhante.

Geralmente são compostas por: tabelas principais, tabelas auxiliares, notação e índice.

Tabelas Principais

As tabelas principais são formadas por classes que se subdividem em subclasses, sendo esta nomenclatura a essência da estrutura da maioria das classificações bibliográficas. Muitas vezes as classes são também designadas por categorias ou sistemas, facto que concorre para que se designe este tipo de linguagem como categorial e/ou sistemática.

Cada classe representa um grande tema. A escolha desse tema, como observamos no capítulo II (1.4), é determinada através da aplicação de uma característica seleccionada para o efeito – a diferença específica. Cada uma dessas classes é sujeita a uma nova característica formando, desta maneira, as subclasses que se podem subdividir novamente dando origem a outras subdivisões que representam outros assuntos mais específicos. A subdivisão faz-se sempre de forma hierárquica, obedecendo a uma ordem decrescente: do geral para o particular.

As classes são formadas por conceitos que ocupam um lugar pré-definido. Estes conceitos estão relacionados entre si através de relações hierárquicas, que poderão ser monohierárquicas ou polihierárquicas, dependendo dos sistemas em que se encontram integradas.

A título de exemplo, referimos a Classificação Decimal de Dewey e a Classificação Decimal Universal como monohierárquicas e a Classificação Colon, como uma classificação que apresenta uma estrutura polihierárquica.

Tabelas auxiliares

São listas de assuntos aos quais corresponde uma determinada notação, tal como acontece nas tabelas principais. A estas notações designam-se Auxiliares e ao seu conjunto chama-se Tabelas Auxiliares.

Servem para perspectivar o assunto principal em outras dimensões semânticas, como por exemplo: forma, espaço geográfico, espaço cronológico, etc. Além das notações propriamente ditos os Auxiliares podem ser também traduzidos por símbolos e sinais. O grande contributo dos auxiliares prende-se com o facto de trazerem consigo a possibilidade de se ultrapassar a rigidez que é atribuída às classificações enumerativas. Com este expediente consegue ultrapassar-se a unidimensionalidade que lhes é atribuída, isto é, apenas permitem representar um assunto numa única perspectiva. Deste tipo de classificações, e na sua essência, fazem parte a Classificação da Biblioteca do Congresso, a Classificação Decimal de Dewey e a Classificação Decimal Universal.

Os auxiliares têm como função essencial especificar o assunto ou representar assuntos compostos e/ou complexos.

Notação

Na ISO 5127/6-1983 (E/F), a definição de notação consiste no: [...] *ensemble de symboles et de règles d'application utilisés pour la représentation de classes et de leurs relations.*[190]

Entre as várias definições possíveis para o conceito – notação, apresentamos aquele que é referido por Paule Salvan. Para esta autora uma notação: [...] *est constituée par l'ensemble des symboles désignant les classes et les subdivisions.*[191]

Uma notação é, antes de mais, um termo de indexação controlado, na medida em que serve para representar e recuperar informação.

De acordo com estas definições, podemos concluir que uma notação é um código que representa um assunto num sistema de classificação.

A notação, como refere Paule Salvan na sua definição, constitui o conjunto dos símbolos numéricos ou alfanuméricos que designam e representam as classes e subdivisões de uma classificação bibliográfica.

Cada código é singular, nunca se repetindo dentro da mesma classificação.

Dentro das classes, geralmente, estão dispostos hierarquicamente traduzindo a relação hierárquica entre os assuntos que compõem as classes.

Estes códigos são símbolos artificiais e podem ser alfabéticos, numéricos ou alfanuméricos, dependendo do sistema em que estão integrados. Quando são constituídos apenas por letras ou por algarismos são denominadas notações

---

[190] ISO 5127-6:1983 (E/F). In *Documentation et information: recueil de normes* ISO I, 1988. p. 95.
[191] SALVAN, Paule – *Esquisse de l'évolution des systèmes de classification.* 1967. P. 13.

CLASSIFICAÇÕES BIBLIOGRÁFICAS: SISTEMAS PERCURSORES

puras, como por exemplo a classificação de Cutter, na sua essência, pois apenas usa letras,[192] o mesmo acontece com a Classificação Decimal de Dewey, que apenas usa números. Quando as notações são constituídas por letras e por números são designadas notações mistas; é o caso da Classificação de Bliss e da Classificação da Biblioteca do Congresso.

Na sua grande maioria as notações são mistas; este tipo de notação é precisamente aquele que permite uma maior flexibilidade na representação dos assuntos. Devido a este facto, é difícil encontrar classificações com notações puras.

As notações são usadas para representar os assuntos num catálogo sistemático, e assim o utilizador pode recuperar, através delas, os documentos. A notação pode ser utilizada na elaboração das cotas; no desempenho desta função, cumpre à notação arrumar os documentos fisicamente nas estantes. Nesta circunstância, a notação desempenha um papel preponderante nas bibliotecas de livre acesso.

A ordem que os documentos ocupa nas estantes reflecte a ordem hierárquica que os assuntos têm nas classificações.

Índice

Segundo a Norma ISO 999(1996), entende-se por índice: *Alphabetically or otherwise ordered arrangement of entries, different from the order of the document or collection indexed, designed to enable users to locate information in a document or specific documents in a collection.*[193]

Tal como a definição refere, um índice é um arranjo ordenado de entradas, que se apresentam de forma alfabética ou outra, diferente da ordem do documento ou colecção indexada e cuja função é permitir aos utilizadores localizar a informação num documento ou documentos específicos de uma colecção.

Partindo desta definição, e tendo em conta as particularidades do mesmo, podemos definir um índice de uma classificação bibliográfica como uma lista alfabética constituída, na teoria, por todos os assuntos que compõem um sistema de classificação. Os assuntos são representados por um código que, como sabemos, é designado notação. A cada assunto de um índice corresponde uma ou mais notações que se encontram listadas nas tabelas principais ou nas auxiliares.

Entre outras particularidades, o índice não inclui expressões equivalentes para todas as notações de uma classificação, o que concorre para que, algumas vezes, a um assunto corresponda mais do que uma notação, dependendo do ponto de vista sob o qual o assunto se encontra tratado. Nestes casos, as notações são separadas por ponto e vírgula ou por setas de orientação.

---

[192] Nas divisões relativas ao código geográfico, este autor usa números.

[193] ISO – *Information and documentation – guidelines for the content, organization and presentation of index*, 1996. P. 2.

Como qualquer índice, este em particular tem a função de orientar, no caso concreto, o classificador no acto de classificar, ao indicar-lhe a notação relativa a um determinado assunto. Remete o classificador para as notações de uma tabela principal ou auxiliar, permitindo, assim, localizar os números correspondentes a um assunto concreto; este procedimento efectua-se partindo de uma linguagem natural que é própria de um índice. Os verdadeiros termos de indexação controlados que compõem um índice e as tabelas de um sistema de classificação são as notações.

Tal procedimento também se verifica em relação ao utilizador no momento da pesquisa, quando este consulta um catálogo sistemático.

Neste sentido, podemos afirmar que ao índice cumpre a função de localizar as notações correspondentes a um determinado assunto concreto.

Qualquer notação extraída de um índice deverá ser sempre confirmada na respectiva tabela. Nesta medida, um índice deverá ser sempre entendido como um guia.

4.4.4 Tipologia das classificações

Entre os critérios possíveis de eleger para estabelecer uma tipologia das classificações optámos pelo conteúdo, coordenação e estrutura.

4.4.4.1 Conteúdo [enciclopédicas e especializadas]

Os primeiros sistemas de classificação bibliográfica que surgiram nos finais do século XIX, inícios do século XX, caracterizaram-se por pretenderem abarcar todo o conhecimento, constituindo-se, assim, sistemas de tipo enciclopédico.

Esta característica prendia-se com dois aspectos: um de âmbito pragmático e outro de âmbito teórico-prático.

O primeiro relaciona-se com o principal objectivo das classificações – ordenar por matérias as obras de uma biblioteca.

As bibliotecas para as quais tinham sido criadas, as bibliotecas públicas e as bibliotecas universitárias, eram depositárias de obras que versavam uma grande diversidade de matérias; tal situação justificava que as classificações que iriam servir para organizar estas matérias, nestas bibliotecas, tivessem de ser de tipo enciclopédico.

O segundo aspecto prende-se, já numa segunda fase, com a classificação, não apenas entendida como instrumento utilitário – meio através do qual se arrumariam as obras nas estantes, mas também como um instrumento que, por outro lado, proporcionaria a ordenação de livros por assunto em bibliografias nacionais ou internacionais, como foi o caso da Classificação Decimal Universal.

CLASSIFICAÇÕES BIBLIOGRÁFICAS: SISTEMAS PERCURSORES

A esta segunda fase corresponde igualmente a necessidade de se organizar o conhecimento por grandes temas em catálogos – os catálogos sistemáticos também designados por catálogos metódicos, como já foi referido.

São de tipo enciclopédico, entre outras, as seguintes classificações bibliográficas: Classificação da Biblioteca do Congresso, Classificação Decimal de Dewey e Classificação Decimal Universal.

Cumpre referir que este tipo de classificações enciclopédicas, também assumem, quando necessário, características de classificações especializadas, quando as suas classes são publicadas individualmente; é o caso, em particular, da Classificação da Biblioteca do Congresso, cujas tabelas são publicadas separadamente; a mesma situação acontece com a Classificação Decimal Universal em determinadas situações.

A necessidade efectiva de *classificações especializadas* consolida-se apenas por meados do século XX, quando há necessidade de representar o conhecimento de forma específica para responder, por um lado a um tipo de utilizador que solicitava o pormenor, por outro aos serviços, também eles especializados, que entretanto começaram a proliferar em virtude desse tipo de utilizador.

Estas são classificações constituídas, geralmente, com base num tema mais ou menos alargado, de acordo com as especificidades dos serviços que as elaboram. Desse tema dependem outros subtemas que se encontram relacionados entre si através de uma relação hierárquica, tal como acontece nas classificações de tipo enciclopédico.

Por vezes acontece que algumas classificações especializadas não são mais do que uma classe desenvolvida de uma classificação de tipo enciclopédico, editada independentemente, com o índice relativo a essa classe; como exemplo deste caso apresentamos algumas classes da Classificação Decimal Universal e da Classificação da Biblioteca do Congresso.

Este tipo de classificações vem "aparentemente" reduzir os problemas que as classificações de tipo enciclopédico geravam ao pretenderem representar todas as áreas do saber. As especializadas limitam o âmbito do assunto adequando-o, assim, a um determinado perfil de utilizador e de serviço.

Esta capacidade de especificar permite que estas classificações se adaptem às empresas, instituições especializadas e centros de documentação, situação difícil de acontecer se se utilizasse uma classificação de tipo enciclopédico.

Entre as classificações especializadas mais conhecidas destacam-se, pela sua difusão e uso a Classificação Decimal Astronáutica, a Classificação da OCDE e a Classificação da Biblioteca Nacional de Medicina dos Estados Unidos.

Foi esta pretensão, que pode considerar-se irreflectida e exagerada, por parte das classificações, para representarem o conhecimento de forma específica, que as afastou do seu principal objectivo – *agrupar*.

CLASSIFICAÇÕES BIBLIOGRÁFICAS: PERCURSO DE UMA TEORIA

A ambição de se aproximarem das linguagens combinatórias, ao pretenderem representar o conhecimento de forma específica, assim como a introdução dos sistemas informáticos, que de início não conseguiram gerir as suas particularidades, concorreram para o seu desajustamento como instrumentos de recuperação da informação, a partir da segunda metade do século XX. Esta posição apenas viria a inverter-se já no final do mesmo século.

Neste sentido, Chaumier[194] refere o seguinte:

> *El advenimiento de las máquinas para tratar la información, que pasaron a ser los ordenadores, señalará, hacia los años 60, el retroceso de las "clasificaciones" en provecho de los "tesauros" antes de convertirse éstos, en el transcurso de los años setenta, en el instrumento privilegiado entre todos los sistemas documentales.*

Para representarem a especificidade, as classificações socorreram-se de todas as suas particularidades; assim, as classificações enumerativas recorreram a notações específicas, as classificações mistas, como a Classificação Decimal Universal, usavam e abusavam da sintaxe, recorrendo para tal ao uso dos auxiliares. As classificações facetadas, como a Classificação Colon, recorriam ao uso dos dois pontos.

Toda esta especificidade "*contra-natura*", relativamente às classificações enumerativas, e esta flexibilidade proporcionada pelo uso dos auxiliares, designadamente no que respeita às classificações mistas e facetadas veio redundar, naturalmente, em notações herméticas e, por isso mesmo, ininteligíveis aos utilizadores e difíceis de gerir pelos computadores, que ainda se encontravam num estado embrionário, no que respeita a esta matéria.

Neste sentido concordamos com Vickery,[195] relativamente à flexibilidade, quando refere que as classificações facetadas desenvolvidas com base nos trabalhos de S. Ranganathan, resultam numa desvantagem em relação à pesquisa.

Todavia concordamos que, dadas as suas características, as classificações por facetas são o tipo que melhor se adapta ao conhecimento especializado, por se tornar mais fácil analisar um tema específico nos seus diversos aspectos.

4.4.4.2 Coordenação

Entende-se por coordenação a operação que consiste em estabelecer uma ou mais relações entre conceitos.

Segundo alguns autores, entre os quais Van Slype e Courrier, a coordenação poderá dar-se em dois tempos: um no momento da representação dos assuntos – pré-coordenação, o outro no momento da pesquisa – pós-coordenação.

---

[194] CHAUMIER, Jacques – *Analisis y lenguajes documentales*. 1986. P. 12.
[195] VICKERY, B. C. – *La classification a facettes*. 1963. P. 3.

Sobre este assunto Courrier refere o seguinte:[196]

Le premier aspect qui permet de décrire les langages documentaires est la coordination, en ce sens que l'on distingue deux types principaux de langages documentaires: les langages précoordonnés et les langages postcoordonnés.

Les langages précoordonnés sont appelés ainsi parce qu'ils coordonnent avant le stockage les différents concepts qui forment un sujet. Il s'agit des langages largement utilisés dans les bibliothèques: système de classification et listes de vedettes-matière [...]

Les langages postcoordonnés permettent au contraire de juxtaposer les concepts au moment de l'analyse, de façon à pouvoir les coordonner après le stockage, c'est-à-dire au moment de la recherche.

Numa perspectiva pragmática e redutora, Van Slype[197] conclui que, às linguagens pré-coordenadas correspondem as linguagens codificadas, e às linguagens pós-coordenadas as linguagens vocabulares.

[...] la coordinación entre los elementos que constituyen la indización se hace a posteriori, en el momento de la indización y de la interrogación, y no a priori, en el momento de la construcción del lenguaje documental, como es el caso de los lenguajes de clasificación. Por este motivo, se dice que la indización a través de un lenguaje combinatório se efectua siguiendo el principio de la post-coordinación.

Relativamente à *coordenação*, por princípio e, de uma forma geral, os sistemas de classificação consideram-se linguagens pré-coordenadas. Para tal situação concorre o facto de o classificador, no momento da classificação de um documento, poder estabelecer através de expedientes que elas próprias proporcionam, nomeadamente as classificações mistas e facetadas, relações entre conceitos da mesma classe, assuntos compostos, ou entre assuntos de distintas classes, assuntos complexos. É de referir, contudo, que os primeiros sistemas bibliográficos, numa primeira fase, não contemplavam esta possibilidade, tendo vindo a adoptá-la paulatinamente, como foi o caso da Classificação da Biblioteca do Congresso.

Actualmente, com as funcionalidades que os sistemas informáticos proporcionam no momento da recuperação da informação, cada vez será mais fácil caminhar para a pós-coordenação, sem que para isso seja necessário recorrer a estes expedientes.

O utilizador, tal como acontece quando usa um tesauro ou outro tipo de linguagem pós-coordenada, poderá combinar no momento da pesquisa os assuntos que entender mais adequados, de acordo com a sua necessidade de informação.

---

[196] COURRIER, Yves – *Analyse et langage documentaires.* 1976. P. 183.
[197] SLYPE, Georges Van – *Los lenguajes de indización.* 1993. P. 22.

Na nossa perspectiva, esta possibilidade por um lado contribui para ultrapassar alguns inconvenientes atribuídos a este tipo de classificações e, por outro, aproxima-as mais do verdadeiro espírito das classificações – agrupar.

No que respeita à superação dos inconvenientes, esta traduz-se na permissão de aceder a assuntos compostos ou complexos através de notações breves. Para esta situação concorre o facto de, através de duas notações com um nível reduzido de especificidade, o utilizador poder ter acesso à informação de que necessita. Para que tal situação ocorra é apenas necessário que o utilizador recorra a uma pesquisa booleana.

Por outro lado, o facto de as notações serem breves, permite uma maior inteligibilidade das mesmas, que para a maioria dos utilizadores ainda continuam a ser códigos cabalísticos.

Por último, a aplicação de notações breves concorre para evitar a dispersão dos assuntos, convergindo, em tal situação, para que os assuntos se integrem em sistemas epistemológicos mais alargados.

4.4.4.3 Estrutura

A estrutura base das classificações bibliográficas do século XIX foi influenciada pelas classificações desenhadas pelos filósofos e pelos naturalistas, como já tivemos oportunidade de referir. Deste modo, estas foram alicerçadas nos princípios da filosofia aristotélico-tomista, e também no espírito racionalista-empirista do século XVIII.

A influência que mais vinca estes dois pólos tem a ver essencialmente com dois princípios. Estes irão ser os principais fundamentos teóricos da estrutura das classificações dos séculos XIX e XX, a saber: a divisão do conhecimento em classes e a estrutura hierárquica.

Estes princípios marcaram definitivamente a arquitectura destes sistemas até à actualidade.

Segundo a estrutura das classificações elas podem ser: enumerativas, mistas e facetadas.

Todavia, relativamente a esta tipologia, referimos que não existe nenhuma classificação que possua uma estrutura pura, tendo em conta, nomeadamente, os elementos que caracterizam as classificações enumerativas e as facetadas.

Para colmatar esta limitação, desde cedo as classificações enumerativas, tais como a Classificação da Biblioteca do Congresso e a Classificação Decimal de Dewey, sentiram necessidade de incorporar na sua estrutura expedientes que lhes possibilitassem ir mais além do que representar o aspecto analítico.

As notações elencadas nas tabelas principais, que ocupavam um lugar predeterminado, não eram suficientes para representar um tipo de conhecimento

CLASSIFICAÇÕES BIBLIOGRÁFICAS: SISTEMAS PERCURSORES

cada vez mais caracterizado pela interdisciplinaridade. A sua pretensão traduzia-se, também, na necessidade de representar os assuntos sob uma forma mais precisa e sintética. Por esta via, a síntese passou a ser um objectivo cuja concretização passava pela construção de notações baseadas em auxiliares.

De uma forma geral, podemos referir que as classificações enumerativas, no essencial, apresentam uma hierarquia, na maioria dos casos, vincada e enumeram de forma exaustiva os assuntos que a compõem. Dão grande relevância ao aspecto analítico.

As classificações mistas são aquelas que apresentam simultaneamente características dos sistemas enumerativos e dos sistemas facetados. São as que privilegiam ao mesmo tempo o aspecto analítico e o sintético.

As classificações facetadas, contrariamente às enumerativas, não dispõem os assuntos de forma exaustiva, devido ao facto de apresentarem expedientes que lhes permitem construí-los, não apresentam uma hierarquia excessiva e privilegiam a síntese.

Com o propósito de contribuir para uma maior inteligibilidade dos assuntos que foram estudados neste capítulo, propomo-nos apresentar de seguida uma breve descrição das características de alguns sistemas de classificação que se enquadram nos pontos que acabamos de expor. O seu estudo incidirá, essencialmente, no que respeita aos seus fundamentos e às suas características, com excepção para a classificação Decimal Universal, que apresentamos com maior pormenor, pelo facto deste sistema ser o mais usado no nosso país.

Capítulo V
Classificações enumerativas

5 Classificações enumerativas [Fundamentos e características]

Dentro das classificações enciclopédicas, as classificações de tipo enumerativo são as mais antigas. Assumem-se como os sistemas bibliográficos mais tradicionais. Nasceram de uma necessidade prática, que se consubstancializou na ordenação dos livros nas estantes dentro de grandes classes de assuntos.

Tal como a própria designação revela, compete-lhes enumerar todas as matérias. Cada classe deverá, pois, enumerar todos os assuntos da matéria geral que representa. Na teoria, existe uma independência semântica entre as classes.

Relativamente ao conteúdo, elas podem ser enciclopédicas, quando abarcam todas as áreas do conhecimento, ou especializadas quando abarcam uma área particular dele.

Este tipo de classificações apresenta, no geral, os seguintes fundamentos e características:

– uma estrutura monohierárquica, na qual as classes obedecem a um princípio de dependência lógica, e nas quais os conteúdos mais específicos se encontram compreendidos em conteúdos mais gerais. Nestes sistemas, de uma forma geral, a notação está dependente hierarquicamente da notação que a precede, encontrando-se esta subordinada à primeira, naturalmente. Esta hierarquia manifesta-se ao longo das classes e subclasses. Dentro das classes, as notações apresentam-se sob uma ordem decrescente, ou seja do geral para o particular;

– o conhecimento encontra-se dividido, apresentando todas as matérias e as suas subdivisões de forma sistemática em classes e subclasses, dividindo-se estas, geralmente, em números consecutivos de dez subdivisões;

– tabelas extensas e exaustivas contendo, na teoria, todas as matérias possíveis de serem classificadas na prática, seja numa classificação enciclopédica, seja numa classificação especializada;

CLASSIFICAÇÕES BIBLIOGRÁFICAS: PERCURSO DE UMA TEORIA

- notações, geralmente puras, numéricas e simples, que permitem representar o analítico. Existem também sistemas deste tipo que apresentam notações alfanuméricas, como é o caso da Classificação da Biblioteca do Congresso. A notação destes sistemas é, na maioria dos casos, hierárquica e, regra geral, expressa a própria estrutura do esquema da classificação;
- unidimensionais, isto é: na teoria, um assunto apenas pode ser perspectivado sob um ponto de vista, não dando margem para representar os vários aspectos sob o qual é estudado por um determinado autor;
- são sistemas construídos, geralmente, *a priori*, em que as notações que os constituem são determinadas independentemente dos documentos;
- na teoria, são linguagens consideradas apenas analíticas, na medida em que não possuem funcionalidades para representar matérias que num documento se encontram perspectivadas em vários aspectos, muito menos quando são assuntos compostos ou complexos; esta situação advém do facto de nas classes que compõem os sistemas enumerativos a sua distribuição ser monolítica, o que concorre para que não seja possível efectivar, na maioria dos casos, a síntese, como nas classificações mistas e facetadas;
- geralmente são de tipo enciclopédico.

Entre outras classificações de tipo enumerativo escolhemos para apresentar como exemplo a Classificação Decimal de Dewey e a Classificação da Biblioteca do Congresso. A escolha da primeira prende-se com o facto de a Classificação Decimal de Dewey ser o sistema de estrutura enumerativa que maior impacto teve nas bibliotecas do mundo ocidental; a opção pela segunda tem a ver com a circunstância de esta ser considerada um dos grandes sistemas de classificação enumerativo de base utilitária.

Estes sistemas serão analisados quanto à sua *origem histórica, fundamentos, características* e *composição*, elementos de análise, que, de resto, serão considerados isoladamente no estudo dos outros sistemas de classificação que são apresentados ao longo deste trabalho.

5.1 Classificação Decimal de Dewey

No que respeita às classificações de base enumerativa, iniciamos este ponto com a análise da Classificação Decimal de Dewey.

5.1.1 Origem e contextualização histórica

A Classificação Decimal de Dewey, criada por Melvil Dewey (1851-1931), bibliotecário na Amherst College Library, foi publicada pela primeira vez em

CLASSIFICAÇÕES ENUMERATIVAS

1876, sob o título: *A Classification and Subject Index for Cataloging and Arranging the Books and Pamphlets of a Library*. Esta Classificação foi aquela que mais se disseminou por todo o mundo e foi a mais utilizada no mundo ocidental, situação que ainda hoje se mantém.

A segunda edição foi publicada em 1885, sob o título: *Decimal classification and relative index*. Apenas na décima sexta edição é que o nome de Dewey passou a integrar o título.

Nos Estados Unidos da América, nesta época, o livre acesso nas bibliotecas começava a dar os primeiros passos, situação à qual Dewey não foi alheio. Esta nova modalidade de acesso aos documentos pressupunha uma nova organização dos mesmos nas bibliotecas.

Dewey, homem do seu tempo, foi sensível à nova modalidade de acesso aos documentos, e procurou construir uma classificação que lhe possibilitasse dar cumprimento a este novo desafio.

A aplicação de tal sistema apenas faria sentido caso os documentos estivessem arrumados por assunto, de forma sistemática, nas respectivas estantes. Este facto contribuiu para o grande sucesso deste sistema de classificação, pois o emprego decimal dos números permitia a localização relativa dos livros nas estantes; tal facto concorreu para a sua expansão e memorização.

Outra situação que contribuiu para a sua disseminação mundial foi o facto de o Instituto Internacional de Bibliografia, em 1885, ter necessidade de adoptar um sistema para compilar um repertório bibliográfico universal. Tal circunstância levou a que se tomasse como base este sistema para criar outro, a Classificação Decimal Universal.

Outro ponto a salientar prende-se com a circunstância de, a partir de 1930, as fichas impressas da Biblioteca do Congresso, passarem a registar as notações da Classificação Decimal de Dewey.

Entre os sistemas de classificação já existentes, Dewey foi influenciado pelo sistema do tipógrafo Natale Battezzati (séc. XIX). Este sistema tinha sido proposto ao Congresso de tipógrafos e livreiros realizado em Nápoles em Setembro de 1871, e foi por ele adoptado como referência para a ordenação da bibliografia italiana.

Outro sistema que influenciou Dewey foi o sistema de William Torrey Harris (1835-1909), que este concebera para a St. Louis Public School Library. Este sistema sofreu influência indirecta do de Francis Bacon. Harris usou este sistema de forma inversa; com base neste sistema, dividiu o conhecimento em dez classes principais, sendo cada uma constituída por um número variável de divisões. A divisão que fez do conhecimento reflecte, no seu conjunto, a divisão que dele se fazia nos finais do século XIX. Foram estas características que o sistema de Dewey herdou da classificação de Harris.

Dewey construiu o seu sistema, tal como havia feito Harris, dotando-o de nove classes principais (1 ao 9) e atribuindo o zero à classe das generalidades.[198]

Para se ter uma ideia mais clara sobre este assunto base, observemos o quadro que se segue.

Bacon 1623			Harris 1870		Dewey 1876		Classes
Memória (História (		(Natural ((Civil	Razão (	(Filosofia ((Religião ((Ciências sociais e políticas ((Ciências naturais e aplicadas		Obras gerais (Filosofia (Religião (Ciências sociais	000 100 200 300
Imaginação (Poesia (		(Narrativa ((Dramática ((Alegórica	Imaginação (	(Belas-Artes ((Poesia ((Ficção ((Miscelânea literária	Razão ((	(Filologia (Ciências puras (Ciências aplicadas	400 500 600
Razão (Filosofia (		(Ciência de (Deus ((Ciência da (natureza ((Ciência do (homem	Memória (	(Geografia e viagem ((História civil ((Biografia Apêndice Miscelânea	Imaginação ((Memória ((	(Belas Artes (Literatura (Geografia (Biografia (História	700 800 910) 920) 900) 930/999

Fig. 19 - Esquema das classificações de Bacon, Harris e Dewey [198]

Apesar de ter sido idealizado com o objectivo de responder a necessidades de ordem prática – arrumar por assunto os fundos bibliográficos da Biblioteca do Amherst College, este sistema teve uma base científica, o sistema de classificação de Dewey, ao contrário do da Biblioteca do Congresso. Deste modo, caracteriza-se por ser uma classificação sistemática, com base científica.

Ao contrário do que acontece relativamente à Classificação da Biblioteca do Congresso, como iremos observar, que se caracteriza por ser uma classificação empírica e utilitária, nasceu com o propósito de arrumar livros nas estantes e foi-se desenvolvendo de acordo com as necessidades pontuais da Biblioteca do Congresso.

---

[198] BARBOSA, Alice Príncipe – *Teoria e prática dos sistemas de classificação bibliográfica.* 1969. P. 203.

5.1.2 Fundamentos e características

Neste ponto do trabalho procuramos apresentar os principais fundamentos e características da Classificação Decimal de Dewey. A sua apresentação será a mais abreviada possível; esta opção prende-se com o facto de esta classificação apresentar a maioria dos fundamentos e das características das classificações enumerativas, que já apresentamos no ponto anterior.

Assim, passaremos a apresentar os fundamentos e características que nos parecem ser os mais ilustrativos, e que identificam este sistema como singular.

a) Sistema decimal

A grande novidade deste sistema foi o uso de uma notação decimal. A mais--valia desta Classificação consiste no facto de as notações serem decimais, situação que permite representar os conceitos de uma forma mais específica, conferindo-lhe, ao mesmo tempo, uma grande flexibilidade na representação dos mesmos.

Segundo Dubuc,[199] designa-se classificação decimal todo o esquema sistemático de classificação que empregue uma notação sob a forma decimal para representar os assuntos nele contidos, ideia que de resto se poderá observar no excerto extraído de uma obra deste autor: *On appelle classification décimale tout schéma systématique de classement employant pour symboliser les sujets qu'il contient une notation à forme décimale.*

A notação consiste numa sequência de números que não são considerados inteiros, mas sim decimais: números que são tratados como se fossem precedidos de zero, vírgula. Cada índice poderá ser dividido no máximo de dez índices, imediatamente inferiores.

O sistema decimal nunca tinha sido usado para a ordenação de livros entre si.

O matemático húngaro Farkas von Bolyai (1802-1860) em 1833, e o físico e filósofo francês André-Marie Ampère em 1834, utilizaram o sistema decimal para classificar as ciências.

No que respeita à área da bibliografia, o primeiro ensaio de que se tem notícia data de 1583, quando François Graudé La Croix de Maine (1552-1592?) tentou aplicar este sistema à divisão das obras de uma bibliografia.

---

[199] DUBUC, René – *La Classification Décimale Universelle.* 1964. P. 13.

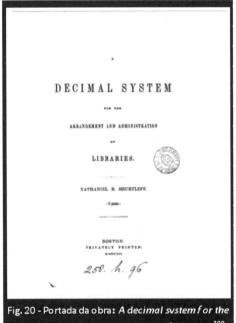

Fig. 20 - Portada da obra: *A decimal system for the arrangement and administration of libraries*[200]

Em[200] 1790, a Biblioteca de Glasgow tentou aplicar o mesmo método. Seguiu-se o método apresentado pelo bibliotecário americano Nathaniel B. Shurtleff (1810-1874) na obra *A decimal system for the arrangement and administration of libraries* que foi publicada em 1856.

Estes três sistemas preconizavam apenas a organização de bibliotecas em pequenas salas, contendo cada uma dez estantes de dez prateleiras numeradas de um a dez. Em nenhum destes sistemas se encontra o sistema decimal aplicado aos próprios assuntos dos livros.

A primeira vez que isto aconteceu foi com a Classificação Decimal de Dewey, à qual se seguiu a Classificação Decimal Universal.

b) Sistema *a priori*

Tal como acontece com a maioria dos outros sistemas de classificação, a Classificação Decimal de Dewey é uma linguagem construída *a priori*; isto quer dizer que a sua construção é independente dos documentos, designadamente a determinação das notações que representam os assuntos.

c) Sistema mono-hierárquico

Como todas as classificações bibliográficas, a Classificação Decimal de Dewey é caracterizada por ser um plano de classificação hierárquico. Nele, as notações sucedem-se hierarquicamente do geral para o particular, e encontram-se subordinadas umas às outras, segundo o nível de especificidade do assunto que representam.

---

[200] Ver: http://books.google.pt/books?id=HB0CAAAAQAAJ&dq=A+decimal+system+for+the+arrangement+and+administration+of+libraries&printsec=frontcover&source=bl&ots=jxe5zRI4T_&sig=6MJdlLbPJUieTgxGCVPZ2xa_59I&hl=pt-PT&ei=LakwS8u9A8ei4QaL67mqCA&sa=X&oi=book_result&ct=result&resnum=6&ved=0CB0Q6AEwBQ#v=onepage&q=&f=false [Consult. 21 Dez. 2009].

CLASSIFICAÇÕES ENUMERATIVAS

Cada dígito que se coloque à direita de outro dígito, indica *a priori* uma maior especificidade de um determinado assunto.

Cada notação corresponde no sistema a um único assunto.

d) Linguagem pré-cordenada

Numa leitura conceptual, esta situação manifesta-se na possibilidade de se poder coordenar *a priori* um ou mais conceitos, quando se constroem as notações.

Na sua essência este sistema não é pré-coordenado, porque esta classificação não possui na sua estrutura-base expedientes que lhe permitam tal funcionalidade. Esta característica traduz-se na prática na possibilidade de se construírem notações compostas que, por seu lado, representam assuntos compostos. Esta situação é apenas cumprida devido ao facto de a Classificação Decimal de Dewey possuir tabelas auxiliares.

e) Sistema exaustivo

A Classificação Decimal de Dewey apresenta como característica, entre outras, o facto de elencar de forma exaustiva todos os assuntos conhecidos e, como tal, passíveis de serem classificados.

f) Sistema universal

Relativamente ao seu conteúdo, como classificação que se integra dentro das de tipo enciclopédico, pretende abranger todas as áreas do saber, conferindo-lhe esta característica um carácter universal.

g) Sistema controlado e estruturado

A Classificação Decimal de Dewey é uma linguagem controlada. Esta característica deve-se ao facto de a cada notação corresponder um único assunto.

É também uma linguagem estruturada, pelo facto de apresentar relações hierárquicas, pois assenta numa estrutura vincadamente hierárquica.

Implicitamente apresenta relações associativas, tal como a Classificação Decimal Universal. Este facto acontece devido à existência de assuntos que poderão encontrar-se classificados em diferentes classes, dependendo da perspectiva. Tomando como exemplo o vestuário, este assunto poderá ser classificado no *155.95* (nos casos em que se estuda a influência que o vestuário tem no aspecto psicológico); no *391*, quando se associa o vestuário aos usos e costumes; ou no *746.92*, quando aparece associado à moda, ao *Design*.

5.1.3 Composição

a) Tabelas principais

Neste sistema o conhecimento encontra-se dividido em dez classes principais que, por sua vez, se encontram subdivididas. Cada classe principal tem dez divisões e cada divisão encontra-se, por seu lado, dividida em dez secções, e assim sucessivamente.

Tomando como base a Tabela abreviada francesa, extraída da 21ª[201] edição integral em língua inglesa, passamos a apresentar a estrutura geral das classes principais:

000	Informática, informação e generalidades
100	Filosofia e Psicologia
200	Religião
300	Ciências sociais
400	Línguas
500	Ciência
600	Tecnologia
700	Arte e lazer
800	Literatura
900	Geografia e História

Tabela 6. Classes principais da Classificação Dewey

Como podemos verificar, cada classe é composta por três algarismos. Quando consideramos os grandes campos do conhecimento, isto é, quando não os subdividimos em divisões ou secções, o sistema impõe que a sua notação seja preenchida com zeros.

A título de exemplo, podemos observar que na classe *500*, o algarismo *5* representa a classe – Ciência, e os dois zeros, representam a divisão e a secção.

---

[201] Esta tabela foi publicada em 2003 pela OCLC (Dublin, Ohio), sob a direcção de Joan Mitchell. Esta edição é composta por quatro volumes, a saber:
Vol. 1: Guia de utilização. Tabelas auxiliares.
Vol. 2: Tabelas principais (005-599).
Vol. 3: Tabelas principais (600-999).
Vol. 4: Índice.

Deste modo, a notação *510*, é composta pela classe *5*, divisão *1* e a secção mantém-se vazia. O conjunto dos três algarismos representa a Matemática.

b) Tabelas auxiliares

Como a maioria dos sistemas de classificação, também a Classificação Decimal de Dewey apresenta tabelas auxiliares. Como já referimos, as notações que integram estas tabelas servem para precisar o assunto principal, representado pela classe principal. Essa precisão pode expressar-se em diferentes perspectivas, tal como: históricas, geográficas, cronológicas, etc.

De acordo com a 21ª edição abreviada em língua francesa da Classificação Decimal de Dewey, são sete as tabelas auxiliares, a saber:

Tabela 1: Subdivisões comuns.
Tabela 2: Regiões geográficas, períodos históricos e pessoas.
Tabela 3: Subdivisões para as artes, a literatura e géneros literários.
Tabela 4: Subdivisões de língua e de famílias de língua.
Tabela 5: Raças, etnias e nacionalidades.
Tabela 6: Línguas.
Tabela 7: Pessoas.[202]

Dentro destas Tabelas auxiliares damos especial relevância às Tabelas 1 e 2, devido ao seu uso. Com um uso mais restrito seguem-se a Tabela 5, e por último, as Tabelas 3 e 4 (Línguas, Literatura e Artes), que se usam apenas nestas áreas do conhecimento.

c) Notação

A notação da Classificação Decimal de Dewey tem duas características fundamentais: é uma notação pura, constituída apenas por algarismos árabes, e é constituída por números decimais, o que concorre para que esta notação seja hierárquica e apresente uma grande elasticidade.

Na notação desta Classificação há a considerar uma particularidade que contribui para que se designe *notação de síntese*. Na prática, esta designação expressa-se na aplicação de um ponto (.), sempre que necessita expandir-se, como é o caso das relações entre assuntos. Esta situação verifica-se, por exemplo, quando precisamos de representar um assunto composto. Neste caso recorre-se à aplicação da *notação de síntese;* aqui síntese significa a união de dois ou mais elementos de um todo, isto é, a tradução de uma notação composta.

---

[202] Nesta edição foi suprimida esta tabela, devido ao facto de coincidir com a Tabela 1. Observava-se uma redundância com a subdivisão comum – 08.

d) Índice

Sendo, no geral, em tudo semelhante a qualquer outro índice de um sistema de classificação, inclui, todavia, entradas remissivas.

O índice apresenta um elevado nível de pormenor, apresentando sob cada termo todos os pontos de vista relacionados com aquele assunto, assim como as respectivas notações. Pelo exposto, o índice do sistema da Classificação Decimal de Dewey é considerado, por muitos autores e utilizadores deste sistema, como um dos que apresentam uma estrutura mais eficaz para consulta.

5.2 Classificação da Biblioteca do Congresso

Pela sua relevância no contexto dos sistemas de classificação bibliográfica e dado o facto de ser um sistema de grande aplicabilidade mundial, nomeadamente no que respeita ao mundo anglo-saxónico, entendemos ser de grande interesse integrar neste estudo esta classificação bibliográfica.

Devido a esta situação este sistema de classificação é considerado um dos mais importantes sistemas de tipo enciclopédico e enumerativo.

5.2.1 Origem e contextualização histórica

A Classificação da Biblioteca do Congresso, foi criada em fins do século XIX, quando esta Biblioteca já totalizava um milhão de volumes.

A organização dos assuntos, dentro das respectivas classes, depende das necessidades e particularidades desta Biblioteca; devido a este facto é natural que se classifique este sistema como arbitrário e utilitarista.

Pela circunstância de apresentar esta característica, o ser utilitário, as bases científicas, filosóficas e todos os pressupostos cognitivo-teóricos que estiveram e vieram a estar presentes em outros sistemas de classificação, foram preteridos neste sistema particular, em favor do interesse pragmático. Esta classificação foi criada para ordenar os documentos considerados no seu aspecto físico, e não a nível de conteúdos.

Neste sentido, concordamos com alguns autores, entre os quais Gil Urdiciain, quando refere que a organização do conhecimento assente em bases teóricas e abstractas deu lugar ao interesse utilitário.[203]

Ao contrário da Classificação de Dewey, como já referimos, e da Classificação Cólon, como iremos observar, cujos fundamentos assentam em critérios teóricos e científicos, e cujo propósito era organizar de forma sistemática o conheci-

---

[203] GIL URDICIAIN, Blanca– *Manual de lenguajes documentales*. 1996. P. 87-90. Ver tb. BARBOSA, Alice Príncipe – *Teoria e prática dos sistemas de classificação bibliográfica*. 1969. P. 53-54.

CLASSIFICAÇÕES ENUMERATIVAS

mento universal no seu estado abstracto, com a Classificação da Biblioteca do Congresso pretendia-se a arrumação e localização dos livros de uma colecção de grandes dimensões, considerando a época em que foi criada. Por este facto, não é de surpreender que nas suas classes apenas figurem as matérias que fazem parte desta Biblioteca, contribuindo assim para um Sistema de classificação confinado a uma biblioteca particular – a do Congresso.

O facto de responder às necessidades diárias desta Biblioteca concorre para que esta classificação se mantenha sempre actualizada.

Cumpre referir que nem sempre a organização das obras desta Biblioteca se baseou no sistema de arrumação por assunto. Como era regra geral ao tempo, na maioria das bibliotecas a arrumação das obras nas estantes assentava no tamanho destas. Este sistema de arrumação observou-se, entre 1800, ano da sua fundação e 1815, ano em que foi adquirida a Biblioteca particular de Thomas Jefferson, composta por cerca de seis mil e quinhentos livros. A integração desta Biblioteca trouxe consigo profundas alterações no que respeita à modalidade de arrumação das obras nas estantes; tal situação prende-se com o facto de os livros que pertenciam à colecção de Thomas Jefferson se encontrarem classificados de acordo com uma versão do sistema de Francis Bacon. A modalidade de arrumação baseada neste sistema manteve-se, nesta Biblioteca, até 1899.

A transferência da colecção desta Biblioteca para o novo edifício em 1897 contribuiu para que se repensasse o sistema de arrumação da colecção, que entretanto tinha crescido substancialmente.

A concepção e estudo do novo sistema de classificação ficou a cargo de dois bibliotecários: C. M. Hanson, Director do Departamento de catalogação e Charles Martel, responsável pela Classificação.

Desde logo colocaram-se três possibilidades: a adopção da Classificação Decimal de Dewey, a Classificação Expansiva de Cutter[204] e a Classificação de Halle, sistema que se usava na Universidade alemã de Halle. A eleição recaiu no sistema de Cutter (*Expansive classification*, 1891).

Adoptando de base este sistema, Hanson utilizou uma notação alfanumérica, constituída por letras e números. Nesta notação, a primeira letra representava a matéria principal e os números que a constituíam tinham como função expandir a dita matéria. Esta estrutura é aquela que ainda hoje constitui a base do sistema.

---

[204] O sistema Expansivo de Cutter baseia-se em classes constituídas por matérias que se encontram representadas por letras, sendo que a cada letra corresponde uma matéria particular. Este sistema pode *expandir-se* através de uma ou duas letras que se podem adicionar à respectiva classe. Adoptando de base este procedimento, Hanson utiliza uma notação alfanumérica, cuja letra representa a matéria e os números que a constituem servem para expandir a dita matéria.

CLASSIFICAÇÕES BIBLIOGRÁFICAS: PERCURSO DE UMA TEORIA

Este procedimento foi sendo revisto ao longo dos anos; entre outras alterações procedeu-se à combinação de letras para representarem as subclasses, mantendo-se as combinações de números para expandir as mesmas.

Depois de concebida a arquitectura do sistema, cuja notação é o elemento estruturante, a elaboração de cada classe foi entregue a especialistas das respectivas matérias, situação que explica as diferenças que se observam nas distintas classes, nomeadamente no que respeita ao seu desenvolvimento.

Para concluir este ponto, cumpre referir que a publicação da Classificação da Biblioteca do Congresso, apesar de algumas classes ainda se encontrarem pouco desenvolvidas ou mesmo num nível embrionário de desenvolvimento, ocorreu em 1902. Em 1948, esta classificação não estava completa, sendo que a classe K, que deveria ser preenchida pela Legislação, ainda se encontrava vazia.

Cada classe foi publicada independentemente das outras e apresentava o seu próprio índice. Estas classes eram e continuam a ser revistas de acordo com a evolução do conhecimento, assim como com as próprias necessidades da Biblioteca do Congresso.

Apesar de continuar a apresentar uma estrutura, essencialmente de base enumerativa, este Sistema tem apresentado e desenvolvido ao longo dos anos alguns expedientes, nomeadamente as Tabelas auxiliares, que o aproximam dos sistemas que privilegiam a síntese.

5.2.2 Fundamentos e características

A matéria que passamos a apresentar é muito idêntica à que foi exposta relativamente à Classificação Decimal de Dewey. Esta situação verifica-se pelo facto de os dois sistemas de classificação serem, na sua essência, classificações de base enumerativa.

Deste modo, passamos a apresentar os fundamentos e características que particularizam este sistema específico.

a) Sistema *a posteriori*

Ao contrário do que acontece, de uma forma geral, com a maioria dos sistemas, a Classificação da Biblioteca do Congresso é uma linguagem construída *a posteriori*. Assim, a sua construção é dependente dos documentos que existem nesta Biblioteca particular. Deste modo, as notações que constituem este sistema de classificação representam todos os assuntos expressos nos documentos que compõem a colecção da Biblioteca do Congresso.

b) Sistema mono-hierárquico

Como classificação que é, este sistema apresenta uma estrutura hierárquica; todavia, a hierarquia que o caracteriza não se baseia na disposição decimal dos assuntos, como acontece na Classificação Decimal de Dewey e na Classificação Decimal Universal. A divisão e subdivisão dos seus assuntos assentam numa ordem lógica, de acordo com os critérios de conveniência da própria Biblioteca. As subdivisões encontram-se organizadas dentro de cada classe ou subclasse na seguinte ordem: primeiro aparecem as notações que representam o assunto geral, às quais se seguem as notações sobre os aspectos específicos. De uma forma geral, podemos referir que o nível de subordinação dos assuntos é efectuado partindo da teoria para a prática; no que respeita à História, os níveis de subordinação respeitam a ordem cronológica.

Acresce ainda referir que o conjunto das notações forma compartimentos estanques – uma classe. Cada classe apresenta o respectivo índice, como teremos oportunidade de referir no ponto respectivo.

Se, por um lado, o facto de os assuntos formarem classes independentes pode ser considerado uma desvantagem, na medida em que não permite conceber este sistema como uma unidade, por outro traz consigo uma grande vantagem que se traduz na possibilidade de estas classes poderem ser revistas e actualizadas com uma razoável facilidade.

c) Linguagem pré-cordenada

Tal como acontece com os outros grandes sistemas de classificação bibliográficos, tais como a Classificação Decimal de Dewey e a Classificação Decimal Universal que, mesmo manifestando, na sua essência, uma estrutura enumerativa, apresentam expedientes que lhes permitem realizar a síntese – as Tabelas auxiliares, a Classificação da Biblioteca do Congresso apresenta neste ponto particular características semelhantes, também possuindo Tabelas auxiliares que lhe possibilitam efectuar a síntese.

A diferença que se observa entre as Tabelas auxiliares desta classificação e as Tabelas da maioria dos outros sistemas bibliográficos, consiste no facto de neste sistema elas se encontrarem agregadas a cada classe não apresentando; deste modo, uma única Tabela de auxiliares, comum a todas as classes, situação que se observa na maioria dos outros sistemas bibliográficos.

Esta circunstância concorre para que numa primeira análise deste sistema ou num estudo comparativo relativamente a outros sistemas de classificação, mais flexíveis e mais abertos à síntese, ele se afigurar como um puro sistema enumerativo. Todavia, tal situação não é de todo exacta na medida em que, através destas tabelas, esta Classificação também pode proporcionar a síntese, embora de forma limitada.

d) Sistema exaustivo

A circunstância de apresentar como característica preponderante o facto de ser enumerativa, contribui para que esta Classificação se apresente como um dos sistemas de classificação mais exaustivo. A esta característica, que radica na sua própria natureza, acresce ainda a circunstância, de consequentemente, a considerarmos uma das mais extensas, quando comparada com outros sistemas de classificação. Esta situação deve-se ao facto de nela serem elencados todos os assuntos que foram extraídos das obras que constituem o fundo da Biblioteca do Congresso.

Esta particularidade concorre, de forma geral, para que este sistema não se apresente tão atraente, no que respeita à sua adopção a nível internacional, como a Classificação Decimal de Dewey ou a Classificação Decimal Universal, na medida em que traduz a realidade particular de uma Biblioteca, no caso concreto a da Biblioteca do Congresso.

e) Sistema universal

A Classificação da Biblioteca do Congresso é considerada um sistema universal, na medida em que representa todo o universo temático de uma Biblioteca nacional – a Biblioteca do Congresso; é deste modo que este sistema de classificação se integra nas classificações de tipo enciclopédico.

f) Sistema controlado e estruturado

Como classificação monohierárquica e enumerativa que é, a Classificação da Biblioteca do Congresso, devido a estas características é, naturalmente, controlada, pois a cada assunto corresponde apenas uma notação.

5.2.3 Composição

a) Tabelas principais

A Classificação da Biblioteca do Congresso encontra-se estruturada em vinte e uma classes principais. Cada uma destas classes principais, também chamadas tabelas, dado o facto de serem independentes umas das outras, é identificada por uma letra maiúscula do alfabeto. Para uma maior compreensão passamos de seguida a apresentar uma tabela na qual se configura a sua estrutura:

A	Obras gerais
B	Filosofia, Psicologia e Religião
C	História e Ciências auxiliares
D	História Universal
E	História da América[205]
F	História da América
G	Geografia, Antropologia e Folclore
H	Ciências sociais
J	Ciência política
K	Direito
L	Educação
M	Música
N	Belas-Artes
P	Língua e Literatura
Q	Ciência
R	Medicina
S	Agricultura
T	Tecnologia
U	Ciência militar
V	Ciência naval
Z	Bibliografia. Biblioteconomia

Tabela 7. Classificação da Biblioteca do Congresso

As classes principais encontram-se subdivididas em subclasses que representam assuntos mais específicos; estas subclasses, à semelhança das classes principais, também se identificam por letras maiúsculas, neste caso por duas letras, e, excepcionalmente, podem aparecer representadas por uma ou por três. Como exemplo de uma subclasse, apresentamos o assunto *Enciclopédias*, que se encontra na classe *A – Obras de referência* e, como subclasse que é, de acordo com a Classificação da Biblioteca do Congresso, este assunto é classificado através da notação *AE – Enciclopédias*.

[205] A História da América ocupa duas classes (E-F).

Para concluir este breve apontamento sobre as classes principais, mesmo não ocorrendo nenhuma indicação explícita neste sentido, cumpre referir que é notório o nível de hierarquização de algumas classes em relação a outras. A título de exemplo, referimos o caso das classes: *J – Ciência política, K – Direito* e *L – Educação*, que se encontram subordinadas à classe *H – Ciências sociais*, o mesmo se observando nas classes *E-F – História da América* que se encontram subordinadas à classe *D – História Universal*.

O facto de algumas letras do alfabeto ainda não terem sido utilizadas, concorre para que este sistema permita a expansão do conhecimento; esta faculdade apresenta-se, deste modo, como uma mais-valia, na medida em que é um sistema construído *a posteriori*, sendo, deste modo, natural que surjam novos assuntos para classificar.

b) Tabelas auxiliares

No que respeita às Tabelas auxiliares, como já foi referido, este sistema de classificação apresenta um conjunto de tabelas que lhe permite representar os assuntos de uma forma mais específica. São elas: as Tabelas de forma, as Tabelas geográficas, as Tabelas cronológicas, as Tabelas de subdivisão de assunto e as Tabelas mistas. Como já foi referido, cada classe tem as suas próprias Tabelas auxiliares.

Tabelas de forma – Este tipo de tabelas, também designadas por subdivisões de forma, ao contrário do que acontece com as restantes, neste sistema, e à semelhança do que se observa em outros sistemas de classificação, como por exemplo a Classificação Decimal de Dewey e a Classificação Decimal Universal, são comuns a todo o sistema de classificação; geralmente aparecem a encabeçar os assuntos. As subdivisões mais frequentes são: Periódicos, Congressos, Colecções, Dicionários, Teoria, História, Estudo e ensino, Tratados, Guias, Relatórios, etc.

Como se pode observar pelos exemplos, esta tabela privilegia tanto a forma interna como a forma externa.

Tabelas geográficas – Tal como o próprio nome indica, estas tabelas representam e especificam o assunto na dimensão geográfica. Normalmente situam-se no final das respectivas tabelas, sendo que há tabelas que contêm mais do que uma. A classe que possui este tipo de tabelas auxiliares mais desenvolvidas é a classe *H – Ciências Sociais*; segue-se, pela importância que assumem na subdivisão de assuntos, a Tabela *N – Belas Artes*, a Tabela *C – História e ciências auxiliares* e a Tabela *G – Geografia*.

Como poderá depreender-se pelo seu historial e pelos objectivos subjacentes à concepção desta classificação, o país que apresenta um maior número e desen-

CLASSIFICAÇÕES ENUMERATIVAS

volvimento de subdivisões é os Estados Unidos da América; esta circunstância concorre para que os países não se encontrem sempre ordenados por ordem alfabética, como seria desejável; assim, os países que pertencem ao continente americano são os primeiros a serem elencados nesta tabela, sendo o primeiro os Estados Unidos da América. Segue-se o continente europeu, cujos países se apresentam, geralmente, por ordem alfabética. Depois seguem-se os continentes Asiático, Africano, a Austrália, a Nova Zelândia e as regiões do Árctico e Antárctico.

Tabelas cronológicas – Como em todos os sistemas de classificação bibliográfica cumpre a este tipo de tabelas perspectivarem o assunto na dimensão temporal; estes auxiliares, neste sistema de classificação, assumem um papel menos relevante quando comparados com os auxiliares geográficos; são usados, essencialmente, nas classes que representam a História (C, D, E. F).

Tabelas de subdivisão de assunto – O objectivo destas subdivisões consiste em proporcionar, como o próprio nome indica, a subdivisão do assunto em outras subcategorias.

Tabelas mistas – Estas tabelas resultam da combinação dos vários tipos das outras tabelas de forma, geográfica, cronológica e de subdivisão de assunto; assim, estas tabelas resultam da combinação de dois ou mais tipos das referidas tabelas.

c) Notação

Como é característico nos sistemas mono-hierárquicos e enumerativos, como já referimos no ponto adequado, as notações apresentam-se elencadas do geral para o particular, de acordo com o nível de especificidade do assunto que expressam.

A cada conceito corresponde uma notação. Porém, existem determinados assuntos, tal como acontece na Classificação Decimal de Dewey e na Classificação Decimal Universal, que se encontram registados em mais do que uma notação, dependendo o seu registo da perspectiva sob a qual são tratados os assuntos dos respectivos documentos. Para esta circunstância, contribui, essencialmente, o facto de os assuntos neste sistema se encontrarem organizados por disciplinas em vez de matérias, como de resto é característica dos grandes sistemas de classificação do século XIX. Deste modo, um assunto pode ser registado em mais do que uma classe ou uma subclasse.

A notação da Classificação da Biblioteca do Congresso apresenta, especialmente, duas características: é alfanumérica, como já mencionamos, e não é hierárquica, na acepção corrente do termo. Assim, é composta por uma, duas ou eventualmente três letras maiúsculas e por números que vão de 1 a 9999. Em determinados casos, quando é necessário representar assuntos complexos, ainda recorre a extensões decimais, também designadas – número de Cutter.[206] Este número poderá repetir-se mais do que uma vez dentro da notação;[207] ele é composto por: uma letra maiúscula, algarismos árabes e um ponto, que é considerado decimal. Este ponto precede sempre a letra, como podemos observar no exemplo que se segue: .*Q5 – Tarifas e outras barreiras comerciais.*

A partir de 1982, passou a adicionar-se à notação a data de edição da obra.

Exemplo de uma notação característica deste sistema de classificação:

Termo vocabular	*Notação*
Paris, séc. 17-18	DC729.T76 1996

D Classe principal (História Universal)
DC Subclasse (História de França)
729 Número principal (Paris nos sécs 17-18)
T76 Número de Cutter
1996 Data de edição da obra.

d) Índice

Este sistema de classificação não apresenta um índice geral, pois cada tabela tem o seu respectivo índice, como já referimos. Embora não possamos considerar a Lista de Encabeçamentos da Biblioteca do Congresso como um índice oficial, na prática ela assume essa função. Como sabemos, esta lista é constituída por todos os encabeçamentos desta Biblioteca, sendo que, em determinados casos, alguns deles se encontram classificados. Tal circunstância, sob o nosso ponto de vista, contribuiu para que se tenha uma ideia geral de todos os assuntos existentes nesta Biblioteca, contribuindo em simultâneo para a uniformidade no caso dos assuntos que se encontram classificados.

---

[206] Designa-se número de Cutter este expediente, porque se baseia na classificação idealizada por este autor – Classificação de Cutter ou também chamada Classificação expansiva. Este expediente traduz-se numa segunda sequência de letras e números, separados por um ponto decimal, que se regista a seguir ao primeiro conjunto de letras e números que constituem a notação. Ex. AM11.H3 Manual de museus americanos. O número de Cutter pode repetir-se mais do que uma vez na mesma notação.
[207] Exemplo: Teorias de campo – QC793.3.F5.

Capítulo VI
Classificações mistas

6 Classificações mistas [Fundamentos e características]

Relativamente a este tipo de classificações, tal como já foi referido, na sua essência apresentam características próprias das classificações enumerativas, apresentando em simultâneo um conjunto de expedientes que se formalizam nas Tabelas auxiliares e que são próprios das classificações facetadas. Entre outras classificações de tipo misto, optámos para ilustrar este modelo de sistema bibliográfico a Classificação Decimal Universal.

6.1 Classificação Decimal Universal

A Classificação Decimal Universal integra-se nos sistemas de classificação considerados mistos.

A razão de apresentarmos esta classificação com um maior nível de desenvolvimento, prende-se com o facto de este sistema de classificação ser o sistema mais usado no nosso país, como já mencionamos; dada esta circunstância, pareceu-nos relevante apresentar um estudo mais específico da Classificação Decimal Universal relativamente às outras classificações consideradas. Nele serão referidos os seus fundamentos e características, estrutura e critérios de aplicação.

Entendemos, ainda, que a sua apresentação pormenorizada constituirá uma mais-valia no que respeita ao entendimento da dinâmica deste sistema.

Por uma questão de coerência e uniformidade relativamente à apresentação dos outros sistemas de classificação considerados (Classificação Decimal de Dewey, Classificação da Biblioteca do Congresso e Classificação Colon), na sua abordagem iremos utilizar uma metodologia análoga. Devido ao facto de a sua apresentação ser mais pormenorizada do que a dos outros sistemas de classificação, houve a necessidade de recorrer, nos casos em que se justificou, à utilização de exemplos para que o entendimento dos assuntos em questão resultasse inequívoco.

CLASSIFICAÇÕES BIBLIOGRÁFICAS: PERCURSO DE UMA TEORIA

Por último, cumpre referir que esta matéria, no geral, constituiu objecto de estudo de um outro trabalho académico elaborado pela mesma autora,[208] cuja leitura se recomenda, para um melhor entendimento.

6.1.1 Origem e contextualização histórica

Em finais do século XIX, a Classificação Decimal de Dewey veio dar origem a um outro sistema de classificação decimal, também reconhecido e aplicado num número considerável de bibliotecas no mundo.

A Classificação Decimal Universal integra-se nos sistemas de classificação de tipo decimal, e teve a sua origem na Classificação Decimal de Dewey. Entre outros projectos, o Instituto Internacional de Bibliografia, na 1ª Conferência Internacional de Bibliografia em 1985, considerou a elaboração de um repertório bibliográfico universal. Esta responsabilidade ficou a cargo de dois juristas belgas: Paul Otlet e Henry la Fontaine.

A Classificação Decimal Universal nasceu com o objectivo de ordenar a compilação de um repertório universal de bibliografia; para organizar toda a documentação, necessitava-se de um sistema de classificação que permitisse uma organização do conhecimento de forma metódica e sistemática. Esta preocupação foi manifestada por Paul Otlet e La Fontaine na Conférence Bibliographique Internationale.

Nos oito pontos que constituíam os princípios para a elaboração do Repertório Bibliográfico Universal, o propósito de adoptar um sistema de classificação que proporcionasse a arrumação das obras por matérias, encontra-se exposto no segundo ponto:

> *Ce répertoire doit donc être à fois alphabétique par noms d'auteur et méthodique par ordre de matières. Il faut aussi que les matières connexes soient groupées afin d'éviter au chercheur les investigations trop nombreuses qui résultent de l'éparpillement des matières.*[209]

Aparentemente, o sistema de classificação que responderia a estas solicitações, sobretudo por ser decimal, era a Classificação Decimal de Dewey.

Por volta de 1896, esta Classificação já era utilizada com êxito assinalável em várias bibliotecas públicas nos Estados Unidos, sendo adoptada no total de mais de mil bibliotecas.[210]

Apesar da Classificação Decimal de Dewey ser um sistema decimal, o que lhe conferia a possibilidade de expansão dos assuntos, apresentava, todavia,

---

[208] SIMÕES, Maria da Graça – CDU: fundamentos e procedimentos. 2008.
[209] LA FONTAINE, Henri; OTLET, Paul – *Création d'un répertoire bibliographique universel*. 1895. P. 4.
[210] *Ibidem*. P. 12.

uma desvantagem: era pouco flexível, devido ao facto de a sua estrutura ser enumerativa, não permitindo a representação de assuntos compostos e/ou complexos. Para contornar esta situação, o Instituto Internacional de Bibliografia solicitou autorização a Melvil Dewey para a introdução de sinais e símbolos que possibilitassem notações mais extensas, às quais, naturalmente, corresponderiam assuntos específicos, assim como a representação de assuntos compostos.

A introdução destes elementos conferiu ao sistema maior poder de síntese, tornando-o simultaneamente mais flexível e mais pormenorizado. Este facto foi a contribuição mais significativa que trouxe a nova classificação – a Classificação Decimal Universal.

Como pode depreender-se deste contexto, ao contrário de outros sistemas de classificação, a Classificação Decimal Universal é, pela sua natureza, uma classificação bibliográfica, na medida em que o seu principal objectivo foi organizar por assunto um extenso repertório bibliográfico.

Este propósito seria inovador, na época, considerando outras classificações já existentes, que eram puramente teóricas, como as filosóficas ou científicas. Ainda coexistia outro tipo de classificações, estas de tipo pragmático e utilitarista, como era o caso, em primeiro lugar da Classificação da Biblioteca do Congresso, e num segundo plano a Classificação Decimal de Dewey. Estas duas classificações tinham como objectivo arrumar os documentos por assunto nas estantes.

A Classificação Decimal Universal (CDU) teve origem na 5ª edição da Classificação Decimal de Dewey. Paul Otlet, após ter analisado os sistemas de classificação conhecidos, como já referimos, optou pelo de Dewey. Para esta opção contribuíram essencialmente três factores:

- o conhecimento humano organizado em taxonomias;
- a notação constituída apenas por algarismos árabes;
- o princípio decimal subjacente à sua estrutura.

O primeiro e o segundo argumentos contribuíram de uma forma decisiva para a universalidade, característica desde sempre atribuída à Classificação Decimal Universal. Universalidade porque, se por um lado representava todo o ideário epistemológico do século XIX, por outro, os números eram conhecidos no mundo Ocidental, o que concorria para a tornar numa verdadeira linguagem universal.

Relativamente ao terceiro ponto, o facto de a Classificação Decimal de Dewey assentar num princípio decimal, permitia-lhe intercalar conceitos de forma infinita.

CLASSIFICAÇÕES BIBLIOGRÁFICAS: PERCURSO DE UMA TEORIA

Em 1905 foi publicada a sua primeira edição em francês designada *Manuel du Répertoire de Bibliographie Universelle*, também chamada *Classificação de Bruxelas*, pelo facto de a sede do Instituto Internacional de Bibliografia se situar nesta cidade. Esta primeira versão foi publicada sob os auspícios deste Instituto.

Em 1931 o Instituto Internacional de Bibliografia foi transferido para Haia, onde permaneceu até 1991, passando a chamar-se Instituto Internacional de Documentação. Entre 1927-1933, sob a sua égide, foi publicada a 2ª edição em língua francesa, com o título *Classification Décimale Universelle*. A extensão desta edição era o dobro da primeira.

No Congresso Mundial de Documentação, em 1937, alterou-se o nome do Instituto Internacional de Bibliografia para o de Federação Internacional de Documentação (FID), designação que se manteve até 1992. Entre outras tarefas, cumpria a este Instituto, através das suas comissões, a publicação em vários idiomas de novas edições desenvolvidas, médias, abreviadas e especializadas da Classificação Decimal Universal. Competia-lhe ainda, publicar periodicamente as *Extensions and Corrections to the UDC*, onde são divulgadas as actualizações efectuadas numa ou em outra classe, até à publicação de novas edições.

A partir de 1992, o controlo das edições e traduções desta Classificação transitou para um Consórcio de Editores com sede em Liège; uma das primeiras medidas deste Consórcio foi a criação de uma base de dados designada *Master Reference File-MRF*; esta base constitui um ficheiro de referência, que é actualizado todos os anos, após a publicação das *Extensions and Corrections to the UDC*.

A Classificação Decimal Universal é o sistema de classificação desde sempre preferido na Europa e nos países em desenvolvimento não anglófonos, formados na tradição europeia de biblioteconomia.

Regra geral é utilizada para a organização física de grandes colecções em bibliotecas, assim como para a sua inventariação por assunto em catálogos – Catálogos sistemáticos.

Dadas as suas particularidades, ao longo do tempo a sua aplicação foi mais preponderante em serviços especializados do que em serviços de características gerais.

Enquanto o emprego da Classificação Decimal de Dewey se verifica geralmente nas bibliotecas dos países anglófonos,[211] o emprego da Classificação Decimal Universal utiliza-se, regra geral, em bibliotecas de países francófonos, e em países da Ásia, da América Latina e da África.

---

[211] A partir de 1930 a própria Biblioteca do Congresso adoptou a Classificação Decimal de Dewey nos catálogos impressos. A British Library também usa este sistema para os catálogos sistemáticos.

CLASSIFICAÇÕES MISTAS

6.1.2 Definição e função

Na edição da Classificação Decimal Universal de 1927-1933,[212] este sistema de classificação é definido nos seguintes termos:

> [...] *classification systématique dans sa disposition et encyclopédique dans son contenu, – à notation décimale dont les nombres se combinent entr'eux selon certaines fonctions. – classification exposée dans des tables à entrées méthodiques et alphabétiques, – permettant à volonté une indexation sommaire ou détaillée, – d'application universelle à toutes espèces de documents et d'objets – à toutes les collections ou parties d'un organisme documentaire, – appropriée aux besoins de la science spéculative et à ceux de l'activité pratique, – susceptible à la fois d'invariabilité et de développement illimité, – prenant place dans l'organisation internationale de la Documentation, – conçue elle-même comme base de l'Organisation mondiale du Travail intelectuel.*

Tendo como ponto de partida esta definição tão completa, podemos dizer que a Classificação Decimal Universal, como todas as outras classificações, é uma linguagem documental que se integra nas linguagens de tipo categorial, pelo facto de o conhecimento se encontrar dividido em grandes categorias epistemológicas.

Dentro da tipologia dos sistemas de classificação, quanto ao *conteúdo*, é uma classificação enciclopédica, na medida em que abarca todos os ramos do saber. Quanto à *estrutura*, é um sistema misto, pelo facto de a sua natureza apresentar características de uma classificação enumerativa – elenca todas as matérias e as suas subdivisões de forma sistemática em classes e subclasses. No entanto, como incorpora na sua estrutura tabelas auxiliares, que são constituídas por um conjunto de expedientes que lhe proporcionam ir mais além do que representar apenas o aspecto analítico dos assuntos – característica dos sistemas enumerativos – estas tabelas permitem-lhe também representar o sintético – característica dos sistemas facetados. Esta circunstância concorre para que se insira a Classificação Decimal Universal dentro dos sistemas mistos.

Tal como acontece com as outras estruturas de organização do conhecimento de tipo categorial, à Classificação Decimal Universal subjaz um grande princípio – *a organização do conhecimento* – que se manifesta na arrumação do mesmo em *grandes grupos de matérias*, apresentando-se esta característica como a sua principal função.

Tendo como ponto de partida este princípio, na prática ele materializa-se em duas dimensões distintas, já referido no capítulo I.

---

[212] Institut International de Bibliographie – *Classification décimale universelle: tables de classification pour les bibliographies, bibliothèques et archives...* 1927-1933. P. XVI.

CLASSIFICAÇÕES BIBLIOGRÁFICAS: PERCURSO DE UMA TEORIA

- a organização do conhecimento de uma forma lógica e sistemática em catálogos; esta arrumação caracteriza-se por ser sintética: o termo de ordenação é um código numérico que permite ordenar hierarquicamente o conteúdo dos documentos, possibilitando, desta maneira, o acesso ao conhecimento pelo geral;
- a organização física dos documentos em estantes, designadamente nas bibliotecas de livre acesso, permitindo ao utilizador conhecer as obras que existem numa biblioteca sobre o mesmo assunto e sobre assuntos afins e, sobretudo, dar a conhecer ao utilizador obras que desconhece.

6.1.3 Fundamentos e características

a) Sistema construído *a priori*

Constitui um primeiro fundamento o facto de a Classificação Decimal Universal ser, como no geral todas as classificações[213], uma linguagem construída *a priori*, o que quer dizer que as notações foram atribuídas e fixadas a um determinado assunto, independentemente dos documentos. Os dígitos que constituem estes códigos também são inalteráveis dentro desse mesmo código; a sua inversão resultaria na representação de um assunto distinto.

b) Linguagem pré-coordenada

A pré-coordenação, inerente à constituição das próprias notações das tabelas principais e das tabelas auxiliares, é também um princípio a considerar.

O carácter enumerativo deste sistema herdado da Classificação Decimal de Dewey, não se esgota no elencar dos índices de uma classe; essa característica é também inerente à própria notação. Por exemplo, a notação *726 Arquitectura religiosa* é constituída de uma forma enumerativa pelo número *7*, que representa o conceito *Arte*, o número *2* que, junto do *7* forma *72 Arquitectura*, e o número *6* que, junto do *72* forma o *726* e que representa *Arquitectura Religiosa*. Partindo deste exemplo, e abstraindo-nos do plano formal, concluímos então, numa leitura conceptual, que o *726* é um código constituído por três conceitos que foram pré-coordenados *a priori* para formarem um conceito composto.

Situação análoga ocorre nas notações que compõem as tabelas auxiliares. A título de exemplo apresentamos o Auxiliar comum de lugar *(469) Portugal*. O *(4)* representa o conceito *Europa*, o *(46) Península Ibérica* e o *(469)* representa *Portugal*. Se, em vez de juntar ao *(46)* o número *9*, juntar o *0*, esta notação *(460)* representa o conceito *Espanha*.

---

[213] A Classificação da Biblioteca do Congresso é *construída a posteriori*.

CLASSIFICAÇÕES MISTAS

Posto isto, conclui-se que a pré-coordenação na Classificação Decimal Universal se observa a duas dimensões:

- *a posteriori*, quando se parte das tabelas auxiliares – é realizada pelo classificador;
- *a priori*, quando se tem em conta a própria estrutura da notação.

Após a coordenação, os conceitos que formam a notação fundem-se num único conceito, perdendo a sua autonomia conceptual de origem.

O alto grau de pré-coordenação na Classificação Decimal Universal, poderá, por vezes, comprometer a pesquisa, na medida em que se torna extremamente difícil a um utilizador saber construir um enunciado de pesquisa que apresente uma gigantesca cadeia de números, assim como saber a ordem de citação dos elementos nessa cadeia. Até ao final do século XX esta circunstância, que era real na maioria das unidades de informação, tornava-se incontornável.

Com o desenvolvimento dos sistemas informáticos aplicados às bibliotecas, esta situação alterou-se. O acesso à informação, seja através das linguagens pré-coordenadas, de tipo vocabular, seja das de tipo categorial, torna-se mais eficaz e mais amigável. A adição das pesquisas booleanas a este tipo de linguagens faz a diferença pela positiva. A estrutura das listas de encabeçamentos de matéria aproxima-se dos tesauros, na medida em que se deixaram de construir grandes cadeias de termos, (em alguns casos verdadeiros *mini-abstracting*), o que facilita a pesquisa. Esta alteração verificada na estrutura das listas de encabeçamentos de matérias, associadas às booleanas, concorre para que um utilizador possa usufruir de toda a liberdade para coordenar os conceitos; esta alteração possibilita ao utilizador construir ele próprio as suas equações de pesquisa, de acordo com as suas necessidades de informação. Com as significativas alterações tecnológicas, o utilizador já não necessita de construir uma cadeia pré-definida de conceitos, isto é, a ordem pela qual foram introduzidos.

Em muitos casos o desconhecimento desta ordem concorria para o silêncio da informação.

Este tipo de pesquisa relativamente às linguagens vocabulares de tipo pré-coordenado, também se veio a verificar nas categoriais. Ele traz consigo uma maior flexibilidade nas pesquisas por classificação, no caso concreto pela Classificação Decimal Universal, na medida em que os sistemas informáticos vieram proporcionar a pesquisa por qualquer código que componha a notação composta, independentemente do lugar que nela ocupa.

Esta funcionalidade resulta numa mais-valia para o utilizador, que não precisa de saber a ordem pré-definida das notações e, assim, consegue ter acesso à informação. As alterações informáticas concorreram para valorizar os sistemas pré-coordenados, no caso concreto a valorização da Classificação Decimal Universal, como intermediária entre a informação e o utilizador.

Outra vantagem no que respeita às classificações, nomeadamente no que respeita à Classificação Decimal Universal como sistema de classificação misto, prende-se com o facto de se poder representar com grande especificidade e exaustividade o resultado da análise, através de códigos sintéticos, algo que as linguagens pós-coordenadas não podem conferir.

Com as alterações sofridas relativamente às linguagens categoriais, estas passam a assumir potencialidades e características que até então eram apanágio das linguagens pós-coordenadas.

O facto de se poderem fazer pesquisas booleanas, à semelhança das linguagens pós-coordenadas, foi um valor acrescentado ao incremento das pesquisas por classificação. O recurso aos índices pré-coordenados, para efeito de pesquisa, é agora uma realidade.

c) Sistema mono-hierárquico

A Classificação Decimal Universal, na sua essência, apresenta uma estrutura hierárquica, na qual as classes obedecem a um princípio de dependência lógica, em que os conteúdos mais específicos se encontram compreendidos dentro dos conteúdos mais gerais, situação análoga à de todos os sistemas enumerativos. Será esta a relação hierárquica que se estabelece entre os códigos que constituem as classes e as subclasses.

Estas relações estabelecem-se sempre dentro da mesma subclasse, ou seja, um assunto apenas pode ocorrer dentro de uma classe e num determinado ponto da sua estrutura, encontrando-se de acordo com o princípio da lógica aristotélica em que uma taxonomia não pode aceitar elementos de outras taxonomias; assiste-se, assim, à exclusão de elementos de classes de um mesmo nível.

Um código está dependente hierarquicamente do código que o precede, logo, o código que se lhe segue estará subordinado a este, naturalmente; dentro de uma subclasse, os códigos apresentam-se por uma ordem decrescente.

Na teoria, tal como acontece com outros sistemas de base mono-hierárquica, um assunto apenas poderá ser perspectivado sob um ponto de vista, conferindo este facto à Classificação Decimal Universal uma dimensão unidimensional. Esta ideia é expressa por Paul Otlet, na seguinte expressão:

> *La Classification décimale constitue donc une localisation parfaite des matières. Elle répond à ce principe essentiel de l'ordre bibliographique [...] une place pour chaque chose et chaque chose à sa place [...] cette idée est de l'essence même du système.*[214]

---

[214] LA FONTAINE, Henri; OTLET, Paul – *Création d'un répertoire bibliographique universel.* 1895. P. 18.

CLASSIFICAÇÕES MISTAS

Como teremos oportunidade de observar ao longo deste trabalho, na prática esta característica não corresponde ao preconizado na teoria.

Se tivermos em conta as Tabelas auxiliares, a estrutura mono-hierárquica traduz-se numa estrutura poli-hierárquica, possibilitando a esta representar o mesmo assunto sob várias perspectivas, o que lhe confere uma dimensão multidimensional.

d) Linguagem exaustiva e específica

A característica atrás enunciada concorre para outras que se encontram relacionadas com essa: a *exaustividade* e *especificidade*.

O facto de numa categoria semântica apenas serem admitidos conceitos uma única vez sob a respectiva faceta, converge para que a Classificação Decimal Universal se apresente como um sistema marcado *a priori* por estas duas características.

Tal circunstância leva a que se enumerem *a priori* todos os assuntos previsíveis de serem usados num sistema documental, de uma forma exaustiva. À partida, esta característica confere-lhe, na teoria, a possibilidade de representar todos os assuntos expressos nos documentos, portanto, um número infinito de matérias.

À *exaustividade* (número de conceitos possível de representar), está associada a *especificidade*, que tem a ver com o nível de expressão com que se representa um conceito.

O comportamento relativamente à exaustividade também é observado no que concerne à especificidade. A estrutura da Classificação Decimal Universal está desenhada de forma a poderem representar-se, não só assuntos com um elevado nível de generalidade, mas também assuntos caracterizados por um elevado nível de especificidade. Para esta última possibilidade concorrem indiscutivelmente o facto de ser um sistema decimal e o facto de ser provido de símbolos e signos auxiliares.

e) Linguagem decimal

Como já foi referido, esta característica constitui a principal herança do sistema de Dewey, sendo ainda hoje considerado o principal elo de afinidade entre os dois sistemas. Consiste no facto de os números das tabelas principais serem tratados como se fossem números decimais. É esta faceta da classificação que permite representar o conhecimento até ao infinito.

Para uma melhor compreensão apresentamos o seguinte exemplo:

Termo vocabular	Notação	Nº Decimal
Ciências Sociais	3	0,3
Política	32	0,32
Formas de organização política...	321	0,321
Origens do governo...	321.1	0,321.1

Apenas desta forma se compreende o facto de o número 3 preceder o 32 e assim sucessivamente. Cada número poderá ser dividido em dez, o que quer dizer que cada número se poderá dividir em dez conceitos. Como são considerados números decimais, cada dígito que se juntar à direita representa um conceito cada vez mais específico, com a particularidade de apenas se recorrer a números e não a outros elementos como, por exemplo, letras.

Esta possibilidade proporciona ainda o reconhecimento destes códigos em qualquer parte do mundo, independentemente do seu idioma.

f) Linguagem universal

Outra das características herdada da Classificação Decimal de Dewey que contribuíu para a larga difusão e consolidação da Classificação Decimal Universal no mundo ocidental, foi o facto de as suas notações serem numéricas, o que concorreu para que fosse considerada uma linguagem supralinguística. Sobre este assunto a obra, *Création d'un Répertoire Bibliographique Universel*, regista a seguinte ideia: *Cette classification présente un triple avantage. Elle constitue d'abord une nomenclature des connaissances humaines, fixe, universelle et pouvant s'exprimer en une langue internationale, celle des chiffres.*[215]

Ser uma linguagem universal, assume assim, uma dupla dimensão, na medida em que a sua universalidade lhe é também atribuída pelo facto de ser enciclopédica quanto ao seu conteúdo, abarcando, na teoria, todo o conhecimento humano. A este propósito, na edição de 1927-1933, pode ler-se o seguinte:

> *Classification encyclopédique des connaissances – La Classification décimale dans ses développements scientifiques, tend à donner un inventaire complet de toutes les sciences, de toutes les idées, de toutes les institutions, de toutes les activités et de tous les objets.*[216]

---

[215] LA FONTAINE, Henri; OTLET, Paul – *Création d'un repertoire bibliographique universel.* 1895. P. 5.
[216] Institut International de Bibliographie – *Classification décimale universelle: tables de classification pour les bibliographies, bibliothèques et archives...* 1927-1933. P. VI.

Esta particularidade contribuiu para que este sistema fosse, desde logo, adoptado, quer por bibliotecas gerais, quer por bibliotecas especializadas.

Esta característica é inerente à sua génese, na medida em que nasceu, como sabemos, para organizar por temas o Repertório Bibliográfico Universal.

g) Sistema normalizado

Outro princípio tem a ver com o facto de a Classificação Decimal Universal ser uma linguagem normalizada. Este fundamento prende-se com a circunstância de, ao longo da sua história, estar presente a preocupação de a sua elaboração, desenvolvimento e difusão serem efectuados de acordo com instruções emanadas de organismos de normalização nacionais e internacionais, tais como a FID e, actualmente, o Consórcio Editor da Classificação Decimal Universal.

Tal preocupação normativa tem como objectivo garantir uma prática que se quer uniforme e consistente, com vista a obter resultados pertinentes e precisos na recuperação da informação.

h) Sistema analítico-sintético

Quando referimos esta característica relativamente às classificações, no nosso entender, ela poderá ser considerada em duas acepções: uma de dimensão conceptual alargada e outra de dimensão conceptual reduzida.

No que concerne à primeira acepção, entendemos que todas as classificações são analítico-sintéticas, na medida em que todas representam os assuntos que resultam da análise do conteúdo de um documento. Nesta perspectiva, e partindo do significado linguístico deste termo, é evidente que todas são analíticas e todas são sintéticas, porque têm como objectivo representar e disponibilizar o conteúdo resultante da análise dos documentos de forma abreviada.

Contudo, abstraindo-nos da interpretação linguística destes termos e analisando-os à luz de um contexto documental, concluímos que apenas algumas são analítico-sintéticas. São analítico-sintéticas as classificações facetadas e mistas, devido ao facto de possuírem expedientes que lhes permitem decompor a análise de um determinado assunto nas suas várias perspectivas e, ao mesmo tempo, esses expedientes permitirem representar, de forma sintética, o resultado dessa análise.

O facto de a Classificação Decimal Universal possuir tabelas auxiliares, permite-lhe fazer uma análise conceptual exaustiva, que se traduz na decomposição de cada assunto nas suas várias facetas. Simultaneamente, mediante um processo de síntese, estes são combinados entre si através dos expedientes que constituem estas tabelas. Como teremos oportunidade de observar, geralmente os auxiliares mantêm-se ligados à matéria representada pelo número principal. Este processo dá origem a notações compostas que representam assuntos compostos e complexos, tal como podemos observar no exemplo que se segue:

Termo vocabular	Notação
Crescimento urbano, meio ambiente, Brasil, séc. 20	711.4:504(81)"19"

i) Sistema semi-facetado

Como temos vindo a observar ao longo desta breve exposição sobre os fundamentos e as características da Classificação Decimal Universal, este sistema é, na sua essência, enumerativo, circunstância que é notória de forma explícita. No entanto, também se observam com frequência rasgos estruturais atribuídos às classificações facetadas. Por este motivo, que passamos a expor através de alguns exemplos, conclui-se que a Classificação Decimal Universal é um sistema semi-facetado.

A noção de faceta na Classificação Decimal Universal observa-se a duas dimensões:

1 Em relação às tabelas auxiliares

Esta primeira dimensão tem a ver com a possibilidade conferida pelas tabelas auxiliares, através de expedientes "facetados", isto é, de permitir perspectivar um assunto em várias dimensões:

Termo vocabular	Notação
Pintura renascentista italiana	75.034(=1:450)
Pintura do século XIX	75"18"

2 A própria noção de faceta está presente em algumas classes

Esta particularidade concorre para o surgimento de um conjunto de subclasses resultante da divisão de uma classe, a partir da aplicação de um determinado princípio ou característica. Para ilustrar esta ideia, apresentamos o seguinte exemplo, extraído da subclasse *72 Arquitectura*.

Se partirmos da faceta edifícios, iremos encontrar na subclasse:

Arquitectura 72
Faceta [Edifícios]
Edifícios religiosos 726
Edifícios com fins educativos 727
Edifícios de habitação 728

Como podemos observar nos exemplos apresentados, encontramos os edifícios perspectivados em três categorias distintas: religiosos, com fins educativos e de habitação. Esta tipologia, baseada na faceta edifícios [função], garante-nos, à partida, que podemos analisar este assunto sob as perspectivas apresentadas.

Na Classificação Decimal Universal, além das facetas, podemos ainda encontrar subfacetas; por exemplo, se partirmos do assunto *Máquina* e tomarmos como faceta a noção *Transportes*, esta possibilitará organizar este conceito em três subfacetas, como podemos observar no exemplo seguinte:

Máquinas 62
Faceta [Transportes] 656
Subfaceta [conteúdo]
Transporte de mercadorias 656.13
Transporte de passageiros 656.025

Subfaceta [operação]
Transporte terrestre...656.1/.5
Transporte aéreo 656.7
Transporte marítimo 656.61
Subfaceta [Combustível, fonte de calor]
Aquecimento a gás 62-62
Aquecimento eléctrico 62-65

j) Sistema controlado e estruturado

Iniciamos este ponto referindo o controlo morfológico. Neste tipo de linguagem podemos considerar que existe controlo morfológico, porque a cada índice corresponde apenas um assunto, que, por sua vez, é representado por um número, cuja natureza não apresenta quaisquer problemas de forma ou semântica.

Tal como acontece nas linguagens vocabulares controladas, nas quais se estabelecem relações sintácticas e semânticas, também nas linguagens categoriais se estabelece este tipo de relações; é nesta medida que se considera a Classificação Decimal Universal uma linguagem estruturada. No entanto, devido à sua natureza, as relações encontram-se implícitas na própria estrutura.

Neste tipo de linguagem, ao contrário do que acontece nas de tipo vocabular, as relações que se estabelecem entre os termos, que neste caso se apresentam sob forma de notações, não são assinaladas através de qualquer expediente que as torne explícitas e inequívocas, pois, tal como se referiu, na sua maioria estas relações são inerentes à própria constituição do sistema.

Com o propósito de contribuir para um melhor entendimento deste ponto, sistematizaram-se as relações de acordo com a tipologia observada na linguagem vocabular, designadamente nos tesauros:

- Relações sintácticas
- Relações semânticas.

Relações sintácticas

Este tipo de relações pode ser observado na Classificação Decimal Universal pelo facto de este sistema ser constituído também por tabelas auxiliares. Estas relações são estabelecidas através do recurso aos auxiliares comuns gerais e aos auxiliares especiais. Podem observar-se em duas situações distintas: dentro da mesma classe ou entre classes diferentes.

Quando se estabelecem *dentro de uma mesma classe ou subclasse* representam assuntos compostos.

Termo vocabular	Notação
Imigração, impacto no desenvolvimento económico, Europa, séc. 20	14.74:330.3(4)"19"

Quando se estabelecem *entre classes diferentes* representam assuntos complexos, como, por exemplo:

Termo vocabular	Notação
Imposto sobre o tabaco, Espanha	336.22:663.97(460)

Nos casos em que se constroem notações com o recurso aos auxiliares especiais, os quais, dada a sua natureza, apenas se aplicam a algumas classes ou subclasses, constituem-se notações que, na teoria, podemos denominar "sintagmas nominais". Este facto ocorre porque estas notações apresentam uma unidade conceptual análoga ao que acontece na linguagem vocabular, conferida pela circunstância de estes auxiliares se caracterizarem por uma função sintética de um nível elevado, onde em muitos casos os conceitos que formam esses índices acabam por se diluir, perdendo assim a sua autonomia, como podemos observar nos exemplos que se seguem:

Termo vocabular	Notação
Teoria da arte moderna	7.036.01
Reabilitação urbanística	711.025

Relações semânticas

São as relações semânticas que controlam e estruturam o vocabulário documental ao nível do significado. Por analogia com as linguagens vocabulares controladas, também vamos encontrar na Classificação Decimal Universal *relações de tipo hierárquico e associativo*.

Em relação às *relações de equivalência*, importa referir que estas não são necessárias num sistema de classificação. Se a sua existência num tesauro ou em listas de encabeçamentos de matérias se justifica para controlar a sinonímia inerente à linguagem natural, numa classificação esta razão não tem sentido porque, neste tipo de linguagem, os conceitos são representados por códigos que, no caso da Classificação Decimal Universal, são numéricos. Outra razão que pesa para a sua inexistência prende-se, no nosso entender, com o facto de cada conceito estar integrado e fixo *a priori* numa estrutura hierarquizada – classe – que o identifica conceptualmente de forma inequívoca, anulando, desta maneira, a ambiguidade causada pela sinonímia.

Vejamos, a título de exemplo, o caso dos minerais. Quando são abordados numa perspectiva de composição química, classificam-se no *549 Mineralogia*; quando são abordados numa perspectiva de exploração, classificam-se no *622 Mineração*.

Relativamente às *relações hierárquicas*, estas são, por excelência, as que se estabelecem numa classificação. Na Classificação Decimal Universal constituem o tipo de relações básicas, pelo facto de este ser um sistema que apresenta um elevado nível de hierarquização e por ser decimal. Apresentam-se na sua estrutura de forma explícita, como podemos observar no exemplo que se segue:

Termo vocabular	*Notação*
Finanças	336
Finanças públicas	336.1
Teoria e métodos da gestão das finanças públicas	336.11

No que respeita às *relações associativas*, elas também estão presentes na Classificação Decimal Universal. Apesar de, na teoria, se classificar este sistema como mono-hierárquico, na prática algumas matérias aparecem em várias subclasses, circunstância que ocorre com significativa frequência.

Esta situação verifica-se devido ao facto de este sistema ser enciclopédico, abarcando, portanto, todo o conhecimento. Desta forma, uma matéria poderá ser classificada na perspectiva sob a qual é tratada num documento, sendo-lhe atribuído o índice (aferido mediante uma análise criteriosa) que melhor se adeque à situação concreta.

Ela concorre também para que, no índice alfabético, a uma determinada rubrica corresponda mais do que uma notação. Quando se observa esta situação, ela é assinalada através de uma seta ou de um ponto e vírgula, que, desta forma, traduzem as relações de associação.

Termo vocabular	*Notação*
Cartografia	528.9; 912
Hipoteca	347.27; 347.46; 657.41

6.1.4 Composição

a) Tabelas principais

A distribuição do conhecimento na Classificação Decimal Universal faz-se por dez classes principais, que vão de *0* a *9*. Os quadros epistemológicos e a ordem segundo a qual se encontram dispostos actualmente, mantêm-se de acordo com o estipulado no plano original concebido por Paul Otlet nos *Principes et règles de la Classification Décimale*. Entre outros assuntos abordados nesta obra, Paul Otlet justifica a ordem geral das matérias adoptadas por Dewey.[217]

Na classificação de Dewey, como observámos no ponto relativo a esta matéria, o conhecimento universal encontra-se dividido em nove classes principais: Filosofia, Religião, Ciências sociais, Filologia, Ciências naturais, Técnica e ciências práticas, Arte, Literatura e História, e mais uma classe, onde se encontram classificadas as obras gerais.[218] Esta divisão representa o quadro epistemológico positivista e filosófico do século XIX. Alguns autores vêem na ordem atribuída às classes a importância que as matérias tinham na sociedade deste século.

Como sabemos, a Classificação Decimal Universal sofreu influência directa da Classificação Decimal de Dewey, herdando desta as classes principais e a notação decimal. Por seu lado, a Classificação Decimal de Dewey sofreu influências da classificação de William Torrey Harris. Esta classificação reflectia os programas do ensino universitário norte-americano, dado que Charles Dewey era bibliotecário do Amherst College Library e, ao conceber este sistema, fê-lo para organizar por assunto os livros desta Biblioteca.

Esta preocupação contribuiu para a ideia generalizada de que a divisão do conhecimento apresentada nos sistemas Dewey e Classificação Decimal Universal concorreu para que estes sejam caracterizados como sistemas assentes na

---

[217] DUBUC, René – *La classification décimale universelle*. 1964. P. 29.
[218] Confrontar com a Classificação Decimal de Dewey.

alta tecnicidade e elitismo académico. Entre os autores que comungam desta ideia, encontra-se Nicole Robinet, ao referir que estes sistemas foram: *Conçus par des lettrés pour des lettrés.*[219]

0	Generalidades. Ciência e conhecimento. Organização. Informação. Documentação. Biblioteconomia. Instituições. Publicações
1	Filosofia. Psicologia
2	Religião. Teologia
3	Ciências sociais. Estatística. Política. Economia. Comércio. Direito. Administração pública. Forças Armadas. Assistência social. Seguros. Educação. Etnologia
4	Vazia
5	Matemática e ciências naturais. Meio ambiente. Matemática. Astronomia. Astrofísica. Investigação espacial. Geodesia. Física. Química. Ciências da terra. Ciências geológicas. Paleontologia. Ciências biológicas. Botânica. Zoologia
6	Ciências aplicadas. Medicina. Tecnologia. Agricultura. Transporte. Gestão de empresas. Indústria
7	Arte. Recreação. Entretenimento. Desporto
8	Língua. Linguística. Literatura
9	Geografia. Biografia. História

Tabela 8. Classes Principais da CDU

Na Classificação Decimal Universal, como podemos observar no esquema apresentado, o conhecimento encontra-se organizado em dez grandes temas, repartidos respectivamente em dez classes, que vão da classe *0* à classe *9*. Importa referir que a classe *4* se encontra actualmente vazia. Em edições anteriores a 1962 encontrava-se preenchida com a *Linguística*, disciplina que hoje se encontra na classe *8*, junto da *Literatura*.

Estas dez classes dividem-se em outras dez áreas e assim sucessivamente. Dada esta característica estrutural, o seu desenvolvimento torna-se ilimitado.

As classes principais são o tronco do sistema da *Classificação Decimal Universal*. É a partir delas que se desenvolve toda a sua estrutura. É também às classes prin-

---

[219] Cf. ROY, Richard – *Classer par centres d'intérêt.* (1986). P. 226.

cipais que se aplicam os números que constam das tabelas auxiliares, permitindo-lhe uma dinâmica funcional que faz deste sistema uma classificação mista.

Em oposição aos auxiliares, as notações que compõem estas tabelas chamam-se números principais. Ao contrário dos índices que compõem as Tabelas auxiliares, estes são isentos de qualquer símbolo, sendo a notação constituída apenas por números árabes.

Os números principais têm como função representar o conteúdo principal de um documento. Estes números formam as classes e subclasses. Dentro das subclasses formam-se outras subclasses mais específicas designadas divisões.

Cada uma das classes é representada por um só dígito, a subclasse por dois e a divisão por três.

Termo vocabular	*Notação*
Ciências puras	5
Matemática	51
Considerações fundamentais e gerais da matemática	510

b) Tabelas auxiliares

A técnica de classificar através deste sistema é idêntica àquela que pressupõe qualquer sistema de classificação.

Como observámos no capitulo I, voltamos a referir que o próprio acto de classificar pressupõe a análise prévia do documento, que consiste na identificação e selecção dos assuntos a classificar. Após a análise, recorre-se ao índice alfabético para localizar a notação que traduz o assunto identificado, confirmando-se, de seguida, a correspondência desta nas tabelas principais e/ou auxiliares. Caso se justifique, ou seja, perante assuntos compostos e/ou complexos, terá de construir-se a notação.

A eventual complexidade que poderá encontrar-se na aplicação deste sistema decorre, geralmente, do uso das tabelas auxiliares. Assim, conscientes desta questão, passaremos a apresentar a definição, características, função e aplicabilidade destas tabelas, socorrendo-nos, para o efeito, de vários exemplos.

Os auxiliares que formam as tabelas da Classificação Decimal Universal são de dois tipos:

– Auxiliares comuns gerais;
– Auxiliares especiais.

CLASSIFICAÇÕES MISTAS

Uns e outros são representados por símbolos e signos, sendo estes códigos aqueles que conferem a sintaxe à Classificação Decimal Universal. A sintaxe consiste na associação destes às notações principais, constituindo, deste modo, uma unidade e formando, simultaneamente, notações compostas, também designadas por índices compostos. É com base nesta possibilidade que pode dizer-se que os auxiliares trouxeram consigo a síntese, ao proporcionarem a composição de assuntos compostos e complexos.

Paralelamente, o uso dos auxiliares possibilita, por um lado, um maior nível de especificidade na representação dos assuntos, e por outro lado uma restrição conceptual do assunto representado, sendo, de resto, esta a sua função.

Por exemplo, na notação, 33(450)"19", o *33* representa o conceito *Economia*, notação que foi extraída da classe principal *3 Ciências Sociais*; a esta notação foi associado o Auxiliar de lugar *(450)*, que representa *Itália* e o Auxiliar de tempo *"19"* para a representação do século.

O método de construção de uma notação composta, quando esta é formada por auxiliares comuns gerais, é o mesmo que se usa quando se querem construir notações compostas por auxiliares especiais.

Estrutura e dinâmica dos Auxiliares

Tal como se observa em relação às notações das tabelas principais, estes elementos encontram-se também agrupados e organizados hierarquicamente formando, deste modo, "classes".

Mais do que o desenvolvimento de alguns conceitos que constituíam determinadas subclasses, foi a introdução e o desenvolvimento dos auxiliares a maisvalia trazida pela Classificação Decimal Universal em relação às classificações já existentes, como a da Biblioteca do Congresso e a Dewey, de uso alargado e reconhecido já na época. O desenvolvimento e a evolução dos auxiliares manifestase, em termos práticos, como já referimos, na possibilidade de representar assuntos compostos e complexos que outras classificações ao tempo não permitiam representar de forma tão sistemática.

Foi esta estrutura dinâmica mais completa, flexível e enriquecedora, que contribuiu para que este sistema fosse adoptado, desde cedo, em todo o tipo de bibliotecas. A grande vantagem em relação à Classificação Decimal de Dewey, onde já existiam também auxiliares, reflecte-se na sua diversidade e no seu maior número. Além disso, há a considerar a introdução dos dois pontos, símbolo que veio permitir relacionar os assuntos, como iremos observar mais adiante.

Outro ponto a considerar, no que concerne aos auxiliares, é o facto de estes, nesta classificação, ao contrário do que acontece na de Dewey, se encontrarem explícita e individualmente identificados; isto quer dizer que na Classificação Decimal Universal, a cada auxiliar corresponde um símbolo que o caracteriza, identificando, deste modo, o seu significado e distinguindo-o dos outros auxiliares. Esta diferença formal contribui para que as perspectivas que representam sejam reconhecidas inequivocamente sem deixar margem à ambiguidade na leitura conceptual dos índices, contrariamente ao que se observa na Classificação Decimal de Dewey, onde estes aparecem diluídos na própria notação, contribuindo para a ambiguidade, sobretudo para os utilizadores que estejam pouco familiarizados com o sistema.

A introdução dos auxiliares permitia ultrapassar a unidimensionalidade própria das classificações enumerativas e mono-hierárquicas, características dos sistemas mais tradicionais, como a Classificação da Biblioteca do Congresso, contribuindo, deste modo, para a multidimensionalidade que, na prática, se traduz na flexibilidade do sistema.

Signos e sinais

Antes de iniciarmos o estudo dos auxiliares e, dado o relevo que eles assumem neste sistema, entendemos que seria útil uma apresentação dos mesmos.

Os signos e sinais são elementos que integram a estrutura da Classificação Decimal Universal; são geralmente extraídos da ortografia e da matemática. É através deles que se identificam as perspectivas sob as quais um assunto está tratado num determinado documento. Além destas características, são eles que dão forma aos auxiliares.

Os signos que fazem parte do sistema Classificação Decimal Universal são:

+	/	:	::	`	*	()	" "	-	A/Z	[]	=	.	...	→	≡

Tipologia dos signos

Os signos dividem-se em dois tipos, sendo o critério de distinção a *função* que desempenham no sistema de classificação.

Uns usam-se na notação para representar o conteúdo dos documentos, outros fazem parte formal das notações; estes últimos têm como função auxiliar na leitura das notações e no manuseamento das tabelas.

Segundo a sua função, no acto de classificar podemos sistematizá-los em:

– Signos classificativos;
– Signos não classificativos.

Signos com função classificatória: função e aplicação

Os signos classificativos permitem representar assuntos compostos ou complexos e têm uma função sintética, na medida em que permitem associar assuntos, constituindo, deste modo, os elementos sintácticos do sistema.

+ Adição	* Asterisco
/ Extensão consecutiva	( ) Parêntesis
: Relação simples	" " Aspas
:: Ordenação	- Hífen
' Apóstrofo	A/Z Recurso ao alfabeto

Tabela 9. Signos com função classificatória

+ Adição – Tabela 1a

Este signo, extraído da linguagem matemática, tem o mesmo significado daquele que lhe é atribuído na aritmética.

Permite representar os assuntos de um documento que poderão estar associados semanticamente ou não entre si, mas que se encontram estudados de forma independente dentro desse documento particular. A única relação de afinidade entre eles é o facto de se encontrarem estudados no mesmo documento.

Os assuntos neste documento devem assumir o mesmo nível de importância e, nas tabelas de classificação, a ordem sequencial não deve ser consecutiva.

Este signo tem uma função extensiva, pelo facto de permitir formar índices que combinam vários conceitos, o que lhes confere um significado extensivo. Geralmente aplicam-se nas seguintes situações:

1) Obra que aborda três temas que estão associados semanticamente entre si, estudados de forma independente e que não se encontram elencados na tabela segundo uma ordem sequencial.
2) Obra que aborda dois temas que não estão associados semanticamente entre si, estudados de forma independente e que não se encontram elencados na tabela segundo uma ordem sequencial.

Embora seja um signo ao qual não se recorre com grande assiduidade, ele aplica-se com relativa frequência para coordenar auxiliares geográficos ou assuntos onde esteja implícita essa noção, como demonstra este exemplo:

Termo vocabular	*Notação*
Arquitectura em Itália e Espanha	72(450+460)
Cultura e arte em Portugal	008+7(469)

Se o último exemplo tratasse de um estudo comparado da *Cultura* e da *Arte em Portugal*, ou seja, da influência que a *Cultura Portuguesa* teve na *Arte*, o signo de adição teria de ser substituído pelo de relação. Contudo, na prática, muitas vezes fomentada por indicações de alguns manuais e/ou por indicação de algumas tabelas, induz-se a que se criem distintos pontos de acesso para cada assunto estudado.

Este método, sendo, na teoria, absolutamente pacífico, pois efectivamente trata-se de dois ou mais assuntos independentes, na prática, poderá, todavia, levar a conclusões erradas. Quando se visualiza num OPAC pode pensar-se que estamos perante assuntos que são abordados em documentos diferentes.

Por outro lado, se as tabelas postulam estes signos para assumirem estas funções, por uma questão de uniformidade, sempre que possível devem usar-se. A ausência do sinal +, nos casos postulados pelas tabelas, a nosso ver, só se justifica quando o número de notações a coordenar construa um índice que, dada a sua extensão, seja ininteligível e prejudique uma prática que se quer clara e precisa. Nestes casos, as notações devem ser registadas em separado.

/ Extensão consecutiva – Tabela 1a

Na Classificação Decimal Universal, este signo designa-se por barra oblíqua ou diagonal e representa extensão.

A barra oblíqua permite representar matérias extensas num mesmo índice, estudadas no mesmo documento, desde que esses assuntos se encontrem consecutivos nas tabelas, substituindo, deste modo, o signo de adição.

A técnica de aplicação consiste no registo da primeira notação, aplicando-se, de seguida, a barra à qual se associa outra notação ou parte dela (última parte), se for esse o caso.

Termo vocabular	*Notação*
Receita e despesa pública	336.2/.5

Este método tem uma dupla função: por um lado, reduzir os índices, na medida em que vai suprimir e/ou abreviar as notações ou partes destas que se encontram compreendidas entre as duas notações; por outro lado, economizar, em relação aos pontos de acesso, na medida em que apenas se constitui um índice para representar conceitos complexos ou compostos.

Em alguns casos estes já aparecem constituídos nas tabelas principais e nas tabelas auxiliares:

Termo vocabular	Notação
Formas modernas de governo	321.6/.8
Pequenas Antilhas	(729.7/.8)

Tal como o signo de adição +, este constitui um índice amplo, atribuindo-se-lhe, deste modo, uma função extensiva.

Dentro dos Auxiliares comuns gerais, é o signo através do qual se consegue atingir um maior grau de síntese, havendo casos em que assume uma função integrativa.

A teoria preconizada no ponto relativo ao signo de adição + é análoga à que se aplica a este signo /.

Sempre que se observem as situações prescritas nas indicações das tabelas, e desde que não colida com a prática usual dos serviços, deve-se usar a barra oblíqua ou o signo de adição. A adopção de qualquer um destes signos depende, desta forma, da política de classificação usada num determinado serviço; o seu condicionamento está relacionado com a adopção de sistemas pós-coordenados ou pré-coordenados.

Como estes signos proporcionam a pré-coordenação, só em casos muito restritos se deverá aplicar tal prática, em serviços onde se opte pela pós-coordenação.

O facto de se criar um ponto de acesso para cada matéria – pós-coordenação – irá proporcionar uma maior liberdade na combinação de notações na hora da pesquisa; a pós-coordenação também permite recuperar cada conceito através da respectiva notação, o que concorre para que, nos casos em que se coloque tal pretensão, o uso da barra oblíqua seja inadequado.

O uso deste signo, como podemos observar nos exemplos expostos, em alguns casos fracciona as notações e, noutros casos, elimina-as, pois a barra "suprime" notações ou parte delas, encontrando-se, todavia, em qualquer uma destas circunstâncias, subentendidas. No entanto, como não se encontram efectivamente registadas, geralmente por limitações de *software*, não é possível pesquisar pelas notações subentendidas pelo uso da barra oblíqua, facto que concorre para que sejam consideradas inadequadas a serviços automatizados, onde, regra geral, se privilegia a pós-coordenação.

: Relação simples – Tabela 1b

Os dois pontos representam uma relação simples ou geral entre conceitos. Esta relação é reversível.

A relação simples serve para relacionar dois ou vários conceitos quando, no mesmo documento, estes se encontram estudados uns relativamente ao(s) outro(s). Assim, desde que esta situação se observe, deve recorrer-se a esta prática. No entanto, existem situações já previstas nas tabelas, que evitam o recurso aos dois pontos.

Termo vocabular	Notação correcta	Notação errada
Sociologia económica	316.334	316:33:00

As relações que os dois pontos estabelecem são simples e recíprocas, e nelas os termos que as compõem têm valores semânticos iguais, situação que lhes permite inverter a ordem das notações, podendo, deste modo, recuperar-se o documento através de qualquer uma delas.

Relativamente à ordem de citação dos índices que compõem estas notações compostas, não se encontram normas precisas para se estabelecer o registo das mesmas, facto que se atribui à circunstância de o peso dos índices ser geralmente igual.

Para alguns autores, a ordem a considerar deverá seguir a sequência dos índices da Classificação Decimal Universal,[220] como se observa nos exemplos que se seguem:

Termo vocabular	Notação
Política, bibliografia	016:32
Ética na arte	17:07

Para outros, deverá dar-se prioridade à notação ou notações que representem o assunto ou assuntos principais do documento,[221] como se verifica neste exemplo:

Termo vocabular	Notação
Crescimento urbano, impacto sobre o ambiente	711.4:504

Seguindo este raciocínio e partindo deste exemplo, infere-se que, apesar de as matérias serem equivalentes semanticamente, o autor deu maior relevo ao *Crescimento urbano*, facto que concorreu para que fosse registada em primeiro lugar a notação relativa ao *Crescimento urbano* e, em segundo, a notação relativa aos *Danos ambientais*.

---

[220] DUBUC, René – *La classification décimale universelle: manuel pratique d'utilisation*. 1964. P. 55.
[221] MORENO FERNANDEZ, Luis Miguel; BORGOÑÓS MARTÍNEZ, María Dolores – *Teoría y práctica de la clasificación decimal universal (CDU)*. 1999. P. 73.

Muitas vezes estas normas são substituídas por outras de carácter prático. Um dos factores que contribui para tal, tem a ver com a arrumação física das obras, quando esta se baseia num sistema de classificação. Nestes casos dar--se-á primazia à notação que represente o assunto que for mais relevante para o serviço.

Assim, se este documento, que ilustra o exemplo anterior, fizesse parte do fundo bibliográfico de uma biblioteca de *Ciências naturais*, provavelmente teríamos de inverter a ordem das notações.

Ao contrário do sinal de adição e da barra oblíqua, que ampliam o sentido do índice ao qual se aplicam, as relações expressas pelos dois pontos restringem o tema.

Na teoria, o número de conceitos que se podem relacionar é ilimitado e, além desta particularidade, as relações entre os conceitos podem estabelecer-se entre um número diversificado de categorias. Relativamente a este ponto, Miguel Benedito[222] sistematizou-as da seguinte forma:

1) *Relação geral não específica* [223]
2) *Relação direccional*: um documento que se dirige a um grupo específico ou a uma matéria
3) *Relação comparativa*: um documento que estuda a comparação entre duas matérias
4) *Relação de diferença*: um documento que trata o estudo das diferenças entre duas matérias
5) *Relação de influência*: um documento que estuda a influência de um fenómeno ou tema sobre outro. Neste caso, o assunto que exerce a influência, regra geral, regista-se em segundo lugar.

Apesar de ser consensual a ideia de que os dois pontos servem para relacionar assuntos entre si – e com eles se estabelecerem relações gerais em que as notações assumem valores semânticos idênticos –, em algumas situações também lhes está implícito outro tipo de relações, como é o caso das relações de subordinação:

Termo vocabular	*Notação*
Desenho assistido por computador	741:004 ou 004:741
Arquitectura digital	72:004 ou 004:72

---

[222] BENEDITO, Miguel – *El sistema de clasificación decimal universal*. 1996. P. 29
[223] É uma relação de natureza geral em que houve a necessidade de se relacionarem dois conceitos.

Como podemos observar, em ambos os exemplos existe uma relação implícita de subordinação. A noção de computador ou informática, nos dois casos, está subordinada ao desenho e à arquitectura, respectivamente. Nestes contextos, as noções de subordinação restringem-se aos instrumentos, sendo *Desenho* e *Arquitectura* os assuntos principais.

Como os dois pontos servem para representar qualquer tipo de relação, torna-se difícil reconhecer quando estamos perante conceitos apenas coordenados ou perante conceitos subordinados.

Apesar de a aplicação alargada do uso dos dois pontos ser observada ao longo das Tabelas principais e das Tabelas auxiliares, estes, no entanto, nunca se podem registar entre uma classe principal e um auxiliar. A sua aplicação apenas é possível entre números da mesma categoria, isto é, entre duas notações extraídas da classe principal ou entre duas notações extraídas da tabela auxiliar.

:: Ordenação – Tabela 1b

Este signo representa uma dupla relação também chamada relação fixa.

Utiliza-se para fixar a ordem das notações que constuituem um índice composto. Entre os conceitos representados existe uma relação de subordinação. Usam-se os dois pontos para fixar o significado original de cada índice que constitui a notação composta, evitando, assim, falsas interpretações em relação ao tema representado.

Termo vocabular	Notação
Escola de pintura	377::75
Ensino da filosofia	37::1

Da leitura do primeiro exemplo, depreende-se que é um documento que trata de *escolas de pintura* e não sobre a *pintura nas escolas*. Se usássemos uma simples relação, a leitura seria ambígua, na medida em que as duas leituras seriam possíveis; o mesmo raciocínio é válido para o exemplo relativo ao ensino da filosofia.

O índice composto pelas duas notações constitui uma unidade, na qual o número principal é o que precede os dois pontos duplos; nesta notação o índice que se encontra depois dos dois pontos duplos está subordinado à notação que se encontra antes.

' Apóstrofo

Este signo representa a integração.

CLASSIFICAÇÕES MISTAS

O apóstrofo tem como função a síntese e a integração de conceitos; neste sentido, em analogia com a barra oblíqua, este signo permite uma economia de números, pois a função integradora que o caracteriza proporciona-lhe a fusão de notações, evitando-se, assim, a repetição de números e o recurso aos dois pontos.

Para se proceder a esta operação, é condição que os índices que compõem as respectivas notações tenham um radical comum.

Por último, referimos que este símbolo forma o Auxiliar especial *'0/'9*, que, juntamente com os Auxiliares especiais *–1/-9* e os Auxiliares especiais *.01/.09*, constituem os Auxiliares especiais que iremos desenvolver noutro ponto deste trabalho. Pelo facto de integrarem este tipo de auxiliares, este símbolo só poderá ser aplicado nos casos indicados na tabela.

* Asterisco

É um símbolo que introduz elementos externos à Classificação Decimal Universal.

Este símbolo separa os números da Classificação Decimal Universal dos signos alfanuméricos ou números que lhes são externos, isto é, os elementos que não são parte integrante da tabela. Sempre que esta situação ocorre, recomenda-se que se mencione em nota explicativa a fonte da qual foram extraídos esses elementos externos.

Recorre-se a este expediente quando pretende especificar-se um assunto através da introdução de uma palavra, símbolo ou número que são extraídos de fontes externas à Classificação Decimal Universal.

A título de exemplo, referimos a sua aplicação na subclasse *54*, quando é necessário expressar conceitos que se encontram na tabela periódica e na subclasse *630*. No entanto, o seu uso poderá ocorrer ao longo de toda a tabela.

Exemplos:

Termo vocabular	*Notação*
Isótopo de carbono de massa 14	$546.26.027*14^{224}$
Biologia florestal	$630*12^{225}$

[224] Extraído da Tabela periódica.
[225] Extraído da *Forest Decimal Classification*.

"" Aspas – Tabela 1g

As aspas são o símbolo que expressa o tempo cronológico.
Determinam a noção de tempo, circunscrevendo um conceito no espaço temporal. Usam-se nos Auxiliares comuns de tempo.
Qualquer indicação cronológica deve ser composta no mínimo por dois dígitos.

Termo vocabular	Notação
Demografia, Europa, séc. 8-12	317(4)"07/11"

() Parêntesis

O parêntesis curvo expressa a noção de espaço geográfico e também as de raça e nacionalidade.

Tem como propósito, não só contextualizar um assunto num determinado espaço geográfico, mas também serve para perspectivar um assunto na sua dimensão étnica, nacional e de raça, embora a estes últimos tenha de adicionar-se um sinal de igual dentro dos parêntesis a preceder os números.

Exemplos:

Termo vocabular	Notação
Artesanato português	745(=1:469)

- Hífen

O hífen, quando associado aos respectivos números, tem como objectivo representar aspectos relacionados com a propriedade, material e pessoa, constituindo, nestes casos, os Auxiliares comuns -02, -03, -05, respectivamente.
Além destes auxiliares o hífen ainda se aplica nos Auxiliares especiais -1/-9.

Termo vocabular	Notação
Médicos	61-051
Vestuário de linho	677-037.1
Romance	82-31

CLASSIFICAÇÕES MISTAS

A/Z – Recurso ao alfabeto

Cumpre a este Auxilar comum (para alguns autores é apenas considerado um expediente) especificar os assuntos recorrendo, para tal, ao alfabeto.

Tal como os elementos introduzidos pelo asterisco, o signo *A/Z* é também um símbolo externo à Classificação Decimal Universal. Mesmo sendo um elemento externo a este sistema, o asterisco é aqui omitido, sendo estes Auxiliares aplicados directamente ao índice que os antecede. Entre estes e o número principal não existe nenhum espaço, constituindo, deste modo, uma unidade perceptível. Também se torna dispensável referir em nota a origem destes elementos, ao contrário do que acontece quando se aplica o asterisco.

A notação da Classificação Decimal Universal é pura, como já referimos no ponto apropriado; no entanto, há situações, designadamente nas bibliotecas especializadas e noutros serviços especializados, em que se justifica, dada a ocorrência de um dado assunto, representá-lo de forma pormenorizada. Perante estes casos particulares, que se caracterizam por um elevado nível de especificidade, quando se utilizam apenas as notações numéricas corre-se o risco de estas se tornarem extremamente extensas e incompreensíveis.

Para obviar a tais situações, recomenda-se que se recorra a este expediente *A/Z*, na medida em que ele restringe numericamente as notações, tornando-as, simultaneamente, mais inteligíveis; esta particularidade confere a este sistema a possibilidade de classificar qualquer assunto independentemente da sua especificidade, nomeadamente documentos cujos temas sejam: lugares, nomes de pessoas, instituições, etc.

Estes signos podem manifestar-se em termos simples, em expressões, siglas, acrónimos, nomes próprios e nomes de instituições. Em muitos casos o recurso a este símbolo é imprescindível, já que nas tabelas, regra geral, não existem notações para representarem assuntos que incluam nomes próprios.

Quando se aplicam junto a um Auxiliar geográfico colocam-se entre parênteses curvos; no caso de nomes próprios e instituições, seguem-se as indicações estipuladas nas regras de catalogação no que concerne à forma de encabeçamentos de autores.

Cumpre referir que o signo *A/Z* se aplica a todas as classes, uma vez que são elementos externos à Classificação Decimal Universal. Na literatura da especialidade, por vezes aparecem associados aos Auxiliares comuns gerais, observando-se a sua recomendação ao longo da tabela.

Para ilustrar esta ideia, apresentamos alguns casos em que a sua aplicação é considerada mais relevante e necessária:

1) Caso em que se deseja localizar com precisão um assunto na dimensão espacial, geralmente no que concerne à *História* e à *Geografia* (classe 9), recorre-se ao Auxiliar comum de lugar + *A/Z*.

Termo vocabular	*Notação*
Expedição, Amazónia	910.4(81Amazónia)

2) Caso em que se pretende classificar um documento cujo tema seja uma biografia individual (subclasse *929*).

Termo vocabular	*Notação*
Gandhi, Mohandas Karamchand, biografia	929Gandhi, Mohandas Karamchand

3) Caso em que se pretende individualizar a obra literária de um autor, independentemente da forma em que se apresente: um título particular, compilação, estudo, recensão crítica, etc. (subclasse *82*).

Termo vocabular	*Notação*
Os Miseráveis	821.133.1-31Hugo, Victor

4) Caso em que se pretende individualizar a obra de um *Artista*, de um *Arquitecto*, de um *Escritório de arquitectura* ou de outra actividade. Este caso aplica-se ainda a *Exposições de Arte* (classe *7*).

Termo vocabular	*Notação*
Wright, Frank Lloyd, obra	72Wright, Frank Lloyd

Signos não classificatórios: função e aplicação

= Signo de igual
. Ponto
... Reticências
→ Flecha
Tabela 10. Signos não classificatórios

= Signo de igual

Este signo serve para formar os Auxiliares comuns de língua e os Auxiliares comuns de raça, grupo étnico e nacionalidade, sendo este último precedido de parêntesis.

Termo vocabular	*Notação*
Química, dicionário em inglês	54(03)=111
Arte cigana	7.031.4(=214.58)

. Ponto

Neste esquema de classificação, o ponto tem uma dupla função. Por um lado, assume uma função classificatória, quando o concebemos junto dos Auxiliares especiais .01/.09.

Termo vocabular	*Notação*
Teoria da pintura	75.01

Por outro lado, o ponto também assume uma função não classificatória; esta situação verifica-se quando faz parte de uma notação e esta é constituída por mais de três dígitos. Nestes casos regista-se no final de cada conjunto de três dígitos, contando da esquerda para a direita.

Nesta circunstância, o ponto serve apenas para facilitar a leitura da notação, assumindo, desta forma, uma função de ordem prática e funcional. A repetição do ponto dentro de uma notação denuncia a especificidade de um assunto.

Termo vocabular	*Notação*
Campos de concentração	343.819.5

... Reticências[226]

Indicam que o número principal ao qual estão ligadas poderá ser mais especificado.

Estas poderão ser usadas em qualquer lugar da notação. O espaço que indica poderá ser preenchido por uma notação principal. Ao juntar-se-lhe outro

---

[226] Este símbolo desapareceu da Classificação Decimal Universal, não se encontrando no Ficheiro Básico de Referência desde 2000. No entanto, por uma questão de demonstração da dinâmica deste sistema, entendeu-se que seria de alguma mais-valia integrá-lo neste trabalho.

número, deverá ser respeitada a ordem de pontuação convencionada, isto é, depois de três dígitos deverá ser colocado um ponto.

Note-se que as reticências são um recurso de visualização na estrutura das tabelas, mas não devem aparecer nas notações reais. O espaço deverá ser preenchido pelos dígitos adequados.

Termo vocabular	*Notação*
Nitratos	661.8...43

Os dígitos que se seguem às reticências podem juntar-se a qualquer uma das subdivisões de *661.8*. Por sua vez,...*43*, que representa *Nitratos*, poderá ser associado a *661.857 Compostos de prata*. Partindo deste princípio, para a representação do conceito *Nitrato de prata* seria:

Termo vocabular	*Notação*
Nitrato de prata	661.857.43

→ Seta

Este signo tem como objectivo remeter o utilizador para notações que representam conceitos relacionados ou semanticamente próximos aos expressos pelo número base, sob o qual aparece esta seta indicadora. Neste sentido é um símbolo de orientação.

Assume a função de uma relação associativa, na medida em que nos remete para números que representam o mesmo conceito sob outro ponto de vista. É usada no índice da classificação.

355.016 Antimilitarismo
→ 172.4; 343.34

Auxiliares comuns gerais [Definição e características]

Designam-se Auxiliares comuns gerais as notações que constituem as Tabelas auxiliares da Classificação Decimal Universal e que têm como característica o facto de poderem ser aplicados a todas as classes principais do referido sistema *0/9*, sem quaisquer restrições, a não ser as inerentes à própria matéria a classificar.

Estes Auxiliares são constituídos por símbolos e por sinais (*Tabelas 1a e 1b*) e por outros auxiliares que compõem as restantes tabelas.

Os Auxiliares comuns gerais têm como função completar, modificar e especificar a notação que, em regra, foi extraída de uma classe principal e que, geralmente, representa o assunto principal de um documento.

Por analogia com as linguagens vocabulares, o auxiliar tem a função de modificador. Os auxiliares tanto podem alargar o sentido do assunto representado pela notação principal, como também o podem restringir. É o caso dos símbolos / e +, que ampliam o sentido da notação principal e o símbolo :, que o restringe.

Quando associados a uma classe principal, estes Auxiliares representam sempre uma informação adicional, traduzem o assunto principal nas dimensões em que o assunto é estudado no respectivo documento, enriquecendo, nesta perspectiva, o assunto principal.

Termo vocabular	*Notação*
Propriedade fundiária, França, séc. 15	332.21(44)"14"

O Auxiliar de lugar *(44)* e o Auxiliar cronológico *"14"*, perspectivam a *propriedade fundiária* numa dimensão espacial e cronológica, tornando, deste modo, a informação mais precisa e pertinente a quem pesquisa.

Alguns auxiliares, para além de traduzirem uma dimensão analítica, podem também informar sobre a tipologia do documento, bem como fornecer informação sobre o seu suporte físico. Nestes casos, estas características são representadas pelos Auxiliares comuns de forma.

Termo vocabular	*Notação*
Mamíferos, África, vídeo	599(6)(086.8)

Dada a sua importância, não podemos deixar de registar uma breve nota teórica sobre a sua aplicação que, de resto, se enquadra numa doutrina mais vasta sustentada no principal objectivo das classificações – agrupar em classes.

Como já foi referido, por uma questão de eficácia prática e de cumprimento do principal objectivo das classificações, é desejável que as notações principais sejam breves e simples. Este princípio não é exclusivo das classes principais, devendo também ser observado no que concerne à aplicação de qualquer auxiliar. A sua utilização deverá, todavia, ser determinada em função da ocorrência do assunto num determinado fundo. A não observância desta regra levará à dispersão do conhecimento no catálogo sistemático, o que resulta no desvirtuamento do objectivo deste catálogo.

Tipologia

Quanto à sua função, os Auxiliares comuns gerais dividem-se em dois grupos:

- Independentes;
- Dependentes.

Auxiliares comuns gerais independentes

Os Auxiliares comuns gerais independentes, tanto se podem associar a uma classe principal, como também se podem registar separados, constituindo, assim, um ponto de acesso independente.

Os auxiliares que constituem este conjunto são:

Tabela 1c – Auxiliares de língua =...
Tabela 1d – Auxiliares de forma (=...)
Tabela 1e – Auxiliares de lugar (1/9)
Tabela 1f – Auxiliares de raça ou nacionalidade (=...)
Tabela 1g – Auxiliares de tempo "..."

Tabela. 11. Auxiliares comuns gerais independentes

Auxiliares de língua (Tabela 1c): Função e aplicação

<u>Símbolo</u> = [Este Auxiliar é representado por um sinal *de igual*]

<u>Função e aplicação</u>

Estes Auxiliares empregam-se quando se pretende expressar a língua em que se encontra o documento. Dada esta circunstância, é utilizado com frequência em obras que são traduções.

Na prática, este Auxiliar é pouco utilizado, uma vez que a informação que faculta, geralmente está explícita no próprio documento, bem como no título e noutros elementos formais que fazem parte da descrição bibliográfica. A sua aplicação torna-se útil quando se pretendem organizar os documentos pela língua. Revela-se de grande importância em serviços[227] onde existe grande número

---

[227] Escolas de idiomas.

de edições bilingues e/ou multilingues, ou quando pretende indicar-se aos utilizadores a língua da qual foi traduzido um determinado texto.

Numa notação, o Auxiliar de língua geralmente regista-se depois dos outros auxiliares; esta ordem poderá ser alterada, se um serviço pretender organizar a sua documentação por língua e não pelo assunto principal.

Este Auxiliar integra os números compreendidos entre *=1/=9*. Como todos os outros auxiliares, e por analogia com as classes principais, encontram-se organizados de forma hierárquica.

Termo vocabular	*Notação*
Línguas eslavas	=16
Línguas eslavas do Oriente	=161
Russo	=161.1

É a partir deste Auxiliar que se formam as línguas e as literaturas individuais. As subdivisões do *811 Línguas* são construídas utilizando a Tabela de Auxiliares de línguas *=1/=9*, substituindo o sinal de igual por um ponto, sendo o mesmo raciocínio aplicável às subdivisões *821.1/.8 Literaturas individuais*.

Para efeitos de classificação, uma notação não pode ser substituída por outra, o que quer dizer que não se pode classificar um estudo sobre uma língua ou literatura individuais, utilizando um Auxiliar de língua.

Cada um tem uma função autónoma e específica. Assim, às subdivisões *811*, cumpre classificar documentos cujo objecto é ou está relacionado com estudos de uma língua individual. Os Auxiliares de língua, como já foi referido, têm como função indicar apenas em que língua está escrito um dado documento.

Termo vocabular	*Notação*
Literatura espanhola[228]	821.134.2=113.6

Partindo desta possibilidade conferida por este tipo de Auxiliares – construção de línguas e de literaturas individuais – concluiu-se, na teoria, que, conhecendo-se os denominadores comuns das línguas e literaturas individuais – *811* e *821.1*, respectivamente – apenas terá de associar-se o Auxiliar de língua para se construir qualquer notação relativa às línguas e às literaturas individuais que se encontram omissas na Classificação Decimal Universal.

---

[228] Texto em sueco.

Termo vocabular	*Notação*
Língua italiana	811.131.1
Forma-se a partir de: 811 Língua =131.1 Língua italiana	
Literatura italiana	821.131.1
Forma-se a partir de: 821 Literatura =131.1 Língua italiana	

Regista-se, contudo, que por motivo de eventuais erros, tal prática será de evitar, devendo por isso consultar-se sempre a tabela de classificação.

De seguida, apresenta-se um conjunto de situações nas quais ocorre com frequência o uso do Auxiliar de língua.

1) Obras em língua original
Nesta categoria incluem-se as obras escritas numa *língua individual*, da qual se pretende dar indicação.

Termo vocabular	*Notação*
Política[229]	32=14'02

2) Traduções
Obras traduzidas de uma língua para outra língua. À notação da classe principal acrescenta-se a língua que foi objecto de tradução, precedida de *=030*, logo seguida da língua na qual se encontra o texto escrito.

Termo vocabular	*Notação*
Física[230]	53=030.112.2=134.2

3) Dicionários bilingues

Termo vocabular	*Notação*
Língua francesa – língua portuguesa, dicionário	811.133.1(038)=134.3

---

[229] Texto em grego clássico.
[230] Texto traduzido do alemão para o espanhol.

4) Documentos multilingues

Os documentos multilingues poderão ser classificados recorrendo ao Auxiliar de língua =00, ou aos Auxiliares de língua individual apresentados por ordem crescente.

Termo vocabular	*Notação*
Medicina, manual[231]	61(035)=00 61(035)=111=131.1=134.3

5) Tradução de obras literárias[232]

Estas obras classificam-se registando a literatura original da qual foram traduzidas (obra de criação), acrescentando-se o género literário e o autor, se as circunstâncias assim o justificarem e, por fim, adicionando-se a indicação das línguas para as quais foram traduzidas e o auxiliar especial .03.

Termo vocabular	*Notação*
Os Lusíadas[233]	821.134.3-1Camões, Luís de=131.1.03

Auxiliares de forma (Tabela 1d): Função e aplicação

Símbolo (0...) [Este Auxiliar é representado por um *0 entre parêntesis curvos*]

Função e aplicação

Os auxiliares de forma utilizam-se para indicar a forma sob a qual se expressa um assunto; geralmente, apresentam-se junto da notação principal.

Nos casos em que é necessário reunir fisicamente todos os documentos de um mesmo tipo, a ordem de citação dos elementos pode ser invertida; esta situação ocorre com alguma frequência nas seguintes tipologias de documentos: obras de referência, guias, manuais, teses, legislação.

1) Para o caso de ser necessário reunir todos os dicionários:

Termo vocabular	*Notação*
Física, dicionário	(038)53

---

[231] Texto em inglês, italiano e português.
[232] Ver também a informação exposta na subclasse *82*, relativamente à aplicação do *.03*.
[233] Tradução para o italiano.

CLASSIFICAÇÕES BIBLIOGRÁFICAS: PERCURSO DE UMA TEORIA

Grosso modo, estes auxiliares podem subdividir-se em dois grupos:

- Auxiliares que representam a forma extrínseca;[234]
- Auxiliares que representam a forma intrínseca.

Os primeiros prendem-se com as características físicas de um documento, que geralmente podemos associar ao suporte, por exemplo os documentos tri-dimensionais (sólidos), os documentos sonoros e audiovisuais, obras de referência, periódicos, etc.

Os segundos prendem-se com a sua apresentação, nomeadamente com a apresentação histórica, textos legais, etc.

Por vezes, devido a questões de precisão e clareza, convém classificar um assunto com os dois tipos de auxiliares. Nestes casos, a ordem de citação dos elementos será:

Notação principal + Auxiliar de forma intrínseca + Auxiliar de forma extrínseca.

Termo vocabular	*Notação*
Cinema, história, registo sonoro	791(091)(086.7)

À semelhança das Tabelas principais, também os Auxiliares de forma se encontram estruturados hierarquicamente.

Devido ao facto de serem estes Auxiliares os que indicam ao utilizador que consulta um catálogo sistemático a forma sob a qual se encontra determinada matéria, estes são usados com frequência, contribuindo, desta forma, para que os resultados da pesquisa sejam mais claros e precisos.

Entre estes destacam-se os que se referem às obras de referência, publicações periódicas, manuais e outros documentos de ensino, catálogos de objectos, documentos legais e o auxiliar que expressa a apresentação histórica.

Recomenda-se especial atenção para a aplicação do auxiliar relativo às obras de referência, devido ao facto de a sua constituição numérica ser igual à das notações relativas às mesmas matérias que integram a classe *0*. No entanto, cada um deles assume uma função diferente em termos de classificação. Enquanto os primeiros representam a forma, os segundos representam a matéria.

Assim, relativamente à aplicação dos auxiliares, esta justifica-se quando temos um documento cujo assunto principal se apresente sob a forma de catálogo ou bibliografia.

---

[234] A divisão proposta vai ao encontro da referida por MCILWAINE, I. C. – *Guía para el uso de la CDU*. 2003. P. 56.

Termo vocabular	Notação
Bibliografia jurídica	34(01)

Em relação à aplicação da notação extraída da classe *0*, esta justifica-se quando temos um documento cujo assunto principal incide sobre o estudo de catálogos, bibliografias etc.

As dúvidas de aplicação também podem ser extensivas ao uso do auxiliar *(083.82)* e o índice *01* e ao uso do auxiliar *(09)* em relação à classe *9*.

O Auxiliar *(083.82)* e os outros números que dependem deste, aplicam-se a catálogos de objectos, a catálogos de exposições sobre um assunto ou vários assuntos, sejam colectivas ou individuais, excluindo-se, naturalmente, desta notação os catálogos bibliográficos.

Termo vocabular	Notação
Picasso, Pablo, catálogo de exposição	75Picasso, Pablo(083.82)
Dinis, Júlio, catálogo de exposição	012Dinis, Júlio

O primeiro exemplo representa um catálogo sobre a obra de um pintor, o segundo representa um catálogo bibliográfico da obra de um autor individual.

Relativamente ao *(09)* e à classe *9*.

Termo vocabular	Notação
História da vida privada	394(091)[235]
História de Portugal	94(469)

O primeiro exemplo representa o estudo de um assunto numa perspectiva histórica, em que este é estudado num período de tempo alargado ou curto de forma diacrónica. Estudam-se, geralmente, os factores que lhe estiveram na origem, o seu desenvolvimento e o seu *terminus*.

O último exemplo estuda o assunto numa perspectiva historiográfica, onde as fontes históricas, assim como o respectivo método, têm um peso considerável, ultrapassando, por isso, a mera descrição histórica. Existem, no entanto, situações nas quais se torna difícil optar por uma ou outra alternativa. Apenas uma

---

[235] Também poderá ser classificada em 930.85.

análise cuidada e conjugada com o interesse dos serviços e dos fundos poderá ditar a opção mais adequada.

Para concluirmos o estudo dos Auxiliares de forma, referimos que estes também são usados nos casos em que se pretendem classificar obras concretas. Nestes casos, assumem o valor de uma notação extraída das Tabelas principais.

Termo vocabular	*Notação*
O Público	(05)Público

Auxiliares comuns de lugar (Tabela 1e): Função e aplicação

<u>Símbolo</u> (1/9) [Este Auxiliar é representado por um *parêntesis*]

<u>Função e aplicação</u>
Os Auxiliares comuns de lugar servem para expressar a dimensão geográfica, a localização ou algum outro aspecto espacial relacionado com o assunto de um documento.

Relativamente à *História geral* e à *Geografia regional*, os Auxiliares de lugar já aparecem associados às respectivas notações.

Estes Auxiliares são imprescindíveis para a construção das notações que representam *908 Monografias*, *913 Geografia regional* e a *94 História em geral*.

Termo vocabular	*Notação*
Espanha, estudo monográfico	908(460)
Geografia de Itália	913(450)
História da China	94(510)

No que concerne a esta regra cumpre-nos referir que, até 1994, a construção da notação para classificar estes três assuntos era diversa; na nossa perspectiva, a opção anterior a esta data encontrava-se mais de acordo com o espírito da classificação, na medida em que preservava de uma forma mais íntegra e explícita a unidade, a síntese, enfim, a função integradora que desde sempre caracterizou este sistema, como pode observar-se no exemplo que se segue:

Termo vocabular	Notação
História do Japão	952.0[236]
	94(520)[237]

Como podemos observar no primeiro exemplo, ao dígito 9 foi acrescentado o Auxiliar de lugar *(520)*, constituindo, deste modo, uma notação simples, situação que não se pode observar no segundo exemplo, no qual o mesmo assunto é representado por uma notação composta. Concluiu-se, portanto, que a função de síntese e, sobretudo, a função de integração, se encontram diluídas e difusas.

O mesmo raciocínio é válido para a classificação da *Geografia* e das *Monografias*.

Quando em serviços especializados, é necessário adoptar um elevado grau de especificidade para representar um determinado local e a tabela não o privilegia, deve, nestes casos, recorrer-se a topónimos.

Termo vocabular	Notação
Dunas de Quiaios	551.435
	(469.322Quiaios)

Estes Auxiliares têm uma expressão muito representativa, que lhes é conferida pelas possibilidades de representar um amplo campo de conteúdos, relativo não apenas ao espaço geográfico tal como vulgarmente é conhecido, como também no que respeita à representação do espaço extraterrestre.

Termo vocabular	Notação
Universo[238]	(15)

Tal como acontece com os outros auxiliares, geralmente registam-se a seguir a uma notação principal que representa o assunto específico de um documento.

No entanto, em casos especiais, quando são suficientemente significativos para representar de forma clara e inequívoca um determinado assunto, estes podem expressar-se isolados. Esta situação ocorre, por exemplo, nos casos de um estudo abrangente de um determinado país ou região.

---

[236] Edição anterior a 1994.
[237] Edição actual.
[238] Considerando o espaço cósmico em geral.

Termo vocabular	Notação
Amazónia, estudos	(811.3)

Outro caso em que estes Auxiliares ocorrem independentes das notações principais observa-se quando se classificam documentos em que importa destacar o aspecto geográfico, constituindo esse o ponto de interesse do documento. Nesta situação, inscrevem-se alguns documentos cartográficos.

Termo vocabular	Notação
Mapa da China	(510)

Quanto à sua estrutura, cumpre referir que a composição desta Tabela particular apresenta um nível de complexidade superior ao das outras tabelas de auxiliares. Esta apresenta dois grupos de notações fundamentais:

- *Notações que representam lugares concretos.*
  Destas fazem parte as que aparecem enumeradas de forma sistemática na tabela e que se situam no *(0/9)*;
- *Divisões analíticas* ou também designadas *Subdivisões auxiliares especiais.*
  Sempre que se justifique, estas podem aplicar-se ao longo de toda a Tabela e são introduzidas pelo *(-0/-9)*.

As Divisões analíticas ligam-se ao número que as precede através de um *hífen*. Estas, tanto podem ser aplicadas a locais concretos e específicos como continentes, países, cidades ou locais de dimensão ainda mais reduzida, como também podem ser aplicadas a lugares cuja determinação geográfica seja pouco precisa, isto é, uma localização geral.

Termo vocabular	Notação
Pesca desportiva, Sul de Portugal	799.1(469-13)

Nos casos em que as designações Norte e Sul fazem parte do nome oficial do país ou da região, estes aparecem registados na tabela com as respectivas notações e, como tal, devem ser usados pelo classificador.

A título de curiosidade, informa-se que o *hífen* verificado nos números relativos aos pontos cardeais é, nestes índices, substituído por um ponto, como podemos observar nos exemplos apresentados.

Termo vocabular	Notação
Irlanda do Norte	(410.7)

Os Auxiliares de lugar servem também de referência na construção de notações que pressupõem os Auxiliares de:

- língua (=...)
- raça e etnia (=1:...)

Esta possibilidade concretiza-se através da sintaxe entre o Auxiliar de lugar e o Auxiliar de raça e etnia, respectivamente. A associação do Auxiliar de raça e etnia ao Auxiliar de lugar, permite a construção de notações que representam conceitos relacionados com os povos associadas a determinados lugares *(=1:1/9)*.

Termo vocabular	Notação
Vida familiar dos romanos	392.3(=1:37)

De igual modo, associando o Auxiliar de lugar ao Auxiliar de língua, podem construir-se notações para representar conceitos relacionados com a expressão linguístico-cultural.

Termo vocabular	Notação
Economia, América espanhola	33(7/8=134.2)

Estes Auxiliares permitem ainda relacionar e ligar espaços geográficos, bastando, para este efeito, recorrer aos símbolos prescritos na tabela para estes casos: *dois pontos* :, *barra oblíqua* / e *sinal de adição* +.

Termo vocabular	Notação
Relações culturais luso-brasileiras	008(469:81)
Educação, Suíça alemã	37(494.1/.3)
Mamíferos, Ásia e África	599(5+6)

Auxiliares comuns de raça, grupo étnico e nacionalidade (Tabela 1f): Função e aplicação

Símbolo (=...) [Este Auxiliar é representado por um *parêntesis e um sinal de igual*]

Função e aplicação

Estes Auxiliares têm como função indicar a nacionalidade ou os aspectos étnicos estudados num determinado documento. Constituem-se por duas vias:

- a partir dos Auxiliares comuns de língua;
- a partir dos Auxiliares de lugar.

A primeira via ocorre quando as notações são relativas a raças e povos que se identificam pela língua.

Termo vocabular	Notação
Árabes	(=411.21)

Esta notação formou-se através da língua, no caso concreto, a língua árabe: =411.21

A possibilidade de construir as notações a partir da língua é particularmente prática e cómoda, na medida em que possibilita a representação dos conceitos de raças ou etnias que não se encontram registadas na tabela. Nestas situações, apenas se coloca o Auxiliar de língua entre parêntesis curvos.

Termo vocabular	Notação
Civilização visigótica	(=114.3)

A segunda via de construção destes Auxiliares, como referimos, assenta nos Auxiliares de lugar. Esta possibilidade permite particularizar a população de um determinado país, representando, por exemplo, um povo identificado como um estado político:

Termo vocabular	Notação
Portugueses	(=1:469)

Na construção desta notação apenas teve de se recorrer ao Auxiliar de lugar, *(469) Portugal*.

Esta regra é seguida para a representação dos povos do mundo moderno que não se apresentam registados na tabela. Como a própria tabela indica no respectivo local, estes devem construir-se partindo do Auxiliar de lugar *(4/9)*, sendo este relacionado com o índice *(=1)*. O mesmo procedimento aplica-se na construção das notações relativas aos povos antigos.

Termo vocabular	Notação
Sociedade portuguesa, África	316.32(=1:469)(6)
Direito romano	34(=1:37)

Para uma melhor compreensão, apresenta-se, de seguida, um conjunto de exemplos que ilustram as duas situações expostas.

1) *Aplicação dos Auxiliares comuns de raça, grupo étnico e nacionalidade que representam aspectos étnicos ou a nacionalidade.*

Termo vocabular	Notação
Rituais ciganos	392.1(=214.58)
Música polinésia	78(=622.82)

2) *Aplicação dos Auxiliares comuns de raça, grupo étnico e nacionalidade que representam um povo identificado como um estado político.*

Termo vocabular	Notação
Vinhos portugueses	663.2(=1:469)

Conclui-se este ponto referindo que este Auxiliar também pode ter a função de uma notação principal, quando a raça, um povo ou uma nacionalidade é a matéria principal de um determinado documento.

Exemplos:

Termo vocabular	Notação
Os ciganos	(=214.58)
Os árabes	(=411.21)

Auxiliares comuns de tempo (Tabela 1g): Função e aplicação

Símbolo (" ") [Este Auxiliar é representado por um *par de aspas*]

Função e aplicação
O Auxiliar comum de tempo aplica-se quando se pretende localizar ou limitar cronologicamente o tema de um documento; o seu uso prende-se com o conteúdo e não com a data de publicação do documento classificado.

Representa-se sempre através de números árabes e, na maioria dos casos, quando associado a outros auxiliares na construção de uma notação, aplica-se no final.

Termo vocabular	Notação
Pintores portugueses, séc. 20	75-051(=1:469)"19"

A contagem do tempo assenta no calendário cristão, encontrando-se, todavia, ao longo da tabela outros sistemas distintos do calendário gregoriano; este tipo de contagem expressa-se através do *"3/7"* e seu desenvolvimento; estes números representam conceitos que se encontram situados em grandes períodos cronológicos ou conceitos relacionados com períodos profanos.

Termo vocabular	*Notação*
Primavera	"321"
Idade da pedra	"631/634"
Idade Média	"04/14"

Normalmente, o tempo expressa-se em unidades que vão desde o século até ao ano. No caso do século, representam-se os dois primeiros dígitos da respectiva centúria e o ano representa-se através dos quatro dígitos que o compõem, naturalmente.

Para os anos anteriores ao nascimento de Cristo, regista-se um *hífen* antes do número. Aqui, o *hífen* assume o mesmo significado que lhe é atribuído na Aritmética.

Termo vocabular	*Notação*
Ano 90 antes de Cristo	"-0090"

No caso de se pretenderem representar datas precisas que limitem temporalmente um determinado acontecimento, a ordem de citação dos elementos será: *ano.mês.dia.*

Nos casos em que não podem determinar-se os períodos cronológicos de uma forma precisa, ou quando são acontecimentos que abarcam um período dilatado de tempo, regista-se o início e o final do período, separando-os através de uma barra oblíqua.

Em situações de períodos indefinidos utilizam-se as *reticências.*

Em determinadas situações, este auxiliar também se usa como uma notação principal.

Termo vocabular	*Notação*
Século XX	"19"

Auxiliares comuns gerais dependentes
Estes Auxiliares designam-se comuns gerais dependentes devido ao facto de acompanharem em todas as situações a notação principal, pelo que nunca podem, por si só, constituir um ponto de acesso.

CLASSIFICAÇÕES MISTAS

Tipologia

Os auxiliares que constituem este conjunto são:

.001/.009	Tabela 1i – Auxiliares de ponto de vista
-0...	Tabela 1k – Auxiliares comuns de características gerais
-02	Auxiliar comum de propriedade
-03	Auxiliar comum de materiais
-05	Auxiliar comum de pessoas e características pessoais

Tabela 12. Auxiliares comuns gerais dependentes

Auxiliares de Ponto de vista (Tabela 1i)[239]: Função e aplicação

<u>Símbolo</u> .00 [Este Auxiliar é representado por *um ponto e dois zeros .00*]

<u>Função e aplicação</u>
Estes Auxiliares têm como função perspectivar uma matéria nos vários pontos de vista sob os quais essa matéria poderá ser considerada (*teórico .001, prático .002, económico-financeiro .003, utilização e funcionamento .004,* etc.). Nesta medida, estes Auxiliares funcionam como facetas que se podem aplicar a qualquer notação das tabelas principais.

Servem para representar a perspectiva sob a qual um autor trata uma determinada matéria, traduzindo, deste modo, os pontos de vista do autor. Nesta medida, a aplicação deste Auxiliar justifica-se quando a perspectiva sob a qual se encontra tratado um determinado conteúdo, influencia de tal forma o documento a classificar, a ponto de este ser procurado pelo utilizador, mais pelo seu ponto de vista, do que pelo seu tema principal.

Em relação à ordem de citação, num índice, estes Auxiliares registam-se em último lugar. No caso de uma notação ser composta por este Auxiliar e por um Auxiliar especial, o Auxiliar de ponto de vista coloca-se em último lugar. Nunca se pode começar uma notação por ele.

---

[239] Estes auxiliares foram excluídos da tabela em 1998, pelo facto de serem pouco expressivos; apesar de na teoria serem extensivos a toda a tabela, na prática geralmente aplicavam-se essencialmente às classes, 5, 6 e 7.
A sua inclusão justifica-se pelo facto de existirem serviços que ainda usam este auxiliar.

Termo vocabular	Notação
Construção civil, medidas de segurança	69.001.25

No caso de o índice ser constituído também por um Auxiliar comum de lugar ou de tempo, estes registam-se no final.

Auxiliar comum de propriedade (Tabela 1k): Função e aplicação[240]

<u>Símbolo</u> -02 [Este Auxiliar é representado por *hífen zero dois -02*]

<u>Função e aplicação</u>
Estes Auxiliares servem para especificar a propriedade ou atributos das entidades representadas pela notação principal.
Registam-se sempre associados ao número principal, não podendo constituir um ponto de acesso independente.

Exemplo:

Termo vocabular	Notação
Poesia anónima	82-1-028

Estes Auxiliares não devem ser confundidos com os Auxiliares de forma, (cf. Tabela 1d).
Relativamente a este ponto, há três situações a considerar:

1) Casos em que a forma seja o tema.
   Nos casos em que a forma tenha conteúdo informativo, estes assuntos devem ser classificados na classe principal.
2) Casos em que a forma seja parte componente do tema.
   Nesta situação, a forma é propriedade intrínseca ao tema e, por isso, recorre-se ao auxiliar *-02*.
3) Nos casos em que essa "propriedade" não passe de uma mera apresentação formal, então, recorre-se à forma.

---

[240] Estes auxiliares, tal como os auxiliares de materiais, pessoa e características pessoais, fazem parte dos auxiliares comuns de características gerais (Tabela 1k), tendo em comum o facto de se representarem tipograficamente por *traço zero -0*. Na ordem de citação encontram-se subordinados ao número principal ou ao auxiliar especial, se for esse o caso.

Auxiliar comum de materiais (Tabela 1k): Função e aplicação

Símbolo -03 [Este Auxiliar é representado por *hífen zero três -03*]

Função e aplicação
Este Auxiliar, como o próprio nome indica, representa os *materiais* e/ou os *elementos que constituem os objectos e/ou produtos*.

Aplica-se a todas as classes principais, desde que o aspecto material esteja subordinado ao assunto, sendo, contudo, nas subclasses *66/67* que a sua aplicação é mais relevante. A razão desta preponderância prende-se com o facto de estas subclasses representarem os aspectos relacionados com fabrico dos produtos, assim como o seu processamento.

Além destas, regista-se também uma aplicação significativa, por razões óbvias, na subclasse *69 Construção civil* e na classe *7*, nesta no que respeita aos materiais usados nos objectos de arte.

Termo vocabular	*Notação*
Construção em betão	69-033.3
Escultura em granito	73-032.5

Uma vez que se trata de Auxiliares dependentes, estes não podem ser registados sozinhos ou na primeira posição de um índice composto, constituindo-se, nesta medida, sufixos de uma notação principal.

O seu uso requer uma atenção especial para não serem aplicados a documentos que tratem de estudos gerais sobre materiais (estes casos são classificados em *620.2*) ou a documentos cujo assunto sejam testes de materiais (estes são classificados em *621.0*) ou, por último, a documentos cujo conteúdo seja a análise química dos produtos (neste caso são classificados em *543*).

Para a representação de materiais compostos, recorre-se à combinação deste Auxiliar com o apóstrofo '; nestes casos, o apóstrofo será registado na segunda posição, logo a seguir ao *-03*, evitando, assim, a repetição de um segundo *-03*.

Termo vocabular	*Notação*
Têxteis de fibras vegetais e sintéticas	677-037.1'4

Auxiliar comum de pessoa e características pessoais (Tabela 1k):

<u>Símbolo</u> -05 [Este Auxiliar é representado por *hífen zero cinco -05*]

<u>Função e aplicação</u>
Os Auxiliares comuns de pessoa e características pessoais servem para indicar estas características, desde que não exista uma notação principal ou um Auxiliar especial para as representar.

Através dos números *-051* e *-052*, estes auxiliares permitem expressar os papéis dos agentes activos e passivos, respectivamente.

Termo vocabular	*Notação*
Médico	616-051
Doente	616-052

Sempre que se justifique, podem associar-se a estes (*-05* e *-052*) outros auxiliares do mesmo tipo que representem outras facetas pessoais (*-053/-054*).

Termo vocabular	*Notação*
Crianças doentes	616-052-053.2

Além de se combinarem entre si, estes Auxiliares também podem combinar--se com outro tipo de auxiliares.

Termo vocabular	*Notação*
Eleitores do sexo feminino, Portugal, década de 80	324-052-055.2(469)"198"

Desde que o aspecto pessoal esteja subordinado ao assunto principal, estes aplicam-se a todas as classes.

Em conclusão, apresentamos alguns exemplos que ilustram a sua aplicação no que respeita à representação de algumas características pessoais, tais como profissão, nacionalidade, sexo, parentesco, etc.:

Termo vocabular	*Notação*
Residências de estudantes	728.1-057.8
Trabalho infantil	331-053.2
Mulheres, violência doméstica	316.62-055.2-058.6
Refugiado político	32-054.7
Movimento dos sem terra, Brasil	316.32-058.5(81)

Auxiliares especiais. Secção II

Definição e características

Ao contrário dos Auxiliares comuns gerais, estes não se aplicam a todas as classes ou subclasses. Não sendo a sua aplicação extensiva a todos os números principais das tabelas, o seu uso é expressamente indicado ao longo da mesma. É nesta medida e, ao contrário do que acontece relativamente aos Auxiliares gerais, que estes se encontram junto dos números aos quais se aplicam, dependendo sempre destes; por tal facto integram-se dentro da tipologia dos Auxiliares dependentes.

Constitui outra sua característica a circunstância de estes Auxiliares, embora não fazendo parte do sistema enumerativo normal das tabelas, apresentarem entre eles uma estrutura hierárquica análoga à que é observada nas Tabelas principais e nas Tabelas dos auxiliares comuns gerais.

Uma diferença a registar entre estes Auxiliares e os Auxiliares comuns, prende-se com o facto de a mesma notação dos Auxiliares especiais poder ter diferentes significados quando aplicada a diferentes números. Assim, o seu significado depende do número principal ao qual estão ligados, circunstância que não lhes confere um significado próprio.

Termo vocabular	Notação
Substâncias químicas. Reagentes	54-4
Ensaio	82-4
Representações teatrais. Ensaios. Competições, ...	792.09
Crítica literária. Estudos literários	82.09

Existem, contudo, ao longo das tabelas, excepções a esta regra, observando-se situações em que o mesmo auxiliar, independentemente do número ao qual esteja ligado, expressa, regra geral, a mesma faceta, seja na mesma classe, seja em classes distintas.

Termo vocabular	Notação
Teoria da arquitectura	72.01
Teoria da pintura	75.01
Teoria. Conceitos...Teorias individuais	336.01
Teoria e princípios da engenharia mecânica	621.01

Função

Como os Auxiliares comuns gerais têm como função especificar ou completar o assunto principal, acresce a esta função geral outra mais específica, que consiste na expressão de facetas ou diferentes perspectivas do assunto representado pelo número principal dos quais dependem.

Termo vocabular	**Notação**
Jogos matemáticos	51-8
Técnicas. Perícia profissional. Habilidade	7.02
Semiótica	81'22

Tipologia

Os Auxiliares que constituem esta tipologia são:

-1/-9	Hífen
.01/.09	Ponto Zero
` 0/´ 9	Apóstrofo

Tabela 13. Auxiliares especiais

Estes Auxiliares normalmente agrupam-se em duas categorias: o *ponto zero* e o *hífen* designam-se *divisões analíticas*, distinguindo-se conceptualmente do *apóstrofo*, o qual apresenta uma função distinta dos outros dois, como irá observar-se no ponto respectivo.

Auxiliar especial hífen: Função e aplicação

<u>Símbolo</u> -1/-9 [Este Auxiliar é representado por um *hífen*]

<u>*Função e aplicação*</u>

O *hífen* tem uma função analítica ou distintiva e aplica-se para representar *elementos componentes, propriedades* e outros pormenores do assunto expresso pelo número principal.

Entre outras subclasses, aplica-se em *51/52*: no *51* representa, entre outras facetas, as técnicas, os cálculos, os mecanismos e os métodos; no *52* representa as propriedades, os processos e as partes. Aplica-se ainda no *62-1/-9* e *66-9*, em particular, em *62/69*, para expressar pormenores mecânicos e de engenharia. Este auxiliar usa-se ainda em *82-1/-9*, para indicar as formas literárias.

CLASSIFICAÇÕES MISTAS

Termo vocabular	Notação
Molas de borracha	62-272
Poesia	82-1

Auxiliares especiais ponto zero: Função e aplicação

<u>Símbolo</u> *.01/.09* [Este Auxiliar é representado por *ponto zero*]

Função e aplicação
Como acontece com o Auxiliar especial *-1/-9*, este tem uma função analítica. No entanto, a sua aplicação faz-se de uma forma mais ampla e diversificada ao longo das tabelas, proporcionando, deste modo, a constituição de conjuntos e subconjuntos de conceitos que se repetem. Esses conceitos são de natureza diversa, referindo-se, a título de exemplo, os aspectos relativos a *estudos, actividades, processos, operações, instalações e equipamento*, sendo os aspectos mencionados relativos ao assunto, representado pelo número principal ao qual se aplicam. Esta faculdade permite estudar um assunto sob diversas perspectivas.

Regra geral, encontram-se associados à classe *3 (3.07/.08; 30/39)*, assumindo estes um significativo nível de desenvolvimento em *35*; à classe *5 (528, 53, 54, 556, 57/59)*; à classe *6*; à classe *7 (7.01/.09)*, onde se verificam algumas excepções na sua aplicação; e, por último, às classes *8* e *9*.

Termo vocabular	Notação
Isótopos	54.02
Arte renascentista	7034
Literatura irlandesa, crítica	821.111(417).09

Auxiliar especial apóstrofo: Função e aplicação

<u>Símbolo</u> '0/'9 [Este Auxiliar é representado por um *apóstrofo*]

Função e aplicação
Este Auxiliar tem essencialmente uma função sintética e, sobretudo, integrativa, proporcionando, deste modo, a representação de assuntos compostos através de notações complexas. Esta função aproxima-o da função exercida pela *barra oblíqua*.

O *apóstrofo*, dada a sua natureza, relativamente aos outros Auxiliares especiais, é menos frequente. Em alguns casos, aparece enumerado na íntegra junto das respectivas notações; noutros casos, deriva de números principais mediante subdivisões paralelas.

Casos enumerados na íntegra:

Termo vocabular	*Notação*
Literatura grega clássica	821.14'02
Culturas nómadas	903'1
Ortografia	81'35

Casos derivados:

Termo vocabular	*Notação*
Partido nacionalista liberal republicano	329.17'23'12
Forma-se a partir de: 329.17 Partido nacionalista 329.23 Partido republicano 329.12 Partido liberal	

Ordem de citação dos elementos[241]

Definição e objectivos

Entende-se por *ordem de citação* a disposição que é atribuída aos elementos que constituem uma notação composta.

Como temos observado ao longo deste trabalho, para representar o conteúdo de um documento, muitas vezes é necessário construírem-se índices compostos, que são formados pelas notações extraídas das tabelas principais e pelas notações extraídas das tabelas comuns e especiais.

Por uma questão de uniformidade e de coerência nos produtos resultantes da classificação – como são os catálogos sistemáticos e as bibliografias temáticas

---

[241] MCILWAINE, I. C. – *Guia para el uso de la CDU*. 2003. p. 48-55; 110-111; BENITO, Miguel – *El sistema de Clasificación Decimal Universal*, 1996, p. 53; LÓPEZ-HUERTAS PÉREZ, María José – Estructura de la Clasificación Decimal Universal. 1999. P. 221-222. DÍEZ CARRERA, Carmen – *Técnicas y regimen de uso de la CDU*. 1999. P. 28-30.

CLASSIFICAÇÕES MISTAS

e também por razões de coerência na ordenação física das obras nas estantes torna-se imprescindível a existência de regras de ordenação que regulem e prescrevam, dentro do possível, uma ordem que garanta a consistência destes produtos, com vista a uma maior eficiência e eficácia na recuperação da informação.

Após a consulta de alguns manuais e da própria Classificação Decimal Universal, concluiu-se que não se impõe uma regra universal em relação à ordem de citação dos auxiliares. Ao longo das leituras efectuadas deparámos com regras díspares relativamente a este aspecto. No entanto, dentro da diversidade encontrada, todos os autores consultados convergem em dois pontos:

- a ordenação dos elementos deverá ser efectuada do geral para o particular e os números registados da esquerda para a direita;
- a ordem dos elementos é inversa à ordem sequencial apresentada nas tabelas da Classificação Decimal Universal.

Com base nestes princípios conclui-se que o procedimento normal a seguir será então:

Notação principal + Auxiliares especiais + Auxiliares comuns

Ordem de citação dos Auxiliares comuns gerais

Em relação aos Auxiliares comuns gerais, salvo excepções, deverá seguir-se a seguinte ordem:

Número principal + Auxiliares dependentes + Auxiliares independentes.

A ordem que se recomenda na citação destes elementos é a seguinte:

Índice principal + Ponto de vista ou matéria + Raça e nacionalidade + Lugar + Tempo + Forma + Língua

Termo vocabular	*Notação*
Artesanato português, França, ensaio em língua portuguesa	745(=1:469)(44)(042)=134.3
Literatura inglesa, Espanha, séc. 19, antologia em língua espanhola	821.111(460)"18"(082)=134.2

Excepções à ordem convencionada

A ordem convencionada para o uso dos auxiliares, como vimos, não é categórica, pelo que o classificador, sempre que se justifique por interesse do serviço, poderá alterá-la. Deste modo, consideram-se situações excepcionais as seguintes:

1) Situação em que o tempo antecede o espaço
Regra geral, observa-se o inverso, constituindo esta excepção uma regra para alguns autores,[242] tal como podemos observar no seguinte modelo de citação:

Número principal + Auxiliar comum de pessoa + tempo + lugar + forma + língua

Termo vocabular	Notação
Arte barroca, séc. 16, Itália, tese em língua inglesa	72.034"15"(450)(043)=111

A situação observada ocorre devido a questões de ordem lógica, pretendendo-se com ela contribuir para um melhor entendimento do assunto expresso na notação.

2) Situação que se prende com os textos legislativos – decretos, éditos, ordenações, posturas, etc.
Nestes casos o Auxiliar de forma precede o Auxiliar de tempo. Importa referir que a ocorrência de tal situação se justifica para determinar que a data corresponde ao texto legislativo e não à matéria.

Termo vocabular	Notação
Horário de trabalho, decreto-lei de 1976	331.31(094.1)"1976"

3) Situação em que o auxiliar precede a classe principal
Como observamos atrás, todos os autores estão de acordo ao considerarem o primeiro elemento de ordenação uma notação extraída das classes principais. Todavia, por questões de ordem prática, designadamente no que respeita à arrumação física, essa ordem pode ser invertida:

Termo vocabular	Notação
Economia, dicionário	(038)33

---

[242] MCILWAINE, I. C. – *Guia para el uso de la CDU*. 2003. P. 49. V. T.: BATLEY, Sue – *Classification in theory and practice*. 2005. P. 102-104.

Ordem de citação dos Auxiliares especiais

Para a citação dos Auxiliares especiais não se verifica uma ordem tão convencional como a que é observada nos Auxiliares comuns gerais. Regra geral, colocam-se imediatamente junto ao número principal ao qual estão associados. Há casos em que se aplica apenas um auxiliar e existem casos em que se observa a combinação com outros Auxiliares especiais e/ou comuns, como se pode depreender dos seguintes exemplos:

a) *Casos relativos à aplicação de um Auxiliar especial*

Termo vocabular	Notação
Romance português	821.134.3-31

b) *Casos onde se observa a sua aplicação numa cadeia homogénea* (o mesmo tipo de auxiliar)

Termo vocabular	Notação
Teoria da arte moderna	7.036.01

c) *Casos onde se observa a sua aplicação numa cadeia heterogénea* (com os três tipos de Auxiliares especiais)

Termo vocabular	Notação
Novela inglesa, estudo	821.111-32.09
Partido monárquico liberal, oposição	329.2'1.05

d) *Aplicação conjunta dos dois tipos de auxiliares*

Termo vocabular	Notação
Arquitectura românica, Espanha, tese	72.033(460)(043)

Dado o número significativo de excepções, recomenda-se que, por questões de uniformidade e de consistência do catálogo, após a eleição de um critério, este seja utilizado por todos os classificadores de um serviço ou pelos vários classificadores de uma rede, se for esse o caso.

> [...] *Cet ordre doit être étudié avant tout en fonction des besoins exacts des utilisateurs de la collection classée: il est essentiel qu'il soit adopté préalablement une fois pour toutes, qu'il soit clairement expliqué et motivé, et enfin rigoureusement suivi.*[243]

---

[243] DUBUC, René – *La classification décimale universelle*. 1964. P. 150.

CLASSIFICAÇÕES BIBLIOGRÁFICAS: PERCURSO DE UMA TEORIA

Neste sentido, a inclusão deste ponto pretende, acima de tudo, ser um contributo para a sensibilização da aplicação sistemática de um só critério, como garante da pertinência na recuperação da informação por tema.

c) Notação

A notação do sistema Classificação Decimal Universal é caracterizada por ser pura e decimal. É constituída por algarismos árabes.

Devido ao facto de a Classificação Decimal Universal prever um tipo de expediente externo ao sistema – *Auxiliar A/Z*, que se integra nos Auxiliares Comuns Gerais, nas situações em que se aplica –, a notação torna-se mista, excepcionalmente.

Outra particularidade a considerar prende-se com o facto de, na sua essência, este sistema ser constituído por notações simples. No entanto, devido à existência das tabelas auxiliares, estas, quando aplicadas aos números principais, transformam uma notação simples numa notação composta.

Esta característica torna a notação flexível, permitindo-lhe representar o assunto nas suas diversas facetas, concorrendo, deste modo, para que se ultrapasse a rigidez das notações puras construídas *a priori*.

A notação apresenta uma estrutura hierárquica, característica comum a toda a estrutura do sistema. Por este facto, ao algarismo da direita corresponderá sempre um maior grau de especificidade.

Tem a notação como característica principal o facto de ser decimal, o que quer dizer que cada algarismo se pode dividir em dez sucessivamente, o que, na teoria, torna a divisão infinita.

Para facilitar a leitura da notação coloca-se um ponto de três em três algarismos, sendo que este ponto não tem valor classificatório.

d) Índice

O índice, como todos os índices de uma classificação, é uma lista alfabética constituída, na teoria, por todos os assuntos que compõem o sistema aos quais corresponde a respectiva notação relativa às tabelas principais ou auxiliares. Neste sentido, é constituído pela rubrica e pela referência, que neste caso é uma notação.

O índice não inclui expressões equivalentes para todas as notações de uma classificação, o que concorre para que, algumas vezes, a uma expressão corresponda mais do que uma notação distinta, dependendo do ponto de vista sob o qual o assunto é tratado. Nestas circunstâncias, como já foi referido em outros pontos, as notações são separadas por ponto e vírgula ou por setas de orientação.

Na medida em que agrega todas as perspectivas sob as quais um assunto é tratado na classificação, o índice permite, neste caso concreto, o reagrupamento dos assuntos que ficaram dispersos na classificação.

Liberdade
condicional 343.26, 343.84
da vontade 159.947
de associação 342.72; 351.75

A principal função do índice é remeter para as notações de uma classificação, permitindo, assim, localizar os números correspondentes a um assunto concreto. Este procedimento faz-se partindo de uma linguagem natural, já que os termos que compõem um índice não são controlados.

O índice permite ao utilizador e ao profissional procurar rapidamente em que classe e sob que notação está classificado qualquer conceito expresso em linguagem natural.

Qualquer notação extraída de um índice deverá ser sempre confirmada na respectiva tabela. Neste sentido, um índice deverá ser sempre visto como um instrumento de localização, como um guia.

Capítulo VII
Classificações facetadas

7 Classificações facetadas [Fundamentos e características]

Outro tipo de classificações a considerar, na análise das classificações bibliográficas, são as de tipo facetado.

Uma classificação por facetas é, segundo Vickery:

> [...] *une table des termes normalisés qu'il est possible d'utiliser dans une description des documents suivant les matières qu'ils contiennent. Ces termes sont d'abord groupés en domaines homogènes* [...] *Dans chacun des domaines, les termes sont divisés en groupes connus sous le nom de "facettes" et à l'intérieur de chaque facette ils peuvent être classés hiérarchiquement. Les facettes sont énumérées dans le schéma suivant un ordre déterminé* [...] *Cet ordre de combinaison permet de mettre en évidence l'ordre des relations qui existent entre les différents termes.*[244]

De uma forma geral, podemos dizer que as classificações de tipo facetado ou sintético são aquelas que se baseiam na análise e decomposição de uma matéria. Para uma matéria ser classificada com base neste sistema, a matéria-objecto de classificação tem de se decompor nas suas partes componentes para, numa segunda fase, através de expedientes que são próprios desta classificação, se voltarem a unir. Este processo, se por um lado, permite conservar a autonomia de cada matéria, por outro proporciona ao classificador uma relativa autonomia para classificar o assunto. Assim sendo, podemos concluir que cada documento classificado pressupõe *a priori* um processo de síntese. Ao contrário das classificações enumerativas, que distribuem os assuntos pelas suas classes de forma exaustiva e, em muitos casos os fixa, as classificações facetadas dão liberdade ao classificador para criar as notações nas situações que se justifiquem.

Por isso concordamos com Foskett, quando refere o seguinte acerca da Classificação Colon, nomeadamente em relação à autonomia do classificador:

---

[244] VICKERY, B. C. – *La classification a facettes*. 1963. P. 5.

CLASSIFICAÇÕES BIBLIOGRÁFICAS: PERCURSO DE UMA TEORIA

One of the other basic ideas behind CC is that of "autonomy for the classifier" [...]
*Ranganathan has tried to go one stage further: to give the individual classifier the means
to construct class numbers for new foci which will be in accordance with those that the
central organization will allow by means of a set of devices or rules of universal applica-
bility.*[245]

Este tipo de classificações apresenta os seguintes fundamentos e características:

– uma estrutura poli-hiercárquica, em que cada categoria pode aplicar-se a
  um conjunto de caracteres;
– são classificações de elevado nível de flexibilidade, que lhe é conferida,
  pela sua estrutura maleável;
– não apresentam tabelas extensas e exaustivas, devido ao facto de, através
  dos seus expedientes, se poderem classificar vários assuntos, sem para tal
  necessitarem de estar elencados de forma exaustiva;
– apresentam notações mistas, constituídas por números e letras. Devido a
  estas características, estas notações apresentam grande flexibilidade;
– apresentam-se multidimensionais: um assunto pode ser perspectivado
  sob vários pontos de vista permitindo, desta forma, representá-lo sob os
  vários aspectos, de acordo com a perspectiva do autor.

7.1 Classificação Colon

Dentro das classificações de tipo facetado, escolhemos para exemplificar a
Classificação Colon. A nossa opção baseia-se no facto de este sistema ser aquele
que, dentro dos sistemas facetados, tem maior repercussão e por ter sido o que
mais rapidamente se difundiu nas bibliotecas de todo o mundo. Além disso, veio
a influenciar a construção de outros sistemas facetados.

A este sistema, além de ser usado como instrumento de classificação, acresce
outra mais-valia, como instrumento de análise. A fórmula (PMEST), usada para
classificar os assuntos dos documentos, também pode ser usada para fazer a
análise de qualquer documento, independentemente de este ser classificado
ou não.

Tal como aconteceu com os outros sistemas de classificação, este será, também, analisado quanto à sua origem histórica, fundamentos e características e à
sua composição.

---

[245] FOSKETT, A. C. – *The subject approach to information.* 1977. P. 343.

7.1.1 Origem e contextualização histórica

A Classificação Colon, também designada pela *Classificação dos dois pontos*, foi idealizada pelo filósofo e matemático Shiyali Ramamrita Ranganathan (1892--1972).

Devido ao facto de ser bibliotecário da Biblioteca da Universidade de Madras, e porque pretendia introduzir o livre acesso nesta biblioteca, Ranganathan estudou os vários sistemas de classificação existentes. Fê-lo, observando as suas limitações e as suas vantagens, com o intuito de criar um novo sistema. Após este estudo, concluiu que os sistemas existentes, na sua maioria, se caracterizavam pela rigidez no que respeita à estrutura. Deste modo, resolveu construir um novo sistema baseado na flexibilidade das suas notações; essa flexibilidade traduzia-se essencialmente no uso *dos dois pontos (:)*.

Ao contrário das classificações bibliográficas anteriores, esta baseou-se na moderna teoria das classificações. Relativamente a este assunto, cumpre referir que Ranganathan baseou a sua teoria de classificação na de Bliss[246], com quem mantinha correspondência;[247] Bliss era também mentor de uma classificação de tipo facetado, que foi publicada em 1935, sob o título: *A system of bibliographic classification*.

Esta Classificação foi publicada pela primeira vez em 1933, e nela se manifesta a principal teoria deste autor; com a sua publicação inaugurou-se uma nova era nos estudos da classificação bibliográfica.

A partir da criação do *Classification Research Group*, em Londres (1948), a Classificação por facetas passou a ser aplicada a campos do conhecimento especializados. Contribuiu para tal situação o princípio base da sua filosofia – um assunto poder ser analisado sob cinco categorias.

Para muitos autores, a Classificação Colon é considerada mais uma reflexão e um exercício teórico e académico do que propriamente uma classificação.

Ainda que rompa com os sistemas tradicionais de classificação, nomeadamente com os de estrutura enumerativa, nesta Classificação observam-se algu-

---

[246] Alguns dos pontos subjacentes ao sistema de Bliss e que, de alguma forma, influenciaram o pensamento de Ranganathan foram:
– Localização alternativa: um determinado assunto podia ser colocado em mais do que um lugar, ficando a sua localização física ao critério da biblioteca, que passaria a usar esse critério de uma forma coerente e consistente.
– Utilização de notações breves e concisas: o conhecimento deveria ser representado por notações sumárias, que não concorressem para a ambiguidade. É de referir que Bliss nunca deu cumprimento a este princípio.
– Utilização de uma notação mista, ou seja notação alfanumérica.
[247] Na sequência da correspondência mantida com Bliss, em 1937, Colon publicou a sua obra *Prolegomena to library classification*, na qual se expressa a sua teoria sobre a qual sustenta a sua classificação.

mas linhas de continuidade, tal como a divisão do conhecimento em classes e a organização do conhecimento dito tradicional.

Independentemente de todas as críticas que lhe foram dirigidas, são inegáveis o contributo e o impulso teórico e filosófico que trouxe consigo para o estudo das classificações bibliográficas.

De uma forma geral, podemos afirmar que a sua aplicação prática como sistema de classificação se circunscreveu, de uma forma geral, ao Oriente, nomeadamente à Índia. Esta situação prende-se, entre outras razões, com questões de mentalidade e culturais. Apesar disso, tanto na Europa como nos Estados Unidos, este sistema foi e continua a ser muito importante, porque se assume como modelo estruturante do conhecimento. A sua influência, como já referimos, observa-se não só na construção de outras linguagens de tipo categorial, mas também na construção de outros tipos de instrumentos da linguagem combinatória, como é o caso dos tesauros facetados, nomeadamente no desenvolvimento da parte facetada.

7.1.2 Fundamentos e características

Neste ponto propomo-nos apresentar os fundamentos e as características essenciais da Classificação Colon. Tal como observámos no ponto anterior relativamente às outras classificações, e como apenas se trata de um exemplo, esta apresentação pretende ser a menos exaustiva possível. Concorre, ainda, para a brevidade da apresentação das características deste sistema de classificação, o facto de elas se diluírem no ponto relativo às características gerais das classificações facetadas.

Após estas breves palavras de introdução, passamos de seguida a expor e a analisar os fundamentos e as características que nos parecem ser os mais particulares da Classificação Colon.

a) Sistema facetado

As principais características deste sistema são as noções de faceta e focos.

Para a concepção das facetas, Ranganathan foi influenciado pelas categorias aristotélicas.

Para Ranganathan, a análise de um assunto por facetas significa que um assunto particular poderá ser perspectivado sob as diversas manifestações das suas características ou facetas. Esta possibilidade concorre para que este sistema se torne multidimensional e ilimitado. As facetas são a referência da Classificação Colon e obedecem a postulados predeterminados. Cada divisão de uma faceta chama-se foco e uma faceta poderá apresentar um número indeterminado de focos.

Um assunto pode ter uma faceta base e muitos focos isolados. Nestas situações ter-se-á uma classe composta.

Cada uma das facetas de um assunto e os focos de cada uma delas são considerados como manifestações das cinco categorias fundamentais. Estas categorias são traduzidas pela fórmula PMEST, tal qual Ranganthan postulou na sua obra *Prolegomena to library classification: There are five and only five fundamental categories – Time, Space, Energy, Matter, and Personality. [...] This set of fundamental categories, is, for brevity, denoted by the initionym PMEST.*[248]

Para uma maior inteligibilidade, apresentamos o desdobramento desta fórmula no quadro que se segue.

Categorias fundamentais	Símbolos de ligação	Símbolos das facetas
Personalidade	P	, (Vírgula)
Matéria	M	; (Ponto e vírgula)
Energia	E	: (Dois pontos)
Espaço	S	. (Ponto)
Tempo	T	' (Apóstrofo)

Tabela 8. Categorias de Ranganathan

Passamos a analisar cada uma destas categorias, também vulgarmente chamadas facetas.[249]

Tempo – Ao contrário das outras facetas, esta é de fácil identificação; tem como função localizar o assunto num espaço cronológico; apresenta correspondência com as tabelas cronológicas. Na gramática esta faceta corresponde ao complemento circunstancial de tempo.

Espaço – Tal como acontece com a faceta tempo, esta também se assume de fácil identificação; tem como função localizar o assunto num espaço geográfico. Corresponde às tabelas geográficas. Na gramática corresponde ao complemento circunstancial de lugar.

---

[248] RANGANATHAN, S. R – *Prolegomena to library classification*. 2006. P. 398.

[249] *Ibidem*, 398-401. A ordem da sua apresentação é igual àquela que se encontra nesta obra.

Energia – Esta faceta está associada à acção, ao movimento, à técnica, ao verbo, ao tratamento, aos procedimentos e às operações. Por analogia com as outras duas esta corresponderá, na gramática, ao verbo.

Matéria – Tal como acontece com a faceta energia, esta também se assume de difícil identificação; geralmente manifesta-se através de um elemento material, uma propriedade ou qualidade. Compreende entre outros componentes, métodos, operações, etc. Neste sentido, esta faceta corresponde ao objecto sobre o qual o processo se manifesta. Corresponderia, numa expressão gramatical ao complemento directo.

Personalidade – De todas as facetas é aquela que apresenta maior dificuldade em ser identificada. Um método que se usa para a sua determinação é a exclusão, isto é, se depois de analisarmos um assunto à luz de todas as outras facetas nenhuma delas se lhe aplicar, então, por exclusão de partes, tratar-se-á da faceta Personalidade.

Dentro da lógica aristotélica corresponderá à substância, isto é, à primeira categoria. Numa linguagem natural, à faceta Personalidade corresponderá o sujeito.

Através da classificação por facetas podemos analisar um assunto. Isto é, podemos analisar um documento sob todos os aspectos, através da fórmula PMEST.

b) Sistema poli-hierárquico

Como acontece, na maioria dos sistemas de classificação, também a Classificação Colon é um sistema hierárquico. Porém, ao contrário da Classificação Decimal de Dewey e de todos os outros sistemas enumerativos, este apresenta-se como poli-hierárquico, permitindo que se estabeleçam várias relações entre os assuntos. Nele, os assuntos encontram-se associados uns aos outros através de relações de coordenação e de subordinação. Prevê relações dentro do mesmo assunto e entre os assuntos.

c) Sistema analítico-sintético

Este sistema, devido à sua natureza, permite a construção de notações compostas.

Na prática dá possibilidade a um classificador de analisar e considerar um assunto sob as várias perspectivas em que ele se encontra tratado num documento. Com base na fórmula PMEST, um classificador na fase da análise poderá interrogar e decompor o assunto de um documento de acordo com cinco facetas previstas. Aquando da representação dos conceitos seleccionados num documento, este sistema oferece-lhe expedientes para que traduza esse assunto composto ou complexo.

Assim sendo, podemos concluir que esta classificação, por um lado, serve como instrumento de análise – PMEST, e por outro lado, apresenta mecanismos para a representação dessa análise – os dois pontos.

Como se poderá inferir, esta metodologia analítico-sintética, proporciona ao classificador um elevado nível de autonomia na classificação dos documentos e permite a individualização conceptual dos documentos e a sucessiva introdução de novos assuntos.

Este sistema é a primeira classificação analítico-sintética.

Os *dois pontos*, principal característica deste sistema e que o individualiza dos outros, não constituiu uma inovação. Paul Otlet já os tinha usado na Classificação Decimal Universal. Contudo, nesta classificação, a adopção dos *dois pontos* não constitui a base do sistema, como se iria observar na Classificação Colon. Eles eram apenas símbolos, como outros, das Tabelas auxiliares. Serviam apenas para representar assuntos compostos e complexos, nos casos em que tal se justificasse.

d) Sistema exaustivo

A característica de exaustividade não pode ser entendida como nas classificações enumerativas, nomeadamente na Classificação Decimal de Dewey, que já tivemos oportunidade de caracterizar. Na Classificação Colon, esta característica prende-se com o facto de ela proporcionar a divisão de um assunto de forma exaustiva, até ele ser esgotado no seu conteúdo.

Ao contrário das classificações enumerativas, esta característica não se reporta à exaustividade das classes, dado que na Classificação Colon esta situação não ocorre devido à natureza do próprio sistema. O facto de se poderem representar todos os assuntos através dos expedientes que a integram, nomeadamente os dois pontos, concorre para que não seja necessário as classes serem exaustivas.

e) Sistema estruturado

A Classificação Colon apresenta uma estrutura hierárquica. Não sendo monohierárquica, neste sistema os assuntos também se encontram registados nas respectivas classes, estabelecendo-se entre eles relações de coordenação e de subordinação.

f) Notação *a posteriori*

Na Classificação Colon as notações não são pré-determinadas, elas são construídas com base no documento. São a análise do documento e, naturalmente, são os conceitos dele extraídos que determinam a notação. Neste sistema, como já referimos a propósito de outras características, não existe a necessidade de se construirem notações *a priori*.

g) Sistema universal

No que respeita ao seu conteúdo, não pretendendo ser exaustiva, esta classificação pretende abranger todo o conhecimento, concorrendo deste modo para ter um carácter universal.

7.1.3 Composição

a) Tabelas principais

Ranganathan estruturou o seu sistema em quarenta e duas classes principais, subdivididas, por sua vez, em dez subclasses. Nelas registam-se as disciplinas tradicionais agrupadas em três rubricas:

- Ciências naturais e aplicadas;
- Ciências humanas;
- Ciências sociais e sua aplicação.[250]

z	Generalia	LX	Pharmacognosy
1	Universe of knowledge	M	Useful arts
2	Library science	Δ	Spiritual experience and
3	Book science		mysticism
4	Journalism	MZ	Humanities and social
A	Natural sciences		sciences
AZ	Mathematical sciences	MZA	Humanities
B	Mathematics	N	Fine arts
BZ	Physical sciences	NX	Literature and languages
C	Physics	O	Literature
D	Engineering	P	Linguistics
E	Chemistry	Q	Religion
F	Technology	R	Philosophy
G	Biology	S	Psychology
H	Geology	Σ	Social science
HX	Mining	T	Education
I	Botany	U	Geography
J	Agriculture	V	History
K	Zoology	W	Political science
KX	Animal Husbandry	X	Economics
L	Medicine	Y	Sociology
		YX	Social work
		Z	Law

Fig. 21 - Classes principais da Classificação Colon[250]

---

[250] BROWN, A. G.; LANGRIDGE, D. W.; MILLS, J. – *Subject analysis and practical classification*. 1976. P. 146.

b) Tabelas auxiliares

Com o propósito de permitir uma certa flexibilidade, a Classificação Colon integra na sua estrutura Tabelas auxiliares. Estes Auxiliares chamam-se *isolados comuns* e são representados pelo símbolo (CI).

As Tabelas auxiliares são quatro e servem para todo o sistema. Estas Tabelas são constituídas pelos Auxiliares de forma, que incluem, além deste tipo de auxiliares, outras subdivisões comuns. Estas são apresentadas, geralmente, através das letras minúsculas do alfabeto.

Outro Auxiliar é o cronológico, que é representado, também, pelas letras minúsculas do alfabeto e pelo símbolo (TI). Este representa o tempo, como a sua própria designação refere.

O espaço é outro Auxiliar que aparece representado por números em sequência decimal e pelo símbolo (SI). Representa, naturalmente, conceitos geográficos.

O último Auxiliar é a língua, que também é representada por números decimais, numa sequência de um a nove. O símbolo usado é o (LI).

Tal como os auxiliares no geral estes servem para precisar e especificar os assuntos.

c) Notação

A notação deste sistema é mista. Na primeira edição, os dois pontos (:) eram o único símbolo de ligação entre os assuntos; após a 4ª edição foram introduzidos outros símbolos.

Actualmente esta notação é composta por: símbolos, letras maiúsculas do alfabeto romano, números árabes, letras minúsculas do alfabeto romano, letras gregas, hífenes, vírgula, ponto e vírgula, dois pontos, ponto, aspas, setas e parêntesis.

Outra particularidade que caracteriza a notação do sistema Colon, é o facto de ela não ser pré-definida, como acontece com as notações da Classificação Decimal de Dewey e da Classificação Decimal Universal. Esta situação acontece pelo facto de estas de poderem construir à medida que vão surgindo os assuntos para classificar.

d) Índice

Tal como acontece com outras classificações, a Classificação Colon também apresenta um índice, onde se encontram organizados os assuntos que integram as tabelas.

Conclusão

A conclusão geral a reter deste trabalho consiste no facto de termos observado que as classificações no geral e as classificações bibliográficas em particular, foram e continuam a ser um meio imprescindível no que respeita à organização do conhecimento. Para tal situação contribui, essencialmente, o facto de se apresentarem como entidades dinâmicas que se ajustam aos paradigmas emergentes do conhecimento e às necessidades práticas da organização do mesmo. Para dar cumprimento a estes requisitos, as classificações bibliográficas apresentam uma diversidade de tipos. Assim, e como observamos ao longo deste trabalho, existem a nível de conteúdo sistemas enciclopédicos e especializados e a nível da estrutura classificações de tipo enumerativo, misto e facetado.

Numa dimensão mais específica importa registar as seguintes conclusões: as noções de Classificação, Classificar e Indexar, apesar de pertencerem ao mesmo campo semântico, são contudo diferentes, apresentando-se como noções complementares.

Outra ideia a fixar é aquela que se prende com a natureza lógica das classificações bibliográficas. Neste ponto, concluímos que as primeiras classificações, no que respeita às características formais, se identificam com outras classificações do saber que se integram na tipologia da lógica tradicional. Relativamente à sua estrutura, elas apresentam, na sua maioria, em comum as seguintes especificidades: a hierarquia, a exaustividade e a exclusividade.

No que respeita à hierarquia, uma das características mais vincadas neste tipo de classificações, cumpre referir que ela se baseia, no geral, nos fundamentos lógicos aristotélicos que se traduzem nas noções de género, espécie, diferença específica, compreensão e extensão.

Outra conclusão tem a ver com as suas origens. Neste ponto, verificamos que a sua génese se pode enquadrar numa dimensão que extravasa o plano puramente cognitivo, inserindo-se num plano mais vasto que abarca as mentalidades. Deste modo, concluímos que os sistemas de classificação bibliográficos sofreram influências dos diversos modelos da organização do conhecimento que se foram manifestando ao longo da História. Pela relevância na sua construção salientamos o movimento do enciclopedismo, os planos de classificação filosóficos e os catálogos de livreiros.

REFERÊNCIAS BIBLIOGRÁFICAS

ABAD GARCÍA, Maria Francisca – *Evaluación de la calidad de los sistemas de información* – Madrid: Síntesis, 2005. ISBN 849756264X.

ACADEMIA DAS CIÊNCIAS DE LISBOA – *Dicionário da língua portuguesa contemporânea*. Lisboa: Verbo, 2001. Vol. 1.

AITCHISON, Jean; GILCHRIST, Alan; BAWDEN, David – *Thesaurus construction and use: a practical manual*. London: Aslib, 1997. ISBN 0851423906.

AMPÈRE, André-Marie – *Essai sur la philosophie des sciences ou exposition analytique d'une classification naturelle de toutes les connaissances humaines* [Em linha]. Paris: Bachelier Libraire-Éditeur, 1938. [Consult. 3 Junho 2008]. Disponível em www:<URL: http://books.google.pt/books?id=-PYOAAAAQAAJ&dq=essai+sur+la+philosophie+des+sciences,+or+exposition+an alytique+d'une+classification+naturelle+de+toutes+les+connaissances+hum aines&printsec=frontcover&source=bl& ots=K6b4p9RkXW&sig=NxIwVJozX8lki w K B o r b h 5 A 7 m P m M & h l = p t - PT&ei=1WYmSoHcLYGJ_QaGj5XrBw&s a=X&oi=book_result&ct=result&res num=1#PPP7,M1>.

APOSTEL, Leo – Le problème formel des classifications empiriques. In *La classification dans les sciences*. Bruxelles: Éditions J. Duculot S.A., 1963. p. 157-230.

ARANALDE, Michel Maya – Reflexões sobre os sistemas categoriais de Aristóteles, Kant e Ranganathan. *Revista Ciências da Informação* [Em linha]. 38:1 (2009) [Consult. 25 Junho 2009]. Disponível em www:<URL: <http:// revista.ibict.br/ciinf/index.php/ ciinf/article/view/1056/1313>.

ARISTÓTELES – *Categorias*. Porto: Porto Editora, 1995. ISBN 9720410760.

ARSENAULT, Clément – L'utilisation des langages documentaires pour la recherche d'information. *Documentation Bibliothèques*. ISSN 0315-2340. 52:2 (2006) 139-148.

BACON, Francis – *De dignitate & augmentis scientiarum*.... Editio nova...Lugduni Batavorum: Franciscus Moyardus et Adrianus Wijngaerde, 1645.

BACON, Francis – *Nuevo órgano*. Madrid: Dirección y Administración, 1892.

BAKEWELL, K. G. B. – *Classification and indexing practice*. London: Clive Bingley, 1978.

BARATAIN, Marc; JACOB, Christian, ed. – *Le pouvoir des bibliothèques: la mémoire des livres en Occident*. Paris: Éditions Albin Michel, 1996. ISBN 2226079017.

BARBOSA, Alice Príncipe – *Teoria e prática dos sistemas de classificação bibliográfica*. Rio de Janeiro: Instituto Brasileiro de Bibliografia e Documentação, 1969.

BATLEY, Sue – *Classification in theory and practice*. Oxford: Chandos Publishing, 2005. ISBN 1843340836.

BEATO, José Manuel Correia – *Breves notas em torno das classificações bibliográficas: seus fundamentos, características e aporias*. Coimbra: [s. n], 1999. Trabalho apresentado à cadeira de Indexação II.

BEGHTOL, Clare – General classification systems: structural principles for multidisciplinary specification. In *Structures and relations in knowledge organization: proceedings of the fifth international ISKO Conference*. Wurzburg: Indeks, 1998. ISBN 3932004787. Vol. 6.

BEGHTOL, Clare – *The classification of fiction: the development of a system based on theoretical principles*. Metuchen, N.J.: Scarecrow Press, 1994. ISBN 0810828286.

BENGTSON, Betty G. – *Classification of library material: current and future potencial for proving access*. New York, [etc.]: Neal-Schuman Publishers, cop. 1993.

BENITO, Miguel – *El sistema de clasificación decimal universal*. Boras: Taranco, 1996.

BERNATÉNÉ, Henri – *Comment concevoir, réaliser et utiliser une documentation*. 3éme ed. rev. et augm. Paris: Les Editions d'Organisation, 1955.

BÉTHERY, Annie – *Guide de la Classification Décimale de Dewey: tables abrégées de la XXIIe édition intégrale en langue anglaise*. Paris: Electre, 2005. ISBN 2765408955.

BÍBLIA SAGRADA: PARA O TERCEIRO MILÉNIO DA ENCARNAÇÃO. 3ª ed. Lisboa; Fátima: Difusora Bíblica, 2001. ISBN 9726521718.

BLISS, Henry Evelyn – *The organization of knowledge in libraries and the subject-approach to books*. 2nd ed. New York: The H. W. Wilson Company, 1939.

BORREGO HUERTA, Ángel – La investigación cualitativa en biblioteconomía y documentación. *Revista Española de Documentación Científica*. 22:2 (1999) 139-156.

BROUGHTON, Vanda – A faceted classification as the basis of a faceted terminology: conversion of a classified structure to thesaurus format in the Bliss Bibliographic Classification. *Axiomathes* [Em linha]. 18:2 (2008). [Consult. 28 Abr. 2009]. Disponível em www:<URL: http://apps.isiknowledge.com/full_record.do?product=WOS &search_mode=GeneralSearch&qid=1& SID=Z2L9CbIhAo1epIJef3a&page=1&do c=24>.

BROWN, A. G.; LANGRIDGE, D. W.; MILLS, J. – *An introduction to subject indexing*. London: Clive Bingley, 1976.

BRUNET, Jacques-Charles – *Manuel du Libraire et de l'Amateur de Livres*. 3ème ed. *[Em linha] A Paris: Chez L'Auteur, Rue Git-Le-Coeur, 1820*. [Consult. 5 Set. 2008] Disponível em www:<URL: http://books.google.pt/ books?id=qKo9AAAAcAAJ&pg=PA391&l pg=PA391&dq=Manuel+du+Libraire+et+ de+l%E2%80%99Amateur+de+Livres&s ource=bl&ots=NQAUjARGN1&sig=ClO-qINnt6SrdzOe3dSmu561Xoz0&hl=pt-PT&ei=kYGwS5vBIcnk-Qb0hv2VDQ&sa =X&oi=book_result&ct=result&res-num=6&ved=0CBoQ6AEwBQ#v=one-page&q=&f=false>.

BUCHANAN, Brian – *Theory of library classification*. London: Clive Bingley, 1979. ISBN 0851572707.

BUFFON, Georges Louis Leclerc – *Histoire naturelle, générale et particulière: avec la description du Cabinet du Roy*. A Paris: De l'Imprimerie Royale, 1749-1804. Vol. 1.

BUFREM, Leilah Santiago; SILVA, Helena de Fátima Nunes; BREDA, Sónia Maria – Reformulación de los fundamentos teóricos de la organización del conocimiento: bases linguisticas y culturales y estruturas de representación. In *La Dimensión Humana de la Organización del Conocimiento*. Barcelona: Departament de Biblioteconomia i Documentació Universitat de Barcelona, 2005.

CAFÉ, Lígia; MENDES, Fernanda – Uma contribuição para a construção de instrumentos analítico-sintéticos de representação do conhecimento. *Perspectivas em Ciências da Informação* [Em linha]. 13:3 (2008). [Consult. 28 Abr. 2009]. Disponível em www:<URL: <http://www.scielo.br/scielo. php?script=sci_pdf>.

CARNEIRO, Marília Vidigal – Directrizes para uma política de Indexação. *Revista Escola Biblioteconomia UFMG* [Em linha]. 14:2 (1985). 221-241. [Consult. 2 de Jun. 2008]. Disponível em www:<URL:http://www.ed.ufmg.br.reboline/>.

CARO CASTRO, Carmen – *El acceso por materias en los catálogos en línea: índices y terminología de los usuarios en el catálogo CISNE*. Salamanca: Ediciones Universidad de Salamanca, 2005. ISBN 8478005552.

CARRIÓN GUTIERREZ, M. – Ambigüedad de la CDU. *Boletín de la ANABAD*. ISSN 0210- -4164. 28:2 (1978) 187-203.

CARVALHEIRO, José Ricardo – *Do Bidonville ao arrastão: media, minorias e etnicização*. Lisboa: Imprensa de Ciências Sociais, 2008. ISBN 9789726712152.

CHAN, Lois Mai – *Cataloging y classification: an introduction*. 3rd ed. Lanham (Md.): Scarecrow Press, 2007. ISBN 9780810859449.

CHAN, Lois Mai – Classification, present and future. *Cataloging & Classification Quarterly*. New York: The Haworth Press. ISSN 0163-9374. 21:2 (1995) 5-22.

CHAN, Lois Mai – *A guide to the Library of Congress Classification*. 5th ed. Englewood (Col.): Libraries Unlimited, 1999. ISBN 1563085003.

CHAN, Lois Mai; RICHMOND, Phyllis A.; SVENONIUS, Elaine – *Theory of subject analysis: a sourcebook*. Littleton (Colo).: Libraries Unlimited, 1985. ISBN 0872874893.

CHAUMIER, Jacques – *Análisis y lenguajes documentales: el tratamiento lingüístico de la información documental*. Barcelona: Editorial Mitre, 1986.

CHAVE DICOTÓMICA. In *Infopédia* [Em linha]. Porto: Porto Editora, 2003-2009. [Consult. 7 Jun. 2008]. Disponível na www: <URL: http://www.infopedia.pt/$chave-dicotomica>.

CIAM, Albert – *Une bibliothèque*. Paris: Ernest Flammarion, 1902.

CLARKE, Archibald Leycester – *Manual of practical indexing, incluing arrangement of subject catalogues*. London: Crafton, 1933.

CLARKE, Archibald Leycester – *Manual of practical indexing*. London: Library Supply Company, 1905.

CLASSIFICATION THEORY. In *Encyclopedia of library and information science*. New York: Marcel Dekker Inc., 1968- . Vol. 5, p. 147-163.

CLASSIFICATION THEORY. In *The new encyclopedia Britannica*. 15th. Chicago: Encyclopaedia Britannica, 1995. Vol. 3, p. 356.

CLEVELAND, B. Donald; CLEVELAND, Ana D. – *Introduction to indexing and abstracting*. 2nd ed. Englewood: Libraries Unlimited, 1990. ISBN 0872876772.

COATES, E. J. – *Subject catalogues: headings and structure*. London: The Library Association, 1960.

COLLANTES, Lourdes – Degree of agreement in naming objects and concepts for information retrieval. *Journal of the American Society for Information Science* [Em linha]. 46:2 (1995) 116-132. [Consult. Dez. 2006]. Disponível em www<:URL:http: //www3.interscience.wiley.com/cgi-bin/abstract.pdf>.

COLLISSON, Robert L. – *Índices e Indexação*. São Paulo: Editora Polígono, 1971.

COMTE, Auguste – *Cours de philosophie positive*. 4ème ed. Paris: Libraire J – B. Baillière et Fils, 1877.

CONFERÊNCIA INTERNACIONAL SOBRE PRINCÍPIOS DE CATALOGAÇÃO, Paris, 1961. – *Exposé des principes adopté par la Conférence internationale sur les principes de catalogage, Paris, Octobre, 1961*. Sevenoaks (Kent): FIAB, 1966.

CORDEIRO, Inês – As bibliotecas e a organização do conhecimento: evolução e perspectivas. *Leituras*. ISSN 0873-7045. 2 (1998) 141-157.

COURRIER, Yves – Analyse et langage documentaires. *Documentaliste: Sciences de l'Information*. ISSN 0012-4508. 13:5-6 (1976) 178-189.

COUSIN, Jules – *De l'organisation et de l'administration des bibliothèques publiques et privées.* Paris: A. Durand et Predoue-Lauriel, Editeurs, 1882.

COUSIN, Jules – *De la classification des bibliothèques.* Paris: A. Durand et Predoue-Lauriel, Editeurs, 1884.

CROZET, L. – *Manuel pratique du bibliothécaire.* Paris: Emile Nourry, 1932.

CUTTER, Charles Ammi – *Rules for a dictionary catalogue.* 2nd ed. with corrections and additions. Washington: Governemt Printing Office, 1889.

CUTTER, Charles Ammi – *Rules for a dictionary catalogue.* 4th ed. rev., reimp. London: The Library Association, 1962.

DAHLBERG, Ingetraut – Classification structure principles: investigations, experiences, conclusions. In *structures and relations in Knowledge Organization: proccedings of the fifth international ISKO Conference.* Wurzburg: Indeks, 1998. ISBN 3932004787. Vol. 6.

DAHLBERG, Ingetraut – *Teoria da classificação, ontem e hoje* [Em linha]. [Consult. 28 Mai 2009]. Disponível em www: <URL: <http://www.conexaorio.com/biti/dahlbergteoria/dahlgerg_teoria.htm>.

DAHLBERG, Ingetraut – The future of classification in libraries and networks, a theoretical point of view. *Cataloging & Classification Quarterly.* New York: The Haworth Press. ISSN 0163-9374. 21:2 (1995) 23-35.

DIEMER, Alwin – L'ordre (classification) universel des savoirs comme problème de philosophie et d'organisation. In *Conceptual basis of the classification of knowledge.* Pullach bei Munchen: Verlag Dokumentation, 1974. p. 144-160. ISBN 3794036492.

DIERKES, Meinolf [et al.], ed. – *Handbook of organizational learning and knowledge.* Oxford; New York: Oxford University Press, 2001. ISBN 0198295839.

DÍEZ CARRERA, Carmen – *Técnicas y regímen de uso de la CDU.* Gijón: Ediciones Tera, 1999. ISBN 8495178273.

DÓRIA, Irene de Menezes – *Guia de Classificação Decimal.* S. Paulo: Livraria Martins Editora, 1943.

DUBUC, René – *Exercices programmés sur la Classification Décimale Universelle.* Paris: Gauthier-Villars, 1970.

DUBUC, René – *La Classification Décimale Universelle (CDU): manuel pratique d'utilisation.* Paris: Gauthier-Villars, 1964.

ENCYCLOPEDIA OF LIBRARY AND INFORMATION SCIENCE. New York; London: Marcel Dekker, 1969. Vol. 2.

ESTEBAN NAVARRO, Miguel Angel – Fundamentos epistemológicos de la clasificación documental. *Scire.* 1:1(1995) 81--101.

ESTEBAN NAVARRO, Miguel Angel – Princípios, reglas y técnica para la gestión del vocabulario y la estructura de los lenguajes documentales. In *II Congreso. Getafe, 1995 – Organización del conocimiento en sistemas de información y documentación.* Zaragoza: F. J. García Marco, 1997.

FONSECA, Edson Nery da – *Apogeu e declínio das classificações bibliográficas.* [Consult. 13 Fev. 2008]. Disponível em: www:URL:http://www.conexaorio.com/biti/nery/index.htm>.

FOSKETT, Anthony Charles – *The subject approach to information.* 3rd ed. London: Clive Bingley: Linnet Books, cop. 1977.

FOSKETT, Anthony Charles – *The history, present status and futures prospects of a large general classification scheme.* [Hamden, Conn.]: Linnet Books, 1973.

FOSKETT, D. J. – *Serviço de informação em bibliotecas.* São Paulo: Polígono, 1969.

FOSKETT, D. J. – *Library Classification and the field of knowledge.* London: Chaucer House, 1958.

FOUCAULT, Michel – *As palavras e as coisas.* Lisboa: Edições 70, 2005. ISBN 9724405311.

FOUCAULT, Michel – *De lenguaje y literatura.* Barcelona: Editions Paidós, 1996. ISBN 84-493-0223-4.

REFERÊNCIAS BIBLIOGRÁFICAS

FRANCU, V. – A universal classification system going through changes. *Advances in Classification Research*. 10 (2001) 55-71.

FRÍAS MONTOYA, José Antonio; RÍOS HILARIO, Ana B, ed. – *Metodologías de investigación en información y documentación*. Salamanca: Ediciones Universidad de Salamanca, 2004. ISBN 8478005633.

FUGMANN, Robert – *Subject analysis and indexing: theorical foundation and practical advice*. Frankfurt-Main: Indeks Verlag, 1993. ISBN 3886725006.

GARCÍA GUTIÉRREZ, Antonio – Los lenguajes documentales. In Lopes Yepes, José, coord. – *Fundamentos de información y documentación*. Madrid: Eudema, 1989. ISBN 8477540543.

GARCÍA GUTIÉRREZ, Antonio – Nuevos parámetros para una teoría de la indización de documentos. In LOPES YEPES, José, coord. – *Fundamentos de información y documentación*. Madrid: Eudema, 1989. ISBN 8477540543.

GARCÌA MARCO, Francisco – Clasificación y recuperación de información. In *Manual de clasificación documental*. Madrid: Síntesis, 1999. ISBN 8477385106.

GARCÌA MARCO, Francisco – Metodología de la operación de clasificar. In *Manual de clasificación documental*. Madrid: Síntesis, 1999. ISBN 8477385106.

GIANOTTI, José Arthur – *Augusto Comte*. [Consult. 2 Set. 2008]. Disponível em: www: <URL:http://www.culturabrasil.pro.br/comte.htm>.

GIL URDICIAIN, Blanca – *Manual de lenguajes documentales*. Madrid: Editorial Noesis, 1996. ISBN 8487462243.

GILCHRIST, A. D. – Classifications and thesauri. In B. C. Vickery, ed. – *Fifty years of information progress: a journal of documentation review*. London: Aslib, 1994.

GRAESEL, Arnim – *Manuel de bibliothéconomie*. Paris: H. Welter, 1987.

GROUT, Catherine W. – *A classificação da Biblioteca do Congresso*. Washington D. C.: União Pan-América, 1961.

GUERGUY, G. – *A arte de classificar*. Lisboa: Diário de notícias, 1929.

GUINCHAT, Claire; MENOU, Michel – *Introduction générale aux sciences et techniques de l'information et de la documentation*. Paris: UNESCO, 1985. ISBN 9231018604.

HERMANN, Peter – *Aplicación practica de la Clasificación Decimal Universal*. Habana: Ministerio de Cultura Editorial Científico-Técnica, 1979.

HJORLAND, Birger – *Information seeking y subject representation: an activity-theoretical approach to information science*. Westport, Conn.: Greenwood Press, 1997. ISBN 0313298939.

HJORLAND, Birger. – A substantive theory of classification for information retrieval. *Journal of Documentation* [Em linha]. 61:5 (2005) 582-597. [Consult. 2 Nov. 2006]. Disponível em: www:<URL:http://secure. b.on.pt/V/VRUPHCIYMNIN84YCGQM K316UMPPUAIMID8XJD1UAPL5YVAFP BH-21632?func=quick-3&short-formal=002&set_number=014199&set_entry=000021&format=999>.

HORNBY, A. S. – *Oxford advanced learner's dictionary of current English*. Oxford: Oxford University Press, 1995. ISBN 0194314219.

HOUAISS, Antônio; VILLAR, Mauro de Salles; FRANCO, Francisco Manoel de Mello, dir. – *Dicionário Houaiss da língua portuguesa*. Lisboa: Círculo de Leitores, 2002-2003. Vol. 2. ISBN 9724228738.

HUARTE DE SAN JUAN, Juan – *Examen de ingenios para las sciencias*. [Em linha]. Madrid: Cátedra, 1989. (Fac. de 1594) [Consult. 12 Jan. 2008]. Disponível em www:<URL: http://books.google.pt/books?id=L7Ahq-JYR5ucC&pg=PA449&lpg=PA449&dq=e sta+mesma+diferencia+hay+entre+el+te %C3%B3logo+escol%C3%A1stico+y+el+ positivo:+que+el+uno+sabe+la+raz%C3 %B3n+de+lo+que+toca+a+su+facul-tad%3B+y+el+otro+las+proposiciones+a veriguadas&source=bl&ots=dRtDd1L2W S&sig=jo6siFXWC4NdsFECgiycKIjA-

vIo&hl=pt-PT&ei=lvs6TK23F9CoOL3 rsYoK&sa=X&oi=book_result&ct=result &resnum=1&ved=0CBUQ6AEwAA#v=o nepage&q=esta%20mesma%20diferencia%20hay%20entre%20el%20te%C3% B3logo%20escol%C3%A1stico%20y%20 el%20positivo%3A%20que%20el%20uno%20sabe%20la%20raz%C3%B3n%20d e%20lo%20que%20toca%20a%20su%2 0facultad%3B%20y%20el%20otro%20la s%20proposiciones%20averiguadas&f=fa lse de San Juan_Examen de ingenios.pdf>.

HUDON, Michèle – Le passage au XXIᵉ siècle des grandes classifications documentaires. *Documentation Bibliothèques*. ISSN 0315-2340. 52:2 (2006) 85-97.

HUNTER, Eric J. – *Classification made simple*. Aldershot [etc]: Gower, 1988.

HURT, C. D. – Classification and subject analysis: looking to the future at a distance. *Cataloging & Classification Quarterly*. New York: The Haworth Press. ISSN 0163-9374. 24:1-2 (1997) 97-112. In *II Congreso. Getafe, 1995 – Organización del conocimiento en sistemas de información y documentación*. Zaragoza: F. J. García Marco, 1997.

INSTITUT INTERNATIONAL DE BIBLIOGRAPHIE – *Classification Décimale Universelle: tables de classification pour les bibliographies, bibliothèques et archives*. Bruxelles: IIB, 1927-1933.

INSTITUT INTERNATIONAL DE BIBLIOGRAPHIE – *Manuel abrégé du répertoire bibliographique universel*. Bruxelles [etc]: IIB, 1905.

INSTITUTO BRASILEIRO DE INFORMAÇÃO EM CIÊNCIA E TECNOLOGIA – Classificação Decimal Universal. Brasília: IBICT, 2007. ISBN 9788570130754.

ISO 2788. 1986. Documentation – Principes directeurs pour l'établissement et le développement de thésaurus monolingues. In *Documentation et information: recueil de normes ISO I*. Genève: ISO, 1988. p. 524--556.

ISO 5127-6. 1983. Documentation et information – Vocabulaire – partie 6: Langages documentaires. In *Documentation et infor-mation: recueil de normes ISO I*. Genève: ISO, 1988. p. 87-111.

ISO 5963. 1985. Documentation – Méthodes pour l'analyse des documents, la détermination de leur contenu et la séléction des termes d'indexation. In *Documentation et information: recueil de normes ISO I*. Genève: ISO, 1988. p. 575-579.

ISO 999. 1996. *Information and documentation – Guidelines for the content, organization and presentation of indexes*. 2ⁿᵈ ed. Genève: ISO, 1996.

IYER, Hermalata – *Classificatory structures: concepts, relations and representation*. Frankfurt--Main: Indeks Verlag, 1995. Vol. 2. ISBN 3886725014.

JEVONS, W. Stanley – *The principles of science: a treatise on logic and scientific method*. [Em linha]. London: Macmillan and Co., Limited, 1913. [Consult. 2 de Fev. 2008]. Disponível em www:<URL: http://ia331403. us.archive.org/attachpdf.php?file=%2F3 %2Fitems%2Ftheprinciplesof00jevoiala %2Ftheprinciplesof00jevoiala.pdf>.

KAULA, Prithvi N. – *Repensando os conceitos no estudo da classificação* [Em linha]. [Consult. 25 Jan. 2008]. Disponível em www. <URL: http:www.conexorio.com/biti/kaula/inde x.htm.>

KNIGHT, G. Norman – *Indexing, the art of*. 3ʳᵈ ed. London [etc.]: George Allen & Unwin, 1983, ISBN 0040290026.

KYLE, Barbara; VICKERY, B. C. – *La Classification Décimale Universelle: tendances actuelles*. *Bulletin de l'UNESCO*. 15:2 (1961) 5-20.

LA FONTAINE, Henri; OTLET, Paul – Création d'un réportoire bibliographique universel. In *Conférence Bibliographique Internationale*. Bruxelles: Imprimerie Veuve Ferdinand Larcier, 1896.

LACHARITÉ, Normand – Sur la function de la philosophie dans l'avènement d'une science de la classification. *Dialogue: Canadian Philosophical Review*. Ottawa: Canadian Philosophical Association. 17:3 (1978) 499-512. ISSN 0012-2173.

REFERÊNCIAS BIBLIOGRÁFICAS

LAFUENTE LÓPEZ, Ramiro – *Los sistemas biblio-tecológicos de clasificación.* México: Universidad Nacional Autónoma de México, Centro Universitario de Investigaciones Bibliotecológicas, 1993. ISBN 968362961X.

LAHR, C. – *Manual de filosofia resumido e adaptado do «Cours de Philosophie».* 8ª ed. Porto: Livraria Apostolado da Imprensa, 1968.

LANCASTER, Frederick W. – *El control del vocabulario en la recuperación de información.* 2ª ed. Valencia: Universitat de Valencia, 2002. ISBN 8437054443.

LANCASTER, Frederick W. – *Indexação e resumos: teoria e prática.* Brasília: Briquet de Lemos: Livros, 1993.

LANGRIDGE, Derek Wilton – *Classificação: abordagem para estudantes de biblioteconomia.* Rio de Janeiro: Interciência, 1977.

LANGRIDGE, Derek Wilton – *Classification and indexing in the humanities.* London [etc.]: Butterworths, 1976. ISBN 0408707771.

LANGRIDGE, Derek Wilton – *Classification – its kinds, elements, systems and applications.* London; New York: Bowker in association with the Centre for Information Studies, Charles Sturt University, Wagga Wagga, N.S.W., 1992. ISBN 0862916224.

LANGRIDGE, Derek Wilton – *Subjectc analysis: principles and procedures.* London: Bowker: Saur, 1989.

LAPA, Anabela – *As funções do catálogo de autores e títulos.* Coimbra: Faculdade de Letras, 1990.

LASSO DE LA VEGA, Javier – *La clasificación decimal seguida de las marcas para alfabetizar los nombres de autor, de las instrucciones para la catalogación de impresos y de las reglas para la colocación de los libros en los estantes por materias.* 2ª ed. Madrid: Editorial Mayfe, 1950.

LASSO DE LA VEGA, Javier – *Tratado de biblioteconomia: organización técnica y científica de bibliotecas.* Madrid: Editorial Mayfe, 1956.

LENTINO, Noelia – *Guia teórico, prático e comparado dos sistemas de classificação bibliográfica.* São Paulo: Editora Poligono, 1971.

LENZI, Lívia Aparecida Ferreira; BRAMBILA, Ednéa Zandonadi – Ciência da informação, ciência e revolução científica: breve histórico e reflexões. *Informação & Informação* [Em linha]. 11:1 (2006). [Consult. 15 Dez. 2007]. Disponível em: www:<URL: http://www.uel.br/revistas/uel/index.php /informacao/article/view/1679>.

LIBRARY TRENDS [Em linha]. 47:2 (1998) 253-254 [Consult. 15 Jan. 2007]. Disponível em www:URL:<http:// http://www.ideals. illinois.edu/bitstream/handle/2142/8210/lib rarytrendsv47i2f_opt.pdf?sequence=1>.

LITTON, Gaston – *Clasificación y catálogos.* Buenos Aires: Bowker Editores, 1971.

LITTRÉ, Émile – *Dictionnaire de la langue française.* Paris: [s.n.], 1956-1958. Vol. 2.

LÓPEZ YEPES, José, coord. – *Fundamentos de información y documentación.* Madrid: Eudema, 1989. ISBN 8477540543.

LÓPEZ YEPES, José, coord. – *Manual de ciencias de la documentación.* Madrid: Pirámide, 2002. ISBN 8436816455.

LÓPEZ-HUERTAS PÉREZ, María José – Estructura de la Clasificación Decimal Universal. In *Manual de clasificación documental.* Madrid: Síntesis, 1999. ISBN 8477385106.

MACHADO, Maria Luisa Saavedra – *A Classificação Colon.* Coimbra: [s.n.], 1964.

MALDI, Denise – *A etnia contra a nação.* Cuibá: UFMT, 1995.

MANHEIMER, Martha – *Cataloging and classification: a workbook.* 2nd ed., rev. and expanded. New York: M. Dekker, 1980. ISBN 0824710274.

MANIEZ, Jacques – Du bon usage des facettes: des classifications aux thesaurus. *Documentaliste.* 36:4/5 (1999) 249-262.

MANIEZ, Jacques – *Los lenguajes documentales y de clasificación: concepción, construcción y utilización en los sistemas documentales.* Madrid: Pirámide, 1993. ISBN 8486168872.

MANN, Margaret – *Introduction to cataloguing and the classification of books.* 2nd ed. Chicago: American Library Association, 1943.

MAPLE, Amanda – *Faceted access: a review of the literature* [Em linha] [Consult. Jan. 2007]. Disponível em www:<URL:http://library.music.indiana.edu.tech_s/mla/facacc.re>.

MARCELLA, Rita; NEWTON, Robert, ed. – *A new manual of classification*. Aldershot: Gower, 1994.

MARSHALL, Linnea – Specific and generic subject headings: increasing subject access to library materials. *Cataloging & Classification Quarterly*. New York: The Haworth Information Press. ISSN 01639374. 36:2 (2003) 5-21.

MAURRAS, Charles – *Auguste Comte*. [Consult. 13 Oct. 2008]. Disponível em: www: <URL:http://www.antroposmoderno.co m/antro-articulo.php?id_articulo=74>.

MAZEROLLE, Fernand; MORTET, Charles, ed. – *Congrès International des Bibliothécaires et des Bibliophiles*. Paris: Jouve, 1925.

MCILWAINE, I. C. – A feasibility study on the restructuring of the Universal Decimal Classification into a fully-faceted classification-system. *Knowledge Organization and Quality Management*. ISSN 9406-4134 (1994).

MCILWAINE, I. C. – *Guia para el uso de la CDU*. Madrid: AFNOR, 2003. ISBN 8481433322.

MCILWAINE, I. C. – Knowledge classifications, bibliographic classifications and the Internet. In *Structures and relations in Knowledge Organization: procceedings of the fifth international ISKO Conference*. Wurzburg: Indeks, 1998. ISBN 3932004787. Vol. 6.

MCILWAINE, I. C. – The Universal Decimal Classification: some factors concerning its origins: development, and influence. *Journal of the American Society for Information Science*. 48:4 (1997) 331-39.

MEETHAM, Roger – *Information retrieval: the essential technology*. London: Aldus Books, 1964.

MENDES, Maria Teresa Pinto; SIMÕES, Maria da Graça – *Indexação por assuntos: princípios*

gerais e normas. Lisboa: Gabinete de Estudos a&b, 2002. ISBN 9729882703.

MERRIL, William Stetson – *Code for classifiers: principles governing the consistence placing of books in a system of classification*. Chicago: American Library Association, 1939.

MISE À JOUR DE LA 21ᵉ CDD: CLASSIFICATION DÉCIMALE DEWEY. Montréal: Les Éditions ASTED, 2002. ISBN 2-92154864X.

MOREIRO GONZÁLEZ, Jose Antonio – *El contenido de los documentos textuales: su análisis y representación mediante el lenguaje natural*. Gijón: Trea, 2004. ISBN 8497041267.

MOREIRO GONZÁLEZ, Jose Antonio – La representación y recuperación de los contenidos digitales: de los tesauros conceptuales a las folksonomías. In *Tendencias en documentación digital*. Gijón: Trea, 2006. ISBN 8497042700.

MORENO FERNÁNDEZ, Luis Miguel – Una vez más: la CDU no es un thesaurus. *Documentación de las Ciencias de la Información*. 15 (1992) 67-80.

MORENO FERNÁNDEZ, Luis Miguel; BORGONÓS MARTÍNEZ, María Dolores – *Teoria y práctica de la Clasificación Decimal Universal* (CDU). Gijón: Trea, 1999. ISBN 8495178354.

MOURA, Vasco Graça – A palavra de um escritor. *Boletim bibliográfico de O Oiro do dia*. Porto, 1988.

MUÑOZ-ALONSO, Sonia – *Fundamentación conceptual, léxica, sintética y metodológica para la articulación de listas de encabezamientos de materia: aplicación a las ciencias de las religiones*. Madrid: [Universidad Complutense], 2005. Tese de Doutoramento.

NOBRE, Sérgio – Uma introdução à história das enciclopédias: a enciclopédia de matemática de Christian Wolff de 1716. *Revista da Sociedade Brasileira de História da Ciência* [Em linha]. 5:1 (2007) 34-46. [Consult. 6 Jun. 2008]. Disponível em www: <URL:<http:// www.mast.br/arquivos_sbhc/322.pdf>.

REFERÊNCIAS BIBLIOGRÁFICAS

NP 4285. 2000. Documentação – *Vocabulário: linguagens documentais*. Lisboa: IPQ, 2000.

NUNES, Leiva – *Da classificação das ciências à classificação da informação: uma análise do acesso ao conhecimento* [Em linha]. [Consult. 23 Mar. 2008]. Disponível em www:<URL: http://www. bibliotecadigital.puc-campinas.edu.br/tde_busca/arquivo.php?codArquivo=340>.

OFFICE INTERNATIONAL DE BIBLIOGRAPHIE ET DE DOCUMENTATION – *Classification Decimale Universelle: 3 Sciences sociales*. Bruxelles: Editions Mundaneum, 1940.

OLSON, Hope – *Between control y chaos: an ethical perspective on authority. In Authority control in the 21st century: An Invitational Conference, 1996*. [Em linha]. [Consult. 21 Set. 2008]. Disponível em: www:<URL:http: //worldcat.org/arcviewer/1/OCC/2003/0 6/20/0000003520/viewer/file97.html>.

OLSON, Hope – Mapping beyond Dewey's boundaries: constructing classificatory space for marginalized knowledge domains. *LIBRARY TRENDS* [Em linha]. 47:2 (1998) 253-254. [Consult. 15 Set. 2007]. Disponível em www:<URL:http:// http://www.ideals.illinois.edu/bitstream/ handle/2142/8210/librarytrendsv47i2f_o pt.pdf?sequence=1>.

OLSON, Hope – *The power to name: locating the limits of subject representation in libraries*. Dordrecht: Kluwer Academic, 2002. ISBN 1402007760.

OLSON, Hope; COLL, John J. – *Subject analysis in online catalogs*. Englewood (Col.): Libraries Unlimited, 2001. ISBN 1563088002.

OTLET, Paul – *Traité de documentation: le livre: théorie et pratique*. Bruxelles: Editiones Mundaneum, 1934. [Em linha]. [Consult. 7 Mar. 2008]. Disponível em www:<URL: http://www.dhnet.org.br/direitos/decon u/textos/integra.htm#01>.

PACHECO, Maria Cândida Monteiro – *A filosofia e as ciências na Eruditionis Didascalicae* [Em linha]. [Consult. 2 Dez. 2008]. Disponível em www:<*URL:http://repositorio.* up.pt/aberto/bitstream/10216/8151/2/1916. pdf>.

PAINTER, Ann F. – Classification: theory and practice. *Drexel Library Quarterly*. 10:4 (1974).

PENNA, Carlos Victor – *Planeamiento de servicios bibliotecarios y de documentación*. 2ª ed. rev. e aum. Madrid: Oficina de Educación Iberoamericana; Paris: Unesco, 1970.

PENNA, Carlos Victor – *Catalogación y clasificación de libros*. Buenos Aires: ACME Agency, 1945.

PEREC, Georges – *Penser-Classer*. [Paris]: Hachette, 1985. ISBN 2010115546.

PEREIRA, Belmiro Fernandes – *Entre Proteu e Prometeu: lugar da arte retórica na pedagogia humanística*. [Em linha]. [Consult. 28 Jan. 2009]. Disponível em www:<*URL:* http:// ler.letras.up.pt/uploads/ficheiros/6666. pdf>.

PERELMAN, C. H. – Réflexions philosophiques sur la classification. In *La classification dans les sciences*. Bruxelles: Éditions J. Duculot S.A., 1963. p. 231-236.

PINTO MOLINA, Maria – *Análisis documental: fundamentos y procedimientos*. 2ª ed. rev. y aum. Madrid: EUDEMA, 1993. ISBN 8477540705.

PINTO MOLINA, Maria, ed. – *Manual de clasificación documental*. Madrid: Síntesis, 1999. ISBN 8477385106.

PINTO MOLINA, Maria; GÁLVEZ, Carmen – *Análisis documental de contenido: procesamiento de información*. Madrid: Síntesis, 1996. ISBN 8477383545.

PINTO, Maria Cristina Mello Ferreira – Análise e representação de assuntos em sistemas de recuperação da informação; linguagens de indexação. *Revista Escola Biblioteconomia UFMG*. [Em linha]. 14:2 (1985). 169-186. [Consult. 24 Jun. 2007]. Disponível em www:<URL:http://www. ed.ufmg.br.reboline/>.

POMBO, Olga – *O século de ouro do enciclopedismo* [Em linha]. [Consult. 8 Jun. 2008] Disponível em www:<URL: http://www.

educ.fc.ul.pt/hyper/enc/cap2p4/secour.h
tm.>.

POMBO, Olga – *Da enciclopédia ao hipertexto* [Em linha]. [Consult. 8 Jun. 2008] Disponível em www:<URL:http://www.educ.fc.ul.pt/hyper/enc/>.

POMBO, Olga – *Da classificação dos seres à classificação dos saberes* [Em linha]. [Consult. 3 Nov. de 2008]. Disponível em www:< URL:http://www.educ.fc.ul.pt/hyper/resources/opombo.classificação.pdf

PORFÍRIO – *Isagoge: introdução às categorias de Aristoteles*. Lisboa: Guimarães Editora, 1994. ISBN 9726653851.

QUICHERAT, Louis – *Novíssimo diccionario latino: etymologico, prosódico, histórico...* 9ª ed. Paris: [s. n.], 1927.

RANGANATHAN, S. R. – *Colon classification: theory and practice: a self instructional manual*. New Delhi: Ess Ess Publications, 2001. ISBN 8170003059.

RANGANATHAN, S. R. – *Philosophy of library classification*. Bangalore: Sarada Ranganathan Endowment for Library Science, 2006. ISBN 8170004721.

RANGANATHAN, S. R. – *Prolegomena to library classification*. 3th. Bangalore: Sarada Ranganathan Endowment for Library Science, 2006. ISBN 8170004705.

RANGANATHAN, S. R.; NEELAMEGHAN, A. – *Classified catalogue code with additional rules for dictionary catalogue*. 5th ed. London: Asia Publishing House, 1964.

RIVER, Alexis – Construction des langages d'indexation: aspects théoriques. *Documentaliste*. 27:6 (1990) 263-270.

ROSSOLLI, Henri; THIBAUT, Françoise – *Comment organiser le classement et la documentation*. [S. l.]: Dunod Économie, 1972.

ROWLEY, Jennifer E. – *Abstracting and indexing*. London: Clive Bingley, 1982. ISBN 0851573363.

ROY, Richard – Classer par centres d'intérêt. *Bulletin des Bibliothèques de France*. ISSN 0006-2006. 31:3 (1986) 224-231.

RUIZ PÉREZ, Rafael – *El análisis documental: bases terminológicas, conceptualization y estructura operativa*. Granada: Universidad de Granada, 1992. ISBN 8433817000.

SALVAN, Paule – *Esquisse de l'évolution des systèmes de classification*. Paris: École Nationale Supérieure de Bibliothécaires, 1967.

SALVAN, Paule – *Les classifications*. Paris: Bibliothèque Nationale, 1959.

SAN SEGUNDO MANUEL, Rosa – Nueva concepción de la representación del conocimiento. In FRÍAS MONTOYA, José Antonio; TRAVIESO, Críspulo, ed. – *Tendencias de investigación en organización del conocimiento: La Revista Knowledge Organization*. Salamanca: Universidad de Salamanca, 2003. ISBN 8478007091.

SAN SEGUNDO MANUEL, Rosa – Principales sistemas de clasificación. In PINTO, Maria, ed. – *Manual de clasificación documental*. Madrid: Editorial Síntesis, 1999. ISBN 8477385106.

SAN SEGUNDO MANUEL, Rosa – *Sistemas de organización del conocimiento: la organización del conocimiento en las bibliotecas españolas*. Madrid: Universidad Carlos III de Madrid, 1996. ISBN 8434008866.

SANTOS, Maria Luísa F. N. dos – *Organização do conhecimento e representação de assuntos*. Lisboa: Biblioteca Nacional, 2007. ISBN 9789725654125.

SAYE, Jerry D.; MCALLISTER-HARPER Desretta V. – *Manheimer's cataloging and classification: a workbook*. 3rd ed., rev. and expanded. New York: M. Dekker, cop. 1991. ISBN 0824784936.

SAYERS, W. C. Berwick – *A manual of classification for librarians and bibliographers*. London: Grafton, 1955.

SAYERS, W. C. Berwick – *An introduction to library classification: theoretical, historical and practical with readings, exercises and examination papers*. London: Grafton & Co., 1950.

SCHMIDT, A. F. – Tendencias modernas en el desarrollo de la CDU. *Boletín de la ANABAD*. ISSN 0210-4164. 28:2 (1978) 25-37.

REFERÊNCIAS BIBLIOGRÁFICAS

SCHREINER, Heloisa Benetti – *Considerações históricas acerca do valor das classificações bibliográficas* [Em linha]. Rio de Janeiro, 1976. [Consult. 15 de Set. 2007]. Disponível em www:<URL: http://www.conexaorio.com/biti/schreiner/>.

SCIBOR, Eugeniusz – La CDU y los thesauri: diferentes aspectos del problema. *Boletín de la ANABAD*. ISSN 0210-4164. 28: 2 (1978) 81-92.

SEHGAL, R. L. – *An introduction to Universal Decimal Classification*. New Delhi: Ess Ess Publications, 1994.

SENGUPTA, Benoyeudra – *Cataloguing: his theory and practice*. Calcuttá: The World Press Private, 1964.

SHERA, Jesse H.; MARGARET, E. Egan – *Catálogo sistemático: princípios básicos e utilização*. Brasília: Universidade de Brasília, 1969.

SHURTLEFF, Nathaniel B. – *A decimal system for the arrangement and administration of libraries*. Boston: Privately Printed, 1856 [Em linha]. [Consult. 12 Nov. 2007]. Disponível em www: <URL: http://books. google.pt/books?id=HB0CAAAAQAAJ&dq=Shurtleff+%22librarie&printsec=frontcover&source=bl&ots=jxdcvML6VV&sig=ccxt8S4ED3szG-y5qTUhLjMDoPQ&hl=pt-PT&ei=LBH8Sqb0J4TX-QayoaidAg&sa=X&oi=book_result&ct=result&resnum=2&ved=0CA4Q6AEwAQ#v=onepage&q=&f=false>.

SIMÕES, Maria da Graça – *Classificação Decimal Universal: fundamentos e procedimentos*. Coimbra: Almedina, 2008. ISBN 9789724035703.

SIMÕES, Maria da Graça – *Da abstracção à complexidade formal: relações conceptuais num tesauros*. Coimbra: Almedina, 2008. ISBN 9789724033747.

SLYPE, Georges van – *Conception et gestion des systèmes documentaires*. Paris: Les éditions d'organisation, 1977. ISBN 2708103245.

SLYPE, Georges van – *Los lenguajes de indización: concepción, construcción y utilización en los sistemas documentales*. Madrid: Fundación Germán Sánchez Ruipérez: Pirâmide, 1993. ISBN 8486168600.

SOERGEL, Dagobert – *Indexing languages and thesauri: construction and maintenance*. Los Angeles: Melville Pub. Co., [1974]. ISBN 0471810479.

SOERGEL, Dagobert – *Organizing information: principles of data base and retrieval systems*. Orlando: Academic Press, 1985. ISBN 0126542600.

SOUZA, José Soares de – *Classificação: sistemas de classificação bibliográfica*. Rio de Janeiro: Imprensa Nacional, 1943.

SPENCER, Herbert – *Classification des sciences*. 11ème ed. Paris: Librairie Félix Alcan, 1930.

STONE, Alva T. – The LCSH century: a brief history of the Library of Congress Subject Headings, and introduction to the centennial essays. *Cataloguing & Classification Quarterly*. New York: The Haworth Press. ISSN 0163-9374. 2:1-2 (2000) 1-15.

SUKIASYAN, Eduard – Classification systems in their historical development: problems of typology and terminology. In *Structures and relations in Knowledge Organization: proccedings of the fifth international ISKO Conference*. Wurzburg: Indeks, 1998. ISBN 3932004787. Vol. 6.

SVENONIOUS, Elaine – Design of controlled vocabularies. In *Encyclopedia of Library and Information Science*. New York: Marcel Dekker, 1988. Vol. 45.

SVENONIOUS, Elaine – *Theory of subject analysis: a sourcebook*. Littleton: Libraires Unlimited, 1985.

TAYLOR, Arlena G. – *Introduction to cataloguing and classification*. London: Libraries Unlimited, 2006. ISBN 159158230X.

TAYLOR, Arlena G. – *The organization of information*. Englewood (Col.): Librarics Unlimited, 1999. ISBN 1563084937.

THE NEW ENCYCLOPAEDIA BRITANNICA. 15th ed. Chicago: Encyclopaedia Britannica, cop. 1995. Vol. 3.

THOMPSON, James – *A history of the principles of librarianship*. London: Clive Bingley, 1974. ISBN 0851572413.

TRISTÃO, Ana Maria Delazari; FACHIN, Gleisy Regina Bóries; ALARCON, Orestes Estevam – Sistema de classificação facetada e tesauros: instrumentos para organização do conhecimento. *Perspectivas em Ciências da Informação* [Em linha]. 33:2 (2004). [Consult. 28 Abr. 2007]. Disponível em www:<URL: <http://www.scielo.br/scielo.php?script=sci_pdf>.

TURTON, David; GONZÁLEZ, Julia – *Cultural identities and ethnic minorities in Europe*. Bilbao: University of Deusto, 1999. ISBN 8474856302.

UDC CONSORTIUM – *Classificação Decimal Universal: tabela de autoridade*. 3ª ed. Lisboa: Biblioteca Nacional, 2005. ISBN 9725653535.

UDC CONSORTIUM – *Classification Décimale Universelle*: Ed. moyenne. 2éme ed. Liège: Editions du CÉFAL, 1990-1993. ISBN 2871300631.

UNIVERSIDADE DE COIMBRA. Biblioteca Central – *Catálogo metódico*. Coimbra: Imprensa da Universidade, 1916.

VIANA, Mário Gonçalves – *Arte de classificar e de arquivar*. 2ª ed. Porto: Editoral Domingos Barreira, 1967.

VICKERY, B. C. – *Classification and indexing*. 3rd ed. London: Butterworths, 1975. ISBN 0408706627.

VICKERY, B. C. – *La classification a facettes: guide pour la construction et l'utilisation de schèmes spéciaux*. Paris: Gauthier-Villars, 1963.

VICKERY, B. C. – La Classification Décimale Universelle et l'indexage de la documentation technique. *Bulletin de l'UNESCO*. 15:3 (1961) 23-37.

VIEIRA, Kátia Corina – *O processamento técnico: uma perspectiva histórica*. [Em linha]. [Consult. 11 Jan. 2008]. Disponível em www: <URL: http://snbu.bvs.br/snbu2000/docs/pt/doc/poster004.doc>.

VIGNAUX, Georges – *As ciências cognitivas*. Lisboa: Instituto Piaget, 1995. ISBN 9728245351.

VIGNAUX, Georges – *O demónio da classificação: pensar, organizar*. Lisboa: Instituto Piaget, 2000. ISBN 9727713319.

VISWANATHAN, C. G. – *Public Library operations and services: a short manual*. New York: Asia Publishers House, 1961.

WILLIAMSON, Nancy J.; BEGHTOL, Clare, ed. – *Knowledge organization and classification in international information retrieval*. Binghamton (NY): Haworth Information Press, 2003. ISBN 0789023547.